RIGA
Moskau
Wilna
Minsk
Warschau
Duna
Rubenkalns
Getlinpurvs
Jansoni
Ramasmežs
Medumi
Apšukalns
Kandiena
Pavari
Lubausi
Ziemeli
Titurga
Dole
Narkeviči
Aizpuri
Spallesa
Renque

Elisabeth Himmelstoß

...und ich konnte nichts ändern!

Elisabeth Himmelstoß

...und ich konnte nichts ändern!

Odyssee einer Nachrichtenhelferin

Seit EMS 1789

Verlag E.S. Mittler & Sohn GmbH
Berlin · Bonn · Herford

Bildnachweis
Alle Abbildungen aus der Sammlung der Autorin
Vorsatzkarte aus der Sammlung Hans Theegarten, Wuppertal

Die Deutsche Bibliothek – CIP-Einheitsaufnahme

Himmelstoß, Elisabeth:
... und ich konnte nichts ändern! :
Odyssee einer Nachrichtenhelferin / Elisabeth Himmelstoß. –
Berlin ; Bonn ; Herford : Mittler, 1994
ISBN 3-8132-0455-3

ISBN 3 8132 0455 3; Warengruppe 63

Schutzumschlaggestaltung: Martina Billerbeck, Bielefeld,
unter Verwendung von Fotos und Dokumenten
aus der Sammlung der Autorin
Produktion: Cornelia Witte
Gesamtherstellung: Hans Kock Buch- und Offsetdruck GmbH,
Bielefeld
Printed in Germany

Inhaltsverzeichnis

Vorwort

Dieses Buch stellt einen wichtigen Teil meines Lebens dar. Mit ihm will ich zeigen, daß sich Krieg und Menschlichkeit nicht gegenseitig ausschließen. Deshalb möchte ich es meinen beiden Kindern widmen. Sie sollen wissen, daß es auch in der Zeit des Hasses und der Zerstörung Menschlichkeit gab und daß sich, trotz unsagbaren Leides, Menschen unterschiedlichster Nationalität warmherzig und freundschaftlich gezeigt haben.

Sicher trugen meine klösterliche Erziehung und meine jugendliche Unerfahrenheit, ja meine zum Teil naive Sorglosigkeit dazu bei, daß ich häufig in Geschehnisse verwickelt wurde, deren Tragweite ich oft nicht erkannte. Doch immer hat mich mein Gewissen geleitet und mich von der Richtigkeit meines Handelns überzeugt.

Meiner Generation wurde vorgeworfen, blind einem Volksverhetzer gefolgt zu sein und in seinem Namen unvorstellbare Grausamkeiten begangen zu haben. Aber damals wie auch heute ist jeder für sein Tun und Handeln selbst verantwortlich.

Niemand wird je eine Antwort auf die Frage finden, warum sich Menschen gegenseitig so viel Leid zufügen können. Jeder hat Angst vor kriegerischen Auseinandersetzungen, und doch geschehen sie immer wieder. Deshalb stehe ich den heutigen Entwicklungen oft fassungslos gegenüber. In so vielen Ländern herrscht Krieg. Menschen werden gefoltert, aus ihrer Heimat vertrieben oder getötet. Wieder erklingen nationalsozialistische Parolen. Warum lassen wir das zu, haben wir nicht alle die unbedingte Verpflichtung, uns dagegen zu wehren?

Rückblickend möchte ich noch der Menschen gedenken, die mir in meinen Einsätzen in Rußland, Frankreich und Dänemark freundschaftlich begegnet sind, besonders aber derer, die diese Gewaltherrschaft mit ihrem Leben bezahlen mußten.

Die in meinem Buch geschilderten Ereignisse habe ich wahrheitsgetreu erzählt, allerdings mit Rücksicht auf noch lebende Personen einige Namen geändert.

München, im September 1994 *Die Autorin*

»Die Jungen sind nicht verantwortlich für das,
was damals geschah.
Aber sie sind verantwortlich für das,
was in der Geschichte daraus wird.«

Richard von Weizsäcker

Hinaus in die Welt

Im Kloster Ettal

Rot färbt sich der Himmel und leuchtet durch die schmalen hohen Fenster unseres Klosters. Zaghaft öffne ich ein Fenster, um es gleich wieder zu schließen; ich habe Angst vor dieser Welt, aus der ich fliehen mußte.
Eine melodische Glocke ertönt durch den Konvent und mahnt uns an das Morgengebet im Kapitelsaal. Dumpf dringen unsere Gebete in den neuen Tag. Die Lichter werden gelöscht und die Wolken trennen sich voneinander. Sie formen eine Hand, die sich mahnend am Himmel zeigt. Es ist Krieg, niemand hört die Schreie der Sterbenden, sie gehen unter im Trommelwirbel einer neuen Zeit.
Heute ist der 10. Februar 1940, ein besonderer Tag. Soeben habe ich meinen Frühdienst im Refektorium beendet, und bis zur Mittagszeit darf ich noch eine Stunde vor dem Allerheiligsten knien und Gott um die Gnade bitten, daß auch ich in wenigen Tagen als junge Braut Christi am Fest der Heiligen Einkleidung teilnehmen darf.
Es wird der schönste Tag in meinem Leben sein. Ich darf ein weißes Brautkleid tragen, meine Haare werden gelöst und bis zur Hälfte abgeschnitten. Ein weißer Schleier wird mein Gesicht schmücken. Tränen der Freude werde ich weinen, wenn ich am Altar knie, um vom Abt mein Ordenskleid entgegenzunehmen.
Mein Weg zur Kapelle führt mich noch einmal am Refektorium vorbei, verstohlen huscht mein Blick auf die schwarze Tafel.
Mein Name ist durchgestrichen. Mit weitaufgerissenen Augen starre ich die Buchstaben an und verliere die Beherrschung. Ich weine so laut, daß meine Stimme im Kreuzgang widerhallt. Jemand klopft mir auf die Schultern. Erschreckt sehe ich mich um und blicke in das Gesicht der Ehrwürdigen Mutter Supriorin. Ihre Augen sehen micht ernst, beinahe böse an. Zur Entschuldigung knie ich sofort nieder und bitte um Verzeihung, ich habe für einen Augenblick das Wort »Silentium« vergessen.
Für Sekunden bleiben ihre Augen an mir haften, sie sieht zur Tafel und versteht, aber eine Tochter des Heiligen Benedikt muß demütig und nicht so zornig sein, wie ich es bin.

Sie erfaßt meine Hände und sagt: »Kommen Sie mit!«
Schweigend folge ich ihr. Ihr langer Habit rauscht bei jedem Schritt in dieser ewigen Stille durch den breiten, langen Gang. Ich halte meinen Blick gesenkt, denn ich schäme mich.
Irgendwo wird eine Tür geöffnet, und eine Stimme ruft mir zu: »Treten Sie ein, meine Tochter!« Stumm gehorche ich und kaum hörbar flüstere ich ein »Benedicite« zum Gruß.
Als ich aufblicke, sehe ich in das Gesicht der Ehrwürdigen Mutter Priorin. Ich knie nieder, falte meine Hände und empfange den Segen. Nur mühsam gelingt es mir, mich zu beherrschen, ich bebe am ganzen Körper und habe plötzlich wieder Angst. Im Geist sehe ich meinen durchgestrichenen Namen an der schwarzen Tafel.
Habe ich die Ordensregeln nicht richtig befolgt, oder war ich ungehorsam? Was habe ich nur getan, daß ich ausgeschlossen werde und am Fest der Heiligen Einkleidung nicht teilnehmen darf?
Immer noch warte ich auf eine Antwort der Ehrwürdigen Mutter Priorin. Endlich, nach langem Zögern, bewegen sich ihre Lippen und eine mütterliche Stimme sagt: »Meine Tochter, bald werden Sie nicht mehr in unserer Mitte sein. Wir haben alles getan, um das zu verhindern, es war nicht möglich. Der Staat macht die Gesetze und diese können wir nicht umgehen. Unsere Macht liegt nur in dem Glauben an Gott, und es ist sein Wille, daß wir uns fügen. Vielleicht muß manches junge Leben noch einmal geprüft werden, bevor es fähig ist, eine große und schwere Aufgabe zu erfüllen!«
Für einen Augenblick schweigt die Priorin. Ich höre nur ein Knistern, dann unterbricht sie die Stille und überreicht mir ein Blatt Papier.
»Hier, es ist eine Kriegsdienstverpflichtung zur Wehrmacht. Sie müssen sich diesem Befehl fügen, wir alle müssen es, es ist Krieg!« Müde und gebrochen klingt ihre Stimme.
Ich bin verwirrt und entsetzt, ratlos starre ich die Ehrwürdige Mutter Priorin an. Hier in diesem Hause habe ich Schutz und eine Heimat gefunden, und nun soll ich wieder fort von hier?
»Nein, Ehrwürdige Mutter, das darf nicht wahr sein. Sie wissen doch, daß mein Vater ...?«
Ich kann nicht weitersprechen, unaufhörlich rinnen mir die Tränen über die Wangen, und meine Zunge ist wie gelähmt.

Erinnerungen

Ein heftig auftretender Wind zerrt an den Fenstern, unheimlich klingt seine Melodie. Erschreckt sehe ich durch die Fensterscheiben, denn immer mehr dunkle Wolken schieben sich am Himmel zusammen.
Wie ein Schatten zieht noch einmal meine Kindheit an mir vorüber. Ich sehe den dahinjagenden Wolken nach, das Heulen des Windes klingt wie ein Echo aus meiner Heimat, als hätten unsere Wälder den Wind hierhergetragen.

Es war ein Tag wie heute. Ich sehe noch das lachende Gesicht meines Vaters, er küßt mich beim Abschied auf beide Wangen und sagt: »In drei Tagen bin ich wieder zurück, mein Mäderl, so wie immer!«
Dann verläßt er mit vier Männern das Haus. Ich begleite Vater und die Fremden bis zum Hoftor. Sie sehen alle wie Landarbeiter aus, mit Rechen und Heugabeln auf den Schultern. Lange noch sehe ich ihnen nach, bis sie in unseren Wäldern verschwinden. Vater kehrt nie mehr zurück.

Tagelang sehe ich in das sorgenvolle Gesicht meines Großvaters, ich frage ihn immer wieder, was geschehen ist, doch er gibt mir keine Antwort. Ich bin noch ein Kind, doch eines verstehe ich schon: man verschweigt mir ein furchtbares Geheimnis.

In der Nacht kann ich vor lauter Angst nicht schlafen. Durch die offenstehenden Fenster höre ich nur das Heulen des Windes. In den Morgenstunden werde ich durch ein lautes Krachen geweckt. Eilends schlüpfe ich aus dem Bett und laufe barfuß die Treppe hinunter. Dort sehe ich, wie ein Knecht die eingeschlagene Stubentür zur Seite stellt. »Der Bauer!« schreit er. Da sehe ich Großvater tot auf dem Boden liegen.
Knechte und Mägde stehen wie erstarrt vor ihrem toten Bauern. Sie sehen auf das offenstehende Fenster, wo deutlich Spuren zu sehen sind und raunen sich etwas zu, doch sie haben Angst vor dem einen, Großvaters Stiefsohn, und darum schweigen sie.
Zwei Tage später wird Großvater beerdigt. Schon wenige Tage nach Großvaters Tod schreiben uns Verwandte aus Passau, daß Mutter und ich für einige Zeit zu ihnen kommen sollen.
In der Nacht vor unserer Abreise werde ich durch das laute Bellen unseres Hofhundes Filax wach.

Als ich mich über das Fenstersims beuge und in den Hof hinuntersehe, da erkenne ich Mutter, sie hat stillschweigend die Kammer verlassen, um mich nicht zu beunruhigen. Ich schreie laut: »Mutter, Mutter, wohin gehst du?« Sie dreht sich noch einmal um, doch gleich darauf wird sie mit Gewalt durch das Hoftor geschoben.
Am anderen Tag kommt ein Pferdewagen durch das Hoftor. Ein Bruder von Großvater, Großonkel Sebastian, springt von dem Wagen herunter. »Packe deine Sachen, ich nehme dich mit!« ruft er mir zu. »Du sollst diesem Verräter und Mörder deines Großvaters nicht auch noch ausgeliefert werden.«
Ich beeile mich und packe meine Sachen in einen alten Strohkorb, Großonkel hilft mir dabei. Unterwegs reden wir nicht viel.
Großonkel gibt mich zu fremden Leuten, die selbst viele Kinder haben, nach Eggenfelden. Es wäre zu gefährlich bei ihm zu wohnen, sagt er, die Gestapo würde mich sonst in ein Lager bringen.
Ich muß hart arbeiten, und zum Essen bekomme ich meistens nur verdorbene Lebensmittel, wo erst die Würmer abgeschabt werden müssen. Überall an den Wänden hängen Hitlerbilder. Ich bin schon so schwach auf den Beinen, daß ich kaum noch stehen und gehen kann.
Da geschieht ein Wunder: Eine völlig fremde Frau kommt in unser Haus. Sie sieht uns der Reihe nach an, und dann sagt sie: »Im Kloster Ettal werden junge Mädchen für die Hausarbeit und die Küche gesucht. Wer von euch Lust hat, kann sich dort melden.« Mich sieht sie voller Mitleid an und gibt mir ein Markstück.
»Das ist Fahrgeld«, sagt sie, »das kannst du sicher gebrauchen, wenn du dich im Kloster vorstellen willst.«
Ich verzichte auf das Mittagessen, das sowieso nur aus Kartoffeln besteht und mache mich auf den Weg zum Kloster Ettal.
»Ich möchte Sie fragen, ob die Stelle eines Dienstmädchens im Kloster hier noch frei ist?« fragte ich an der Klosterpforte. Ängstlich und zitternd vor Kälte sehe ich den Pförtner an. Der Pförtner mustert mich eingehend: »Alte Frauen stellen wir nicht ein, nur junge Mädchen.«
»Ich bin erst 15 Jahre alt«, stoße ich erschrocken hervor.
»Das glaube ich dir nicht«, sagt der Pförtner und schlägt mir die Tür vor der Nase zu. Wohin soll ich gehen, wenn ich hier nicht angenommen werde? Ich friere fürchterlich und habe großen Hunger. So bleibe ich auf den Stufen zur Klosterpforte stehen und warte auf ein Wunder.

Nichts geschieht, alle, die in das Kloster hineingehen, starren mich nur mitleidig an. So vergeht Stunde um Stunde. Irgendwann schlafe ich weinend ein.
Am anderen Morgen stürzen die Zöglinge durch die Tür hinüber zur Kirche. Sie erschrecken, als sie mich ungewollt die Treppen hinunterrollen, ich bin steif vor Kälte. Es dauert nicht lange, dann stehen die Klosterfrauen vor mir.

Plötzlich werde ich aus meinen Träumen gerissen, die Ehrwürdige Mutter Priorin stöhnt leise und ringt stoßweise nach Atem. Da sehe ich in ihr Gesicht, es ist blaß, die Lippen blau, groß liegen ihre Augen in dunklen Höhlen. Es ist schon wieder ein Herzanfall, der zweite, den die Priorin in diesem Jahr erlitten hat. An diesem Abend beten wir alle im Mutterhaus Tutzing, wo ich mittlerweile aufgenommen bin, für unsere Ehrwürdige Mutter Priorin.

Als ich einige Tage später meine Koffer packe, werde ich noch einmal zu ihr gerufen. Vor ihrem Krankenbett knie ich nieder und bitte um ihren mütterlichen Segen. Die gütigen Augen haben plötzlich einen strengen Ausdruck.
»Meine Tochter«, sagt sie, »es ist Krieg, jetzt beginnt Ihre Mission. Sie gehen als Freund zum Feind. Wir Christen haben nirgends auf dieser Welt Feinde, wir sind alle Schwestern und Brüder. Demut und Gehorsam sind die erste Pflicht einer Tochter des Heiligen Benedikt. Sie dürfen nicht verzweifeln in diesem neuen Leben, weil die Last auf Ihren Schultern vielleicht schwer ist. Gott hat sie Ihnen auferlegt, um für alle Sünden zu sühnen. Wir alle müssen sühnen für die Schuld der anderen, denn nur so können wir auf den Weg zur Vollkommenheit gelangen. Tun Sie Gutes, dann wird auch Ihnen Gutes widerfahren.«
Langsam und ausdrucksvoll ist ihre Stimme. »Bleiben Sie immer stark und mutig im Glauben an den Allmächtigen Gott, wohin Sie Ihr Weg auch führen wird, unsere Gebete begleiten Sie.«

Ich erhebe mich und küsse der Priorin die Hände.
»Ihre Papiere!« Ich horche auf, und ganz langsam spricht die Ehrwürdige Mutter noch einmal und sagt: »Sie brauchen sich nicht zu ängstigen, es ist alles in Ordnung, Sie waren eine von den unseren und das genügt!«
Die Tür wird geöffnet, und ich weiß, daß ich nun gehen muß.

Abschied vom Kloster

Heute ist der letzte Tag im April 1940. Meine Koffer stehen schon gepackt an der Pforte.
Noch einmal fällt mein Blick auf die hohen Mauern. Ein seltsames Gefühl von Verlassenheit und Traurigkeit überkommt mich.
Der Zug ist überfüllt. Schüchtern drücke ich mich in eine Ecke des Abteils und setze mich auf meinen Koffer. Da bietet mir ein Soldat einen Sitzplatz an. Ich sage »Vergelt's Gott« und nehme das Angebot an.
»Heilige Jungfrau erbarme Dich ihrer«, spottet ein Soldat und sagt ganz laut zu den anderen: »Seht euch doch nur dieses Mädel an, sie ist hübsch und gut gewachsen, und so was kommt aus einem Kloster? Sieht aus mit dieser Kleidung wie ein Geist aus einer anderen Welt.« Er lacht und die anderen stimmen in dieses Gelächter ein.
Endlich fährt der Zug ab. Noch einmal sehe ich durch das Fenster und erblicke den mächtigen Bau des Klosters.

Gegen Abend läuft der Zug in München ein, ich bin an meinem Ziel angelangt. Um die Wehrmachtskommandantur zu finden, muß ich des öfteren Passanten fragen. Die Antwort auf meine Frage ist ein erstaunter Blick oder Gelächter über mein Aussehen. Endlich erbarmt sich eine Rotkreuzschwester und zeigt mir den Weg zur Kommandantur.

Meiner Bitte, als Krankenschwester beim Roten Kreuz in den Einsatz zu kommen, wird nicht stattgegeben. Ich erhalte den Befehl, an einem Lehrgang für Nachrichtenhelferinnen teilzunehmen. Und so ist mein Schicksal besiegelt, ich werde Nachrichtenhelferin des Heeres.

Ausbildung zur Nachrichtenhelferin 1940

Die Kaserne in Gießen

Nach drei Monaten verlasse ich München, mein Lehrgang hier ist beendet. Wir 20 Mädel werden in die Kaserne für Nachrichtenhelferinnen des Heeres nach Gießen/Lahn kommandiert. Zum ersten Mal in meinem Leben sehe in eine Kaserne. Sechs riesengroße Gebäude in einem Rechteck lassen mich bei diesem Anblick erschrecken. Unsere Ausbildung wird fortgesetzt.

Die anderen Mädel tragen zum größten Teil schon alle eine Uniform, und ich erhalte sie erst mit den Neuangekommenen. Ein Oberhelferin marschiert neben uns her und gibt die Befehle. Völlig verändert komme ich mir vor, als ich zwei Tage später auch die Uniform der Nachrichtenhelferin des Heeres trage.

Auch gewöhne ich mich allmählich an das tägliche Einerlei. Des Abends müssen wir in kleinen Gruppen in den Dusch- und Waschraum, denn Sauberkeit ist die erste Pflicht in der Kaserne. Für mich aber ist diese Handlung eine der ungewöhnlichsten, Abend für Abend nackt unter den anderen Mädeln herumzulaufen.

Ein halbes Jahr später habe ich sämtliche theoretischen und praktischen Prüfungen in allen von der Wehrmacht festgelegten Fächern mit »gut« als Fernschreiberin bestanden.

Begegnung mit Anna

Endlich werden Einsätze in das Ausland vergeben.

An diesem Morgen habe ich Stubendienst und bin gerade dabei, unser Zimmer auszufegen. Die Tür wird hastig aufgerissen und eine Stimme ruft: »Helferin Himmelstoß zur Einsatzführerin kommen.« Noch weitere Namen von Kameradinnen werden aufgerufen. Ich schleudere meinen Kehrbesen in die Ecke und überquere klopfenden Herzens den Kasernenhof. In welches Land werde ich wohl kommen?

In einem überfüllten Raum werden Namen aufgerufen. »Der Einsatz nach Holland wird der Führerin Anna Wimmer zugeteilt.« Ich horche erstaunt und zugleich erschrocken auf: Anna, meine Base Anna?
Eine Oberhelferin macht sich wichtig und ruft zum wiederholten Mal: »Wer nimmt die Marschpapiere für Holland in Empfang? Der Einsatz geht morgen abend schon ab. Verdammt noch mal«, flucht sie einige Male vor sich hin und hält die Marschpapiere gestikulierend in der Hand.
Wie benommen stehe ich noch immer auf dem gleichen Platz und warte auf die Führerin Anna Wimmer. Wieder wird eine Tür aufgerissen, und dem Käppi nach zu urteilen, ist es eine Führerin, welche sich mit einigen Mädels einen Weg zur Einsatzführerin bahnt. Jetzt taucht diese Führerin in meinem Gesichtskreis auf, und ich kann sie deutlich sehen. Sofort habe ich sie erkannt, es ist Anna, meine Base.
Sichtlich erregt gehe ich auf sie zu, doch die Führerin Anna Wimmer sieht mich nur erstaunt an. Sie hat mich erkannt. Ich sehe, daß sich ihr Mund bewegt, sie hat Worte auf den Lippen. Warum spricht sie nicht? Ich reiche ihr meine Hand, doch Anna sieht mich befremdet an. »Was tust du hier? Und noch dazu in Uniform? Wissen die Leute denn nicht, daß dein Vater ein Verräter war, der Juden und Sozis über die Grenze gebracht hat?« Anna wendet sich von mir ab. In diesem Augenblick wird mein Name aufgerufen.
»Elisabeth Himmelstoß! Einsatz nach Polen. Sind Sie damit einverstanden? Antworten Sie!«
»Jawohl Führerin, ich danke Ihnen.«
»Übermorgen, am 26. November, sind Sie marschbereit. Papiere und Marschverpflegung erhalten Sie morgen abend. Abtreten. Die nächste Helferin.«
Als ich mich noch einmal nach Anna umsehe, ist sie verschwunden. Mich beunruhigt dieses Wiedersehen. Wird Anna mich verraten?

Am nächsten Abend hole ich meine Einsatzpapiere; sie lauten auf Wilna/Litauen. Andere Kameradinnen, die Einsätze nach Belgien und Frankreich erhalten haben, lachen über uns, daß wir die Einsätze nach Polen und Rußland freiwillig angenommen haben. Sie hätten sich geweigert, ins Reich Stalins zu gehen, und wir würden es auch noch bereuen, daß wir ja gesagt haben, denn ein Einsatz in den Osten bedeutet aushalten bis zum Sieg oder Gefangenschaft in den Steppen Sibiriens. Sie machen uns so viel Angst, daß ich noch mit anderen Kameradinnen herzzerreißend über diese unbedachte Handlung weine.

Am anderen Morgen beginne ich schon frühzeitig mit den Vorbereitungen für meine Reise nach Polen. Als ich einen Augenblick die Stube verlasse und zurückkehre, da liegt auf meinem Bett eine große Tüte Harzer Käse. Wütend werfe ich den Käse in die Ecke. Ich sehe nur noch Harzer, des Nachts träume ich schon davon. Eines weiß ich ganz bestimmt, in meinem ganzen Leben werde ich keinen Harzer Käse mehr essen.

Noch immer bin ich allein in der Stube. Da klopft jemand heftig an die Tür. Da ich es sehr eilig habe, störe ich mich nicht weiter an dem Klopfen, sondern rufe nur laut »Herein!«. »Elisabeth!« Ich erschrecke und drehe mich um. »Anna, du bist es. Ich bereite mich auf die Reise nach Polen vor. Heute ist mein vorletzter Tag. Bitte, nimm doch Platz!«
Ich sehe Anna mit großen Augen an. Sie hat mein Angebot, sich zu setzen, nicht angenommen, sie bleibt vor mir stehen. Mein Puls hämmert, ihr so plötzliches Erscheinen hat mich sehr erregt. Endlich beginnt sie zu sprechen, es fällt ihr schwer. Ihre Augen sehen an mir vorbei, als sie sagt:
»Du wunderst dich über mein Erscheinen bei dir. Ich will dir etwas sagen, ich weiß nicht, ob es richtig ist, daß ich dies tue. Dein Großonkel hat geschrieben, daß du nicht mehr am Leben seist, die Gestapo hätte euch alle geholt, er schrieb von einem Unglücksfall!«
Anna schweigt eine Weile. Sie sieht, daß meine Hände zittern. »Ich freue mich aber, Lisl, daß du noch am Leben bist. Nur verwundert es mich sehr, daß du diese Uniform trägst.« Zögernd spricht Anna Wort für Wort. »Deine Mutter ist schwer krank, diese Nachricht wurde uns aus dem Gefängnis ...«
»Führerin Wimmer!« ruft eine Helferin laut und reißt die Tür auf. »Sie werden schon überall gesucht. Gott sei Dank, hier sind Sie ja. Sie sollen sofort zur Hauptführerin kommen. Der Einsatz Holland wird vorverlegt.«
»Anna«, rufe ich ihr nach. Sie sieht sich noch einmal zu mir um und folgt schnell der Helferin.
Völlig fassungslos stehe ich an meinem Platz. Annas letzte Worte klingen noch in meinen Ohren. Sieben Jahre sind vergangen, ohne daß ich von meiner Mutter eine Nachricht erhalten habe.
Meine Mutter lebt noch! Ich könnte laut herausschreien, weinen vor Glück über Annas Nachricht, daß Mutter noch am Leben ist. Aber ich muß schweigen. Niemandem kann ich das ungewöhnliche Schicksal meiner Familie anvertrauen. Wird auch Anna schweigen? Ich weiß es nicht und muß weiterhin Angst haben.

Gedankenverloren gehe ich ans Fenster und wische mir eine Träne aus den Augen. Da sehe ich, wie eine Gruppe Mädel singend den Kasernenhof verläßt. An ihrer Spitze geht Anna. Werde ich sie wohl noch einmal wiedersehen? Hoffentlich ist es mir noch einmal vergönnt, oder gehört unser junges Leben nur noch dem Befehl dieser Zeit?
Noch immer stehe ich am Fenster, als die Stubentür aufgerissen wird und Helferinnen hereinstürmen. Sie lachen, spotten und rufen mir über die Schultern hinweg zu: »Siehst du, Himmelstoß, die haben es besser als du. Die gehen nach Holland, in ein Land, wo Milch und Honig fließen. Die werden es guthaben.«
»Hört endlich auf mit eurem ewigen Spotten. Ich habe genug davon.« Ich gehe auf mein Bett zu, entkleide mich und lege mich hin.
Des Nachts wache ich des öfteren auf, das Reisefieber hat mich schon gepackt. Eher als sonst stehe ich auf und schleiche mich auf Zehenspitzen zu meinem Spind, um noch einmal zu überprüfen, ob ich auch nichts vergessen habe.

Die Fahrt nach Wilna

Meine Gedanken eilen schon voraus nach Osten. Ich muß an Großvater denken, er hat mir viel von Polen und Rußland erzählt. Sieben Jahre lang hat er als junger Mensch in Minsk und St. Petersburg gearbeitet, als Kriegsgefangener im zaristischen Rußland. Er liebte und haßte dieses Land.
Um 11.00 Uhr morgens wird unser Einsatz »W.« zusammengestellt, wir sind 28 Mädel. Viele kommen aus Ostpreußen, sie hoffen auf einen kleinen Aufenthalt, wenn der Zug durch ihre Heimat fährt.
Nach dem Mittagessen werden noch die letzten Vorbereitungen getroffen, und dann ist der Augenblick da, wo wir Aufstellung nehmen und auf den Kasernenhof marschieren. Zu meinem Erstaunen sehe ich, daß noch mehrere Gruppen angetreten sind: die Einsätze Warschau, Riga, Wilna, Kowno und noch viele andere. Die Hauptführerin hält noch eine kurze Ansprache und erinnert uns an unsere Pflichten. Um 14.30 Uhr marschieren wir ab, in Richtung Bahnhof.
Auf dem Bahnhof setzt vor den Zügen ein Rennen und Laufen ein. Jede von uns möchte sich einen möglichst guten Platz organisieren, denn schließlich sind wir eine Woche unterwegs.

Nach wenigen Minuten ist es dann soweit, die Türen werden geschlossen, und der Dampf der Lokomotive zischt durch die Rohre; langsam fährt der Zug an. Durch die offenen Fenster erklingt aus irgendeinem Abteil Akkordeonmusik. Ein Lied wird angestimmt und gleich darauf singen wir alle diese Melodie mit: »Muß i denn, muß i denn zum Städtele hinaus und du mein Schatz bleibst hier ...«. Wir winken mit Taschentüchern noch lange dieser großen Menschenmenge zu, die sich bei unserer Abfahrt auf dem Bahnsteig versammelt hat. Viele von ihnen sind Angehörige, Eltern, Geschwister, Freunde und Bekannte. Es gibt keine Abschiedsszenen, es wird gelacht und gejubelt. Junge Menschen sind voller Illusionen, für sie gibt es nur eine Gegenwart und eine Zukunft.
Bald ist Gießen unseren Blicken entschwunden, und wir hören nur den monotonen Gesang der Räder. So vergeht Stunde um Stunde, und eine Stadt nach der anderen fliegt an uns vorbei.

Nach der dritten Nacht hat sich unser Zug nach und nach geleert. In Kowno sind die ersten Kameradinnen ausgestiegen. Auch für uns ist ein kurzer Aufenthalt angesetzt. Wir empfangen Marschverpflegung für den Rest des Tages, und auf einer Rotkreuzstation erhalten wir eine warme Suppe.
Auch Soldaten sitzen hier und dort, Verwundete sind unter ihnen.
Ich setze mich an einen Tisch, dort, wo gerade Platz ist. Da ich fürchterlichen Hunger habe und außerdem auch todmüde bin, achte ich nicht weiter auf meine Umgebung. Erst als mich eine Kameradin anstößt, werde ich aufmerksam. Sie wirft mir einen entsetzten Blick zu und sagt: »Sieh dort, dieser Panzersoldat, das ist ja schrecklich!«
Ich sehe auf und direkt uns gegenüber sitzt er. Es ist ein furchtbarer Anblick. Sein Gesicht ist einer Totenmaske nachgeformt. Nur eine dünne rote Haut mit vielen Narben ist über das Gesicht des Soldaten gezogen.
Ein anderer Soldat, der auf uns aufmerksam geworden ist, spricht uns an: »Der ist eben noch aus dem brennenden Feuer gekommen. Kein schöner Anblick, nicht wahr?«

Wir löffeln schnell unsere Suppe aus, um unseren Platz wechseln zu können. An einem anderen Tisch begegnen wir einem ähnlichen Bild. Diesmal ist es ein Soldat ohne Beine. Er quält sich auf Krücken durch den Raum und weicht schnell unseren mitleidigen Blicken aus.

Der Vorgeschmack auf Polen und Rußland läßt uns jetzt schon erschaudern. »Es ist fürchterlich«, bemerkt eine Kameradin bestürzt.
Daraufhin sagt ein neben uns sitzender Soldat: »Dankt eurem Herrgott, ihr habt den Winter in Rußland nicht miterlebt. Es sind bald ebenso viele erforen wie gefallen.« Nach diesen Worten wendet er sich wieder von uns ab. Verbitterung liegt in seinem Gesicht.

Erster Einsatz als Nachrichtenhelferin 1941

Ankunft in Wilna

Nach unserer Ankunft in Wilna sollen wir Aufstellung nehmen, um geschlossen in das Heim zu marschieren. Das ist unmöglich, denn vor Müdigkeit und Hunger wanken wir wie Betrunkene durch die Straßen bis zum Heim.

Auf das Klingeln einer Helferin öffnet sich die Tür, und wir werden herzlich willkommen geheißen. Eine Oberhelferin begleitet uns in einen Raum, wo wir wieder Aufstellung nehmen müssen. Zu mehreren werden wir auf die Zimmer geführt. Ich schwanke als letzte hinterher, es ist mir gleichgültig, in welcher Stube ich untergebracht werde. Diesmal soll ich mit meiner Nachlässigkeit einen Fehler begehen. Die Betten in den einzelnen Zimmern sind schon verteilt, alle Mädel sind untergebracht, nur ich stehe noch da und weiß nicht, wohin ich mein müdes Haupt legen kann.

»Sie sind übriggeblieben«, sagt die Oberhelferin. »Wir haben so viele Betten belegt, wie wir an Helferinnen brauchen. Was machen wir mit Ihnen? Es tut mir leid, Kameradin, Sie müssen nach Riga weiterfahren.«

Entgeistert sehe ich die Oberhelferin an: »Ich kann nicht mehr, laßt mich wenigstens eine Nacht hier schlafen, sonst breche ich zusammen. Nach sieben Tagen Fahrt hat man genug Strapazen hinter sich.« Unglücklich lehne ich mich an die Wand an und starre nur noch geradeaus.

Da tritt eine Helferin zur Tür herein und sagt: »Oberhelferin, ich möchte Meldung erstatten, daß in meinem Zimmer noch ein Sofa frei ist, falls Sie das interessiert.« Achselzuckend fügt sie hinzu: »Zu Ihrer Entlastung natürlich.«

Abwechselnd betrachtet die Oberhelferin mich, dann die Kameradin und sagt: »Sie sind doch Fernschreiberin?« Ich nicke und die Helferin antwortet gleich darauf: »Oberhelferin Müller, wir haben in meiner Tour noch eine Fernschreiberin nötig, denn der größte Teil der Neuangekommenen sind Fernsprecherinnen für die Vermittlung. Soviel ich weiß, hat Gießen nur fünf Fernschreiberinnen angegeben.« »Dann haben Sie Glück gehabt«, erwidert die Oberhelferin.

Meine Kameradin begleitet mich nun auf ihr Zimmer. Es ist klein und nicht sehr geräumig. Neben dem Bett steht ein altes Sofa. Ich setze mich darauf und falle gleich in der Mitte nach unten. Die Kameradin grinst und meint: »Es ist vorerst nur ein Behelf, den Spind müssen wir uns auch teilen. Ich werde etwas später meinen Mund schon aufmachen, daß du ein Bett und einen Spind bekommst. Du hast mir leid getan, als ich dich unten auf der Diele so allein stehen sah, deshalb wollte ich dir helfen. Andererseits sind wir wirklich zu wenig Fernschreiberinnen, wohl aber genug Fernsprecherinnen, die Vermittlung ist voll besetzt.«
Sie tritt auf mich zu und gibt mir die Hand. »Ich heiße Magdalena Arentz.«
»Danke, Magdalena, mein Name ist Elisabeth Himmelstoß.«
Nach einer Weile, als ich anfange, mir das Sofa für die Nacht fertigzumachen, spricht sie mich wieder an: »Du schnarchst doch nicht?« »Ich weiß es nicht, ich habe mich noch nicht schnarchen hören.«
»Dumme Antwort, das weiß ich selbst«, wendet sie sich von mir ab. »Wenn du in meine Diensttour kommst, dann bist du mir unterstellt, ich bin die Wachhabende.«
Mit einem Kopfnicken nehme ich ihre Antwort entgegen, dann falle ich auf das Sofa. Magdalena aber redet noch immer weiter, sie merkt gar nicht, daß ich längst schon in den Schlaf gesunken bin.

Mein Dienst beginnt in der Transportkommandantur. Ich muß den ganzen Tag nur Zahlen schreiben, trotzdem bin ich mit dieser Arbeit zufrieden.

Magdalena behauptet sich als Wachhabende mit Energie und Stolz. Zu mir ist sie aber immer sehr nett und zuvorkommend. Nur eines Tages hätte ich sie fast beleidigt, weil ich sie so ganz unbewußt gefragt habe, wie alt sie sei. Ich habe mir nichts dabei gedacht, sondern wollte nur ihren Geburtstag wissen, um ihn in meinem Kalender zu notieren. »Eine alte Schraube«, gibt sie mir nur kurz zur Antwort. »Das genügt dir doch, nicht wahr?« Ich bin peinlich berührt und entschuldige mich für meine Neugier.

So vergeht Woche um Woche und der Winter 1941 bricht mit Gewalt herein. Für uns Mädel wird warme Zusatzkleidung aus Gießen nachgeschickt. Mangelware bei uns sind Schuhe. Nur selten können wir die richtigen Größen erhalten, und auch ich habe ein Paar Schuhe an, welches mir eine halbe Nummer zu klein ist. Das Ergebnis ist, daß mich fast ständig Hühneraugen quälen und meine Füße immer mehr schmerzen. Ich muß mich im hiesigen Lazarett einer Fußuntersuchung unterziehen, damit warte ich auch nicht lange, sondern gehe schon in den nächsten Tagen dorthin.

Es ist ein langes Suchen auf dem großen Gelände, das früher bei den Polen der Sitz der Stadtkommandantur war. Geduldig wandere ich von einer Tür zur anderen. Als ich einen Blick hinter die vermeintliche Tür werfe, schreie ich auf. Ungefähr 14 Männer sitzen im Halbkreis um einen Tisch. Ihre Arme und Beine hängen als leblose Stummel herab. Einige haben keine Hände mehr. Für einen Augenblick bin ich von diesem Anblick so entsetzt, daß ich vergesse, die Tür wieder zu schließen. Ich stehe an der Schwelle und starre wortlos auf diese unglücklichen Menschen. Stumpf sehen mich ihre Gesichter an. Nur einer bewegt seine Lippen und flüstert erstickt: »Erfroren für das Vaterland.« Dann wendet er sich ab und starrt weiter gegen die graue Wand. Ganz langsam lehne ich die Tür zu, ich bin wie benommen.
Erst ein fröhliches Pfeifen hinter mir reißt mich aus meinen Gedanken. »Vorwärts, vorwärts schmettern die hellen Fanfaren. Vorwärts, vorwärts, Jugend kennt keine Gefahren ...«

Ich sehe mich um, und da kommt die Stimme näher. Ein Soldat ohne Beine fährt auf einem kleinen Wägelchen an mir vorbei und schmunzelt mir zu. An seinen Schultern sehe ich Silberlitzen, er ist Offizier. Verlegen lächle ich ihn an. Es ist für mich unfaßbar, daß es Menschen gibt, junge Menschen, die Deutschlands Schicksal so gelassen hinnehmen und immer nur in einer Hoffnung leben, zwischen Idealismus und Optimismus. Gedankenverloren sehe ich diesem Offizier nach.
An einer Flurkreuzung biegt er sein Wägelchen plötzlich schwungvoll um die Ecke und kehrt zu mir zurück, so als habe er meine Gedanken und meinen Blick gefühlt.
»Suchen Sie jemanden, schöne Frau?« spricht er mich an und lacht wieder sein sympathisches, jungenhaftes Lächeln.
»Oberarzt Hermanns«, flüstere ich und beuge mich zu ihm herab.
»Kommen Sie!« Ich folge ihm, und nach einer Weile stehe ich an der Tür »Orthopädie«. »Ich danke Ihnen herzlich«, sage ich und reiche ihm die Hand. Er küßt sie und sagt halblaut: »Ich würde mich freuen, wenn Sie einen Krüppel wie mich mal besuchen würden. Zimmer 124, hier links.« Wir trennen uns und ich öffne die Tür zu Dr. Hermanns.

Ein Abend im Theater

Erst am späten Nachmittag kehre ich in das Heim zurück. Es ist sehr kalt, und deshalb wickele ich auf der Stube schnell meine steifgefrorenen Füße in ein dickes Tuch ein. Als mich Magdalena so vor meinem Bett sitzen sieht, da schimpft sie heftig mit mir. »Wegen so einer Fußuntersuchung warst du den ganzen Nachmittag unterwegs, wo ich gerade heute mit dir ausgehen wollte.« »Es ist doch erst 19.00 Uhr, Magdalena«, unterbreche ich ihren Wortschwall, »wir können doch noch ausgehen, beruhige dich.«

Gleich nach dem Abendbrot machen wir uns fertig zum Ausgehen in das Fronttheater »Sonnenschein für alle«.

Als wir auf die Straße kommen, fängt es heftig an zu schneien. »So eine Bescherung«, jammert Magdalena. Ich aber stülpe meinen Mantelkragen hoch, und den Schal binde ich um die Mütze, damit meine Ohren nicht steif werden. So betreten wir schon nach einer Viertelstunde das Theater. Mollige Wärme strömt uns im Foyer entgegen. Wir schließen uns den anderen Besuchern an und kommen, bevor wir den Theatersaal betreten, an einem Spiegel vorbei. Bei meinem komischen Anblick mit dem Schal über dem Käppi muß ich selbst über mich lachen. Magdalena aber sieht mich von der Seite abschätzend an und meint: »Du siehst aus wie eine Großmutter. Ich kann nicht verstehen, daß ein junges Mädchen sowenig aus sich macht.«

Hierauf gebe ich ihr keine Antwort, sondern ziehe schweigend meinen Mantel aus. Wieder fängt Magdalena an zu spotten: »Dein Uniformrock ist viel zu weit und lang. Siehst du das eigentlich nicht?«

»Nein«, gebe ich ihr barsch zurück, »ich bin es nicht gewohnt, in einen Spiegel zu sehen, ich mag keine Spiegel.«

Als ich mich brüsk von ihr abwende, klopft sie mir plötzlich behutsam auf die Schulter. »Sei nicht böse, Elisabeth. So habe ich das auch wieder nicht gemeint. Du weißt doch, ich will nur, daß du schön bist. Wenn mir nichts an dir läge, dann würde ich mich doch freuen, dich wie ein häßliches Entlein herumlaufen zu sehen, so aber habe ich dich gerne. Und sieh doch mal da links, dieser schwarzhaarige Leutnant, er sieht schon eine ganze Weile zu uns beiden herüber.« Magdalena deutet unauffällig in eine Richtung und dabei wird sie ganz rot im Gesicht vor Aufregung. Ich gehe voraus in den Zuschauerraum und nehme Platz.

Rechts und links von uns haben sich Landser gesetzt, und in der Pause unterhalte ich mich mal mit diesem und mit jenem. Magdalena aber bleibt stumm. Es ist kein angenehmes Gefühl, neben einer Kameradin zu sitzen, die nur den Offizieren schöne Augen macht. Wie nett könnte es mit diesen lustigen Landsern sein, müssen es denn immer nur Offiziere sein?
Obwohl das Theaterstück sehr schön ist, bin ich froh, als es zu Ende ist. Nach dem letzten Applaus stehe ich auf, und ohne mich um Magdalena zu kümmern, gehe ich dem Ausgang zu. Als ich an der Garderobe stehe, beugt sich jemand über meine Schultern und sagt: »Nicht so eilig, bis zum Zapfenstreich haben Sie doch bestimmt noch etwas Zeit?«
Ruckartig wende ich mich um und sehe in das Gesicht dieses schwarzhaarigen Leutnants. Unschlüssig sehe ich in das Gesicht des Mannes. Damit habe ich nicht gerechnet und weiß nicht, was ich sagen soll.
Ich suche im Gedränge nach Magdalena. Da steht sie auch schon hinter mir und schaut mich triumphierend an. Hat Magdalena dieses Zusammentreffen arrangiert? Wie gerne würde ich jetzt ein paar Worte sagen, aber was sagt man, um einem Mann zu imponieren?
Der Offizier bleibt mitten im Foyer stehen und wartet auf meine Antwort. Ich aber gehe schüchtern an ihm vorbei dem Ausgang zu.

Draußen hat es zu schneien aufgehört, und bei jedem Schritt knistert der Schnee unter meinen Schuhen. Nach wenigen Metern überquere ich die Gedominostraße und stapfe mit schnellen Schritten durch den Schnee, in der Hoffnung, diesen Abend niemandem mehr zu begegnen. Als ich das Heim erreicht habe, gehe ich sofort auf unser Zimmer.
Ich bin schon entkleidet und will ins Bett gehen, als die Tür aufgeht und Magdalena hereinkommt. Ihre Augen funkeln mich böse an, und ich warte auf die Strafpredigt. Aber Magdalena schweigt.
Kaum bin ich eingeschlafen, da weckt mich Magdalena mit einem lauten Schluchzen, sie weint bitterlich und sagt mit tränenerstickter Stimme: »Warum hat dich der Herrgott so schön gemacht, wo du so stockdumm bist? Was hätten wir heute für einen schönen, gemütlichen Abend haben können. Aber du hast alles zunichte gemacht. Du solltest lieber in ein Kloster gehen und Nonne werden, als unter Frauen zu leben, die normale Gefühle haben. Aus dir werde ich wohl niemals klug!«
»Es tut mir leid, Magdalena, daß ich dich enttäuscht habe. Du hättest mich nach Riga weiterfahren lassen sollen, dann wäre dir so eine dumme Kamera-

din, wie ich es bin, erspart geblieben. Ich kann aus meiner Haut nicht heraus und bleibe so, wie ich bin.«
Am anderen Morgen spricht Magdalena kein Wort mit mir, und auch die kommenden Tage ignoriert sie mich vollkommen.

Brotmarken und Kostüme

Weihnachten ist bereits vorbei, und ich versuche, meinen Kostümrock aufzutrennen. »Du willst ihn doch wohl nicht selbst nähen?« fragt mich Magdalena und deutet auf die langen Nähte. »Ich habe auch einen Rock zu ändern, du kannst heute nachmittag mit zum Schneider kommen.«
»Das ist sicher sehr teuer!« »Wie?« Magdalena tut erstaunt. »Es sind polnische Juden, die für uns nähen.«
»Juden?« Zum ersten Mal höre ich so etwas. »Juden arbeiten für uns?« Das interessiert mich, und ich bin auch gleich bereit, mit Magdalena dorthin zu gehen.
Nur langsam kommen wir in dem hohen Schnee vorwärts. »Wir nehmen den kürzesten Weg«, sagt Magdalena. »Wenn die Kathedrale hinter uns liegt, dann haben wir nur noch ein paar Minuten. Du wirst staunen, wohin ich dich führe.« Magdalena bleibt vor einem großen, massiven Gebäude stehen. Mit Wucht öffnet sie die schwere Eichentür. Wir stehen in einem dunklen Treppenhaus, muffige Luft und eine unheimliche Stille empfangen uns. Vorsichtig tasten wir uns in der Dunkelheit über die steile Treppe. Als Magdalena dreimal an eine Tür klopft, wird diese nur einen Spalt breit vorsichtig geöffnet.
Ein kleiner schwarzhaariger Jude empfängt uns und begrüßt Magdalena freundlich. Zu meinem Erstaunen unterhalten sie sich in polnisch. Ich sehe von einem zum anderen und weiß nicht, was ich sagen soll. Erst nach einigen Minuten wendet sich Magdalena mir zu und sagt: »Dies ist Josef Strietopinsky, er ist unser Schneider.«
»Sie wollen ein Kostüm geändert haben?« spricht er mich an und ich nicke. Nachdem ich ihm meine zertrennten Teile vorgelegt habe, überprüft er meine Gestalt und nimmt Maß. Ich bedanke mich und sehe mir den Raum etwas genauer an. In einer Ecke sitzt eine Frau und ist mit einer Handarbeit beschäftigt. Ihr gequälter Gesichtsausdruck läßt mich für einen Moment erschauern.

Hinter ihr, aus einer Nische, kommt stoßweise ein Wimmern und Keuchen. Da erhebt sich die Frau und nimmt Tücher und Kleidungsstücke fort. Zum Vorschein kommt ein Kind, ein kleiner Junge. Das schmale Gesichtchen ist vor Schmerz verzerrt, fiebrig glänzen seine Augen.
»Das Kind sehr krank, sehr krank«, sagt die Frau. Ich sehe zu Magdalena und zeige empört auf den Jungen. »Es ist unverantwortlich, daß die Eltern ihm nicht helfen.« Der Mann sieht mich erstaunt an: »Wir sind Juden, Fräulein.« Er spricht diese Worte nur halblaut aus und wendet sich ab.
Magdalena will gehen und läßt ihre volle Tasche auf dem Tisch stehen. Als wir das Haus verlassen haben, bitte ich sie um eine Erklärung. »Warum hast du deine Tasche nicht mitgenommen?« »Der Mann hatte Angst vor dir. Ich habe Lebensmittel für ihn eingepackt.« »Ach so!« Ich verstehe.
Nach einer Weile sagt Magdalena: »Du kennst das Schicksal dieser Menschen noch nicht. Vielleicht weiß auch ich nur einen Teil. Eines aber weiß ich gewiß, die Juden müssen furchtbar hungern, und die Deutschen tun nichts dagegen. Übrigens, ich bin nicht die einzige, die die Näharbeiten mit Lebensmitteln bezahlt. Das machen fast alle von uns, und du solltest es auch tun. Wir müssen uns gegenseitig helfen. Das einzige, was ich nicht besorgen kann, sind Medikamente.«
»Das laß nur meine Sorge sein, Magdalena.« Ich lächele sie verschmitzt an; mir ist gerade ein guter Gedanke gekommen.
Als wir den Platz an der Kathedrale überqueren, blicken wir verwundert auf eine große Menschenmenge. »Was ist hier los, Magdalena? Warum knien die Menschen hier auf dem Platz?« »Sieh nach vorne, Elisabeth, da oben auf dem Torbogen wird die Madonna zur Verehrung freigegeben. Die Menschen hier beten alle.«
Magdalena sieht sich verstohlen um, ob auch keine Deutschen in der Nähe sind. Erst dann zieht sie mich am Rock, damit auch wir uns niederknien. Fast eine Viertelstunde beten wir mit der polnischen Bevölkerung. Magdalena betet laut in polnischer Sprache.
Erstaunte Blicke treffen uns von allen Seiten, mir ist nicht wohl in meiner Haut. Wenn uns jetzt jemand von der deutschen Wehrmacht sieht, dann sind wir verloren. Hoffentlich erhebt sich Magdalena bald, damit wir weitergehen können. Da höre ich hinter mir laute Worte. Ich wende mich um und sehe, wie eine alte Polin meinen Rock küßt und einige Worte stammelt, die ich nicht verstehen kann. Hilflos sehe ich mich nach Magdalena um. »Was hat sie gesagt?« frage ich Magdalena erschrocken.

»Die Polin sagte, ›Deutsche Feind, Deutsche Freund, deutsche Frau gut‹.« Als dann ein Lied zu Ehren der Heiligen Jungfrau erklingt, segnet ein Priester mit der schwarzen Madonna in der Hand all die Menschen, die sich hier versammelt haben, um zu ihr zu beten.
Nach der Segnung stehen wir beide auf und schleichen uns langsam durch die Menschenmenge. Mein starkes Herzklopfen läßt allmählich nach.
Da ruft uns plötzlich von der anderen Straßenseite ein Mann an. Er ist schlecht gekleidet und sieht verhungert und verfroren aus. Er wankt auf Magdalena zu und sagt: »Fräulein Arentz, bitte bringen Sie mich zum Ghetto, ich bin allein.« Ein bittender, hilfloser Blick trifft uns und wir begleiten ihn. Ein SS-Wachposten steht vor dem Eingang. Als der Jude auf das Tor zugeht, wird er kontrolliert. »Du warst allein«, schreit ihn der Posten an. »Bleib hier!« Die vor Angst geweiteten Augen des Mannes blicken hilfesuchend zu uns, und wie aus einer Kehle schreien wir: »Der Jude kam mit uns, wir haben ihn direkt hierher in das Ghetto gebracht. Sind Sie zufrieden?« »Ihr blöden Weiber, haut ab!« Der SS-Posten stößt den Juden durch das Tor. Um uns Angst einzujagen, richtet er noch sein Gewehr auf uns.
»Scheußliche Kerle, diese SS«, sagt Magdalena. Ich aber mache mir auf dem Heimweg Gedanken über all das Neue, was ich hier erlebe; es sind traurige Gedanken.

Wieder ist eine Woche vergangen. Ich habe mit Magdalena Streit, und wieder einmal sind wir uns böse. Mein Kostüm ist schon fertig, doch leider darf ich das Heim allein nicht verlassen, Anweisung der Wehrmachtsbehörde. Diese Vorsorge muß wegen der Partisanengefahr getroffen werden.
Soll ich mich um eine andere Kameradin bemühen? Ich habe Bedenken, denn viele der Mädel sind sehr neugierig. So muß ich sehen, wie ich ohne Magdalena das Heim verlassen kann.

Magdalenas Geheimnis

Schon seit einer Stunde drücke ich mich im HvD-Raum herum und warte den Moment ab, wo sich Kameradinnen in das HvD-Buch eintragen. Ich schließe mich einfach an und verlasse mit ihnen das Heim. Draußen kann ich mich unbeobachtet von ihnen trennen. Tatsächlich habe ich Glück, und niemand hat mich bemerkt.

So stolpere ich mit meinen neuen langen Stiefeln, die ich an diesem Tag zum ersten Mal trage, durch den hohen Schnee. Wie ein Kürassier marschiere ich die Gedominostraße entlang. So glücklich ich über diese neuen Stiefel bin, so unglücklich bin ich darüber, daß ich überhaupt nicht damit laufen kann. Das harte Leder tut mir an den Waden weh, so daß ich kaum die Knie bewegen kann und wie ein steifer Klotz dahermarschiere. Einige polnische Frauen, die mir unterwegs begegnen, verziehen ihr Gesicht zu einem Lachen, sehen aber gleich wieder von mir weg.
Als ich den Platz an der Kathedrale überquere, setzt plötzlich ein heftiges Schneetreiben ein. Da fallen mir im letzten Moment die Medikamente ein, ich habe sie vergessen. Ohne langes Überlegen mache ich einen Umweg und habe in wenigen Minuten die Sani-Stelle erreicht.
Eilig laufe ich die wenigen Stufen nach oben und poltere durch die Tür. Ein Sanitäter tritt mir entgegen und fragt nach meinen Wünschen. Ich schwindele ihm etwas vor: einer kranken Kameradin muß ich unbedingt einige Tabletten für ihre schwere Erkältung mitbringen. Der Sanitäter packt mir einiges ein und sagt plötzlich: »Ich schicke anschließend gleich den Oberarzt Dr. Beißer zu Ihnen in das Heim.« »Das ist nicht nötig«, stottere ich ganz verlegen. »Ich bin als Krankenschwester ausgebildet und habe sogar mein Examen, ich kann der Kameradin auch helfen.« Um meinen Worten Glaubwürdigkeit zu verleihen, zeige ich ihm meinen Ausweis.
»Wir dürfen eigentlich keine Medikamente ohne Anordnung des Arztes abgeben, aber da Sie Krankenschwester sind, habe ich Vertrauen zu Ihnen. Außerdem ist für mich heute ein glücklicher Tag.« Er schmunzelt, als ich ihn frage, was für ein Ereignis ihn denn so glücklich gestimmt habe. »Ich habe die Nachricht aus der Heimat erhalten, daß ich seit 14 Tagen stolzer Vater eines kräftigen Jungen bin.« »Herzlichen Glückwunsch«, sage ich und drücke ihm gleich kräftig die Hand.
»Wollen Sie dieses Ereignis feiern?« Er nickt. »Viel Wodka habe ich nicht, aber es reicht. Wenn Sie wollen, dann lade ich Sie auch herzlich dazu ein.« »Danke, ich komme bestimmt. Darf ich vielleicht noch eine Kameradin mitbringen?«
Der Sanitäter ist damit einverstanden, und als ich ihn wenige Minuten später verlasse, habe ich eine große Tüte mit Medikamenten in der Hand. So ein Glück habe ich nicht erwartet. Ich stecke alles in meine Umhängetasche und verlasse die Sani-Stelle.
Ich bin erst wenige Schritte von der Sanitätsstelle entfernt, als ich mich sicherheitshalber noch einmal umwende. Erschrocken blicke ich in das

Gesicht eines gutaussehenden Zivilisten. Er trägt hohe Schaftstiefel unter einem derben, aber gut geschneiderten Wintermantel. Den breiten Pelzkragen hat er hochgestülpt. Obwohl er ein sympathisches Aussehen hat, wage ich nicht, mich ein zweites Mal umzusehen. Beobachtet er mich oder bilde ich mir das nur ein? Gewißheit muß ich haben, sonst kann ich nicht zu den Juden gehen. Ist es ein Deutscher in Zivil? Vielleicht von der Gestapo? Oder ein Ausländer? Was will dieser Mann nur von mir?

Die Schritte kommen immer näher. Vor lauter Angst wage ich kaum zu atmen, denn ich bin jetzt allein mit ihm in einer abgelegenen Straße.
Da steht er plötzlich neben mir. »Ich kenne Sie sehr gut!« Erschrocken starre ich ihn an.
»Was wollen Sie von mir? Ich kenne Sie nicht und wer sind Sie überhaupt?«
Da lacht der Fremde laut auf und sagt: »Elisabeth! Nicht wahr, das ist doch Ihr Name?«
Ich antworte nicht, sondern gehe weiter. »Ich kenne Ihre Freundin auch. Sie heißt Magdalena und ist in Kowno geboren.« Diese Worte erschrecken mich. Magdalena eine Polin? Nein, das kann nicht wahr sein.
»Lassen Sie mich in Ruhe!« falle ich ihm erregt ins Wort. Ein Grinsen ist sein Abschiedsgruß, und dann ist er verschwunden.

Als ich endlich im Zimmer des jüdischen Schneiders stehe, atme ich erleichtert auf. Ich erzähle dem Juden von meiner Begegnung mit dem unheimlichen Fremden. Er sagt dazu kein Wort. Mit leuchtenden Augen nimmt er die Medikamente in Empfang, und ich erkläre ihm, wie alles anzuwenden ist. Noch keine Viertelstunde bin ich bei dem Schneider und habe gerade den fertigen Kostümrock in meine Tasche eingepackt, da klopft es an der Tür. Eine Helferin kommt herein, und hinter ihr folgt Magdalena.
Ein schadenfroher Blick huscht über ihr Gesicht, als sie mich erblickt. Ich verziehe keine Miene, sondern warte, bis sie mit ihren Anliegen bei dem Schneider zu Ende gekommen sind.
Als sie sich verabschieden, schließe ich mich ihnen einfach an. Gelassen laufe ich hinter ihnen her, und als wir am Heim angelangt sind, gehe ich sofort auf mein Zimmer.

Der Fremde

Als Magdalena nach einiger Zeit unsere Stube betritt, sehen mich ihre Augen an. »Ein Fremder hat mir heute auf der Straße gesagt, du wärst in Kowno geboren. Stimmt das, Magdalena?«
Hastig wendet sie sich mir zu. »Wer hat dich gefragt?« »Ich kenne diesen Mann nicht. Er sieht gut aus und trägt Zivil. Vor Zivilisten habe ich Angst. Man weiß nie, welcher Mensch sich dahinter verbirgt. Du bist mir ja noch böse, nicht wahr, Magdalena? Es ist also besser, wir sprechen nicht mehr darüber!« sage ich zu ihr.
»Ach was, ich bin dir nicht mehr böse«, erwidert sie und sieht mich dabei argwöhnisch von der Seite an.
»Dann bist du also keine Ostpreußin, sondern eine Polin?«
»Ich bin nur in Polen geboren, mehr nicht. Meine Kindheit und spätere Jugend verlebte ich in Ostpreußen. Das ist alles.« Bei diesen Worten sehe ich, wie Magdalenas Hände zittern.
»Du brauchst nicht mißtrauisch zu sein, Magdalena, ich glaube, daß unter uns Mädeln einige sind, die irgendein Geheimnis verbergen. Nur wenige von uns sind wirkliche Nationalsozialistinnen, sie haben Hitlerjugend und Bund Deutscher Mädel hinter sich und schwören auf ihren Führer Adolf Hitler. Auch wir beide tragen ihre Uniform, und wenn wir beide vielleicht eine andere Gesinnung haben, dann hat es Gott so gewollt. Es ist nur schade, daß wir solche Streithähne sind und uns wegen Nichtigkeiten in die Haare kriegen.«

Magdalena spricht lange kein Wort. Nachdenklich sitzt sie neben mir und hört mir zu. »Du hast recht«, sagt sie und verläßt das Zimmer. Als sie wieder zurückkommt, hält sie in ihren Händen ein großes Paket. Eilig macht sie sich daran, es zu öffnen. Mir gehen die Augen über bei diesem Anblick: zwei große Seiten Speck, Mehl, Zucker und Süßigkeiten kommen zum Vorschein. Ohne mich anzusehen, legt sie mir ein Stück Speck und Süßigkeiten auf meinen Nachtisch und sagt nur kurz: »Das ist für dich.« Das andere packt sie zurück in die Schachtel und schiebt diese unter ihr Bett.

Die Einladung bei dem Sanitäter schlägt Magdalena nicht aus, und um nicht mit leeren Händen zu diesem Fest zu kommen, nimmt sie ein schönes Geschenk mit, sie hat einen herrlichen Kuchen gebacken. Das gibt natürlich ein großes Hallo bei den Soldaten. Wir haben uns damit aber eine gute

Quelle für Medikamente gesichert, und eines Tages ist unser kleiner Joschi, der Sohn des jüdischen Schneiders, wieder gesund.
Als ich an diesem Tag in die Schneiderstube gehe, blicken mich zwei glücklich glänzende Kinderaugen an. Das kleine Lächeln in diesem Gesichtchen macht mich froh. Als ich mich verabschiede, kommt Joschis Mutter auf mich zu und reicht mir die Hand: »Dziekuje siostro, ich danke dir, Schwester.«
Auf dem Heimweg verfolgt mich wieder der fremde Mann. Magdalena verfällt manche Tage ins Grübeln. Ich weiß, sie hat Angst.

Es ist ein wunderschöner Tag im Dezember 1942. Trotz der Kälte ist die Luft kristallklar und angenehm, ich habe Lust zu einem Spaziergang. Nach anfänglichem Zögern folgt auch Magdalena meiner Bitte, spazierenzugehen. Nach zwei Stunden frischer Luft kehren wir im Soldatenheim ein und trinken eine Tasse heißen Kaffee. Zum Abschluß dieses schönen Tages machen wir noch einen Bummel zum Eliseum, einer Gaststätte für Deutsche und Ausländer.
Wir sitzen noch nicht lange an einem Tisch und trinken ein fürchterliches Gemisch aus Bier und Essigwasser, als ein Gast an unseren Tisch tritt: vor uns steht wieder dieser Fremde. Magdalenas Gesicht ist bleich, mit weitaufgerissenen Augen starrt sie den Fremden an, ohne ein Wort zu sagen. Auch ich bin von der plötzlichen Anwesenheit dieses Mannes so irritiert, daß ich ebenfalls schweige.
»Mein Name ist Josef Jarosinsky. Ich war Offizier in der polnischen Armee. Sie staunen, daß ich so offen sage, wer ich bin, nicht wahr, Magdalena Arentz, geborene Jarosinsky?« Ungläubig betrachtet Magdalena diesen Mann. Ihr fahles Gesicht wird noch blasser, tiefe Falten graben sich in ihre Stirn.
»Josef, mein Bruder«, flüstert sie leise Wort für Wort. Ihre Stimme zittert vor innerer Erregung. »Warum kommst du hierher?«
»Das frage ich dich, Schwester«, beginnt Josef Jarosinsky. »Warum bist du von Polen fortgegangen?«
Magdalena schweigt. Ich sehe, wie sie ihre Tränen fortwischt. Es dauert einige Minuten, bis sie den ersten Schock überwunden hat und weiterspricht.
»Das verstehst du nicht, Josef. Die Heimat unserer Mutter wollte ich kennenlernen. Ich war noch sehr jung, als ich nach Deutschland ging. Es gab einen Mann, den ich sehr liebte, ein Deutscher, und so blieb ich in Königsberg. Eines Tages verließ er mich, und ich blieb allein mit meinem Sohn zurück.«

Beschämt wendet sich Magdalena von ihrem Bruder ab. Es fällt ihr schwer, weiterzusprechen, und immer wieder wischt sie ihre Tränen fort. Für einige Minuten schweigen wir. Diese ungewöhnliche Begegnung des heutigen Abends hat mich sehr verwirrt.
Doch wie soll dieses Abenteuer enden? Was wird Magdalena tun? Sie ist die Tochter einer deutschen Mutter, die im Ersten Weltkrieg einen polnischen Staatsbürger geheiratet hat und mit ihm in seine Heimat ging. Nach deutschen Gesetzen ist Magdalena Deutsche.
Ungewollt bin ich Zeuge einer menschlichen Tragödie geworden, die vielleicht für uns beide noch unangenehme Folgen haben wird.

Lebensmittel im Spind

Heimlich werden wir von einigen Kameradinnen beobachtet. Sie wundern sich, daß Magdalena und ich plötzlich so einträchtig und friedlich miteinander auskommen. Noch dazu verfügen wir über einen kleinen Lebensmittelvorrat. Aufmerksam werden wir vor allem durch die spitzen Bemerkungen einiger Kameradinnen, die uns vorwerfen, »eigene gefährliche Wege zu gehen«.
Magdalena ist um keine Ausrede verlegen und sagt, um nicht weitere Gerüchte aufkommen zu lassen: »Wer von euch organisiert nicht auch? Ihr seid alle nicht besser und schlechter als wir. Wenn ihr eure leeren Spinde wieder mit Vorrat füllen könnt, dann tut ihr es, gleichgültig, woher ihr das bekommt. Uns braucht ihr nicht zu verdächtigen, faßt euch selber an die Nase!«
Um uns keiner weiteren Gefahr auszusetzen, mache ich Magdalena den Vorschlag, einen Teil der Lebensmittel, wie Eier und Speck, bei den Juden einzutauschen, falls in nächster Zeit Stubenappell stattfinden sollte.

Es ist ein stürmischer Abend. Der eisige Wind schneidet uns ins Gesicht, als wir auf die Straße treten. Unter dem Regencape können wir die Taschen gut verbergen. Unterwegs werden wir uns einig, daß wir nichts eintauschen, sondern einer jüdischen Schneiderei meine zwölf langen Taghemden aus dem Kloster zur Umarbeitung in hübsche Nachthemden geben wollen, und dorthin werden wir auch die Lebensmittel bringen. Es ist diesmal eine andere große Schneiderei in der Gedominostraße.

Eine Jüdin kommt auf Magdalena zu und unterhält sich mit ihr auf polnisch. Die Frau späht erst nach allen Seiten und führt uns dann in einen kleinen abgelegenen Raum. Hastig überreichen wir ihr die Lebensmittel, die sofort unter der weiten Jacke verschwinden. Sie verspricht uns, die Nachthemden baldmöglichst zu ändern. Beim Weggehen hält sie uns noch einmal zurück und zeigt uns einen Haufen Brotmarken, die ihnen die Soldaten immer bringen. Sie bittet uns, sie alle bei einem polnischen Bäcker einzutauschen. Besorgt sehe ich Magdalena an. »Ist das nicht gefährlich?« So nehmen wir die Marken und das Geld entgegen und verlassen schnell die Schneiderei. Seltsam, wir haben gar nicht soviel Angst, weil wir alles Gefährliche jetzt so gleichgültig hinnehmen.

Wenn ich über die schneebedeckten Häuser und Hütten hinweg das weite polnische Land und daneben diese einfachen Menschen sehe, dann liebe ich dieses schöne Land. Es ist mir nicht immer bewußt, daß ich als Feind in diesem fremden Land lebe. Aber ich bin nicht die einzige, die das oftmals vergißt, andere Kameradinnen denken ebenso.

Magdalena hat wieder Brote bei einem polnischen Bäcker geholt und dies ist nun die Sorge Nummer eins für uns geworden. Die Brote müssen so schnell wie möglich verschwinden, denn auf der schwarzen Tafel ist Stubenappell angekündigt. Die Führerin will durch solche Appelle verhindern, daß der Spind ein Lebensmittelvorratsschrank wird und sich womöglich noch Ungeziefer verbreitet.

Was sollen wir tun? Da Magdalena als Wachhabende vom Dienst nicht fernbleiben kann, nehme ich mir dienstfrei. Ich packe die zwölf Brote in Stofftaschen und trete noch einmal vor den Spiegel, um mich zu vergewissern, ob man auch nicht sehen kann, daß ich unter dem Regencape etwas verborgen halte.

Außer einigen polnischen Passanten begegnet mir niemand, trotzdem kann ich ein heftiges Herzklopfen nicht unterdrücken. Hin und wieder sehe ich mich um, denn ich habe doch ein wenig Angst, verbotene Dinge zu tun.

Da! Ich bin höchstens noch 100 Meter von der polnischen Schneiderei entfernt, als ich hinter mir einen Soldaten bemerke, welcher schnellen Schrittes auf mich zukommt.

Völlig außer Atem stürze ich auf die Schneiderei zu und laufe so schnell wie möglich die Treppen hinauf, um das Brot loszuwerden. Ohne anzuklopfen reiße ich die Tür auf, zum Glück ist niemand außer den Juden anwesend.

In Sekundenschnelle sind die Brote verschwunden. Genau in demselben Moment geht die Tür auf, und mit schweren, polternden Schritten betritt ein junger Leutnant den Raum. Gelassen bleibt er vor mir stehen und betrachtet mich eine Weile.
Warum sieht er mich so an? Ahnt er etwas, schöpft er Verdacht? Noch immer sagt er kein Wort. Nervös zupfe ich an meinem Rock und versuche, meine Unsicherheit zu verbergen. Ich stehe auf und sage zum Schneider: »In drei Tagen hole ich meinen Mantel wieder ab.« In befehlsmäßigem Ton bemerke ich noch: »Er muß bis dahin fertig sein!« »Jawohl, Fräulein Himmelstoß, es geht alles zu Ihrer Zufriedenheit in Ordnung.« Die Juden sind ebenfalls um keine Ausrede verlegen. Das Eintauschen der Brotmarken wird immer gefährlicher für uns, wir müssen vorsichtiger sein.

Der verschwundene Zug

Der Monat Januar ist vorüber, die ersten Tage im Februar bringen eine noch schlimmere Kälte mit sich. Ich friere überall, ob im Dienst oder im Heim; es muß gespart werden für den Sieg.
In meiner Freizeit liege ich meistens im Bett, da es hier am wärmsten ist, und zu meiner Unterhaltung nehme ich ein Buch zur Hand. Auch Magdalena interessiert sich plötzlich für meine Bücher, die ich sehr ungern aus der Hand gebe. Ich weiß, daß man mich auslachen würde. Magdalena aber glaubt, als meine beste Freundin, sich mehr Freiheiten herausnehmen zu können. In meiner Abwesenheit holt sie die Bücher aus meinem Koffer heraus. Laut lachend empfängt sie mich bei meiner Rückkehr in das Zimmer.
»Heiligenbücher liest du? Bist du verrückt oder fromm?« Immer wieder läßt sie sich auf das Bett fallen und kann sich vor Lachen kaum halten.
»Im Dienst der Wehrmacht eine Heilige. So einen Spaß müßte man weitersagen.« Sie schüttelt den Kopf über diese seltsame Entdeckung.
»Was fällt dir bloß ein, dich in mein Privatleben zu drängen? Es ist meine Angelegenheit, was ich tue und tun will!« schreie ich Magdalena zornig an.
»Was du getan hast, ist nach dem Gesetz ein Vergehen! Auch wenn ich deine beste Freundin bin, so hast du noch lange nicht das Recht, in meinem persönlichen Eigentum herumzuschnüffeln.« Sofort lege ich meine Bücher zurück in den Koffer und verschließe ihn; nur ein Buch habe ich vergessen.

Wortlos reicht sie es mir und liest die Überschrift »Das Leben der Heiligen Theresia vom Kinde Jesu«. Diesmal sagt sie nichts.
Ich reiße ihr das Buch aus der Hand. Meine Hände zittern vor Zorn; daß Magdalena jetzt noch mehr von mir weiß, bringt mich so in Wut, daß ich laut schluchze.
Nachdenklich betrachtet sie mich eine Weile und geht zum Spind. Sie nimmt etwas heraus und sagt: »Verzeih mir bitte, Elisabeth, ich habe das nicht so gemeint. Eigentlich hätte ich mir denken können, daß du so bist, wie die Bücher, die du liest.«
Magdalena steht noch immer vor mir und wartet auf eine Antwort. Ich zögere noch, denn so schnell ist mein Zorn nicht verraucht.
Ein bittender Blick ruht auf mir und in der rechten Hand hält sie ein kleines Stück Schinken. »Nimm das von mir«, sagt sie. »Dann weiß ich, daß du mir wieder gut bist.«
Eigensinn und Trotz wehren sich in meinem Innern. Aber dann ist es die verständnisvolle Kameradschaft Magdalenas, die mich wieder beruhigt.
»Ich habe ja gewußt, daß du ein lieber Kerl bist, Elisabeth. Ich werde dich nicht mehr beleidigen.« Wir schweigen eine Weile. Dann hole ich mir ein Messer aus der Küche, um meinen Schinken zu verspeisen. Meinetwegen kann sie mich bald wieder für ein Stück Schinken ärgern, denke ich, sage ihr aber trotzdem noch meine Meinung: »Weißt du, Taktgefühl und Verständnis hat nicht jeder Mensch. Ich denke in diesem Augenblick an die Marienverehrung, als du kniend mit der polnischen Bevölkerung in ihrer Sprache gebetet hast. Damals habe ich nicht gelacht, sondern empfand es als eine gute Geste den Menschen gegenüber, die unsere Feinde sind.«
Diese Worte haben Magdalena getroffen, deshalb gibt sie mir darauf auch keine Antwort, sondern hüstelt nur verlegen und entschuldigt sich für ein paar Minuten.

Sie hat kaum das Zimmer verlassen, als es stürmisch an die Tür klopft und gleich darauf eine Kameradin hereinkommt.
»Magdalena Arentz muß sofort an das Telefon kommen«, ruft sie mir aufgeregt zu. »Was ist denn los?« frage ich sie neugierig.
»Ein Dienstgespräch, ich weiß nicht, um was es sich handelt.«
Die Kameradin erreicht Magdalena noch auf dem Flur und geht mit ihr gleich zum HvD-Raum. Hastig nimmt Magdalena den Hörer an das Ohr und

nennt Namen sowie Dienstgrad. Die HvD steht neben ihr und verfolgt unauffällig das Gespräch. Sie erschrickt, als sie sieht, daß das Gesicht von Magdalena sich zunehmend verfärbt. Sie atmet schwer und heftig und gibt nur kurze sachliche Antworten auf die an sie durch das Telefon gerichteten Fragen; dann legt sie den Hörer auf. Kreideweiß steht sie noch immer vor dem Telefon und ist zu keiner Antwort fähig. In ihrem Gehirn kreisen Zahlen, immer wieder Zahlen, verstümmelt und unleserlich von Kameradinnen durchgegeben, wofür sie als Wachhabende die Verantwortung trägt.
Ein Munitionszug ist verschwunden, entweder falsch weitergeleitet worden, verunglückt oder den Partisanen in die Hände gefallen. Noch weiß es niemand, nur ein KR-SSD vom Befehlshaber Ost liegt vor.
Kein Wunder, daß die kommende Nacht wie ein Trauergottesdienst verläuft. Die schreckliche Nachricht ist durch den Vermittlungsdienst gesickert, und wir wissen es jetzt alle. Uns Mädel schlägt das Herz bis zum Hals, denn jede kann bis jetzt die Schuldige sein. Aber am schlimmsten ist es für Magdalena, die Hauptschuld lastet auf ihr. Keines der Mädchen nimmt diese Nacht eine Ablösung an, wir bleiben an den Fernschreibern sitzen und warten. Nicht ein einziges privates Wort wird gewechselt. Jedesmal, wenn ein Fernschreiber tickt, laufen wir aufgeregt darauf zu, um zu sehen was durchgegeben wird; aber immer wieder vergebens. Als wir am anderen Morgen abgelöst werden, gehen wir unverrichteter Dinge zurück ins Heim. Keine von uns kann nach dieser aufregenden Nacht schlafen, am allerwenigsten Magdalena. Sie sitzt auf dem Bett und weint leise vor sich hin. Ich versuche sie zu trösten, aber unwillig schüttelt sie mich ab und gibt sich heftigen Gefühlsausbrüchen hin. »Immer habe ich meine Pflicht getan, war gewissenhaft und korrekt. Ich lasse mich nicht behandeln, als trüge ich die Schuld an diesem Geschehen.«
Es ist vorauszusehen, was am nächsten Tage geschieht. Magdalena wird als Wachhabende suspendiert und ihre Beförderung zur Oberhelferin bis auf weiteres zurückgestellt. Ein schwerer Schock für sie. Ruhig und gelassen, ohne ein Wort der Widerrede oder zu ihrer Verteidigung nimmt sie die Nachricht entgegen. Auch dann nicht, als sie vom Dienst für 14 Tage freigestellt wird, um das Amt der HvD zu übernehmen. Mir ist unerklärlich, daß Magdalena zu all dem schweigt, wo sie sonst bei Meinungsverschiedenheiten so aggressiv vorgeht. Hat sie kein reines Gewissen?
Es ist uns vorerst nur noch einmal möglich, zusammen auszugehen, und wir nutzen diese freie Zeit. Die Nachthemden sind längst fertig, und außerdem haben wir den Juden versprochen, wieder Brotmarken einzutauschen.

Die Jüdin, welche uns strahlend an der Tür empfängt, sieht uns nur kurz an und erkennt sofort unsere Unsicherheit und Angst.
»Fräulein können uns nicht mehr Brot besorgen?« fragt sie uns ängstlich. Ich beruhige die Frau; Magdalena sagt nichts, sie sieht nicht einmal auf. Für einen Augenblick verläßt die Frau den Raum und kommt nach ein paar Minuten mit einem Stapel fertiger Nachthemden zurück. Mir gefallen sie, und ich freue mich über die geschmackvolle und hübsche Arbeit. Sie hat sich viel Mühe gemacht und die Hemden mit Spitzen und Rüschen besetzt, als wären sie für eine Hochzeitsnacht bestimmt. Ich nehme die Brotmarken sowie das Geld von der Jüdin in Empfang.
»In spätestens drei Stunden bin ich mit den Broten zurück, es sei denn, ich werde von jemandem aufgehalten«, sage ich, und wir verlassen die Schneiderei.
Als wir auf der Straße stehen, findet Magdalena ihre Sprache wieder. »Die Brote mußt du allein holen, ich tue nichts mehr für die Juden, für keinen tue ich noch etwas. Ich habe einfach nicht mehr die Kraft dazu. Außerdem frage ich mich, warum setzen wir uns solchen Gefahren aus? Es ist Wahnsinn, regelrechter Wahnsinn. Was haben wir nur davon?«
Erstaunt sehe ich Magdalena an. Über diese plötzliche Meinungsänderung bin ich überrascht. Magdalena sieht an mir vorbei und sagt: »Was glaubst du, was wir schon unter den Mädeln angerichtet haben, als wir ihnen erzählten, daß es bei den Juden alles für Lebensmittel einzutauschen gibt? Ich habe in letzter Zeit oft genug im Heim gesehen, was da alles organisiert wird. Wir sind nicht die einzigen, die das tun, all die anderen haben wir mit unserer Idee angesteckt. Fast jeden Tag kannst du eine Nachrichtenhelferin von uns bei den Juden sehen. Die von ihnen mitgebrachten Sachen verschwinden ebenso schnell unter dem Tisch wie bei uns. Ich denke mit Schrecken daran: wenn das eines Tages auffliegt, dann sitzen wir mittendrin. Erst wird man die Urheber suchen und dann die Beteiligten, und was glaubst du nur, wem es dann zuerst an den Kragen geht?« Ein tiefer Atemzug ersetzt die weiteren unausgesprochenen Worte. Wortlos gehen wir nebeneinander her.
Ich muß Ordnung in meinen Gedanken schaffen, denn wenn ich über Magdalenas Worte nachdenke, muß ich ihr recht geben. Wir befinden uns mitten im Krieg und schrecken nicht davor zurück, verbotene Dinge zu tun. Ist es Mitleid oder die Unbefangenheit unserer Jugend, daß wir vor nichts zurückschrecken? Ich weiß es nicht. Magdalena trennt sich von mir und geht eilig einen anderen Weg.

Als ich die polnische Bäckerei betrete, werde ich herzlich von dem Bäkker begrüßt. Zwei Brote gibt er mir mehr, als ich eigentlich auf die Brotmarken bekommen würde. Er sagt: »Ich kenne das Fräulein, Sie bringen immer Brot zu polnischen Juden, sind gute Deutsche«, und er lacht mich an.
Ich sehe ihn scheu an und bin unangenehm berührt, daß er mich kennt, er spricht sogar ein gutes Deutsch.
Eilig verlasse ich den Laden, um noch vor Hereinbrechen der Dunkelheit bei den Juden zu sein.
Schon nach wenigen Minuten setzt ein heftiger Schneesturm ein. So kann ich meinen Auftrag ohne Gefahr ausführen, und eher als vorgesehen bin ich wieder in der Schneiderei.
Auf dem Heimweg nehme ich mir vor, zukünftig vorsichtiger zu sein, denn so allmählich bekomme ich es doch mit der Angst zu tun. Vielleicht hat Magdalena recht mit ihrer Warnung.
Ich gehe gleich in mein Zimmer und stelle zu meiner Überraschung fest, daß Magdalena noch nicht anwesend ist. Kameradinnen bestätigen mir, daß sie noch nicht zurückgekehrt ist. Dann ist es also wahr, daß sie vor mir ein Geheimnis hat ...

Irgend etwas liegt in der Luft, im ganzen Haus verbreitet sich eine gespannte Atmosphäre. Die Geschichte mit dem Sprengstoff im reparierten Ofen ist noch nicht vergessen. Wäre der HvD nicht immer das Feuer im Ofen ausgegangen, so daß sie ihn zuletzt ärgerlich ausräumte und auf ein Kästchen stieß, dann wären wir alle in die Luft geflogen.
Noch nie habe ich einen Menschen so schreien hören, wie an diesem Morgen. Vor Schreck hätte die HvD beinah dieses Kästchen fallen gelassen, wenn sich nicht zufällig Magdalena geistesgegenwärtig auf das Kästchen gestürzt und es an sich genommen hätte.
Wir Mädel mußten von da an auch im Heim mehr arbeiten, denn doppelte Wachsamkeit war nun das erste Gebot. Stubendienst und Hausdienst wurden regelmäßig abgelöst, sogar zum Küchendienst wurden wir herangezogen. Ein Teil der polnischen Angestellten ist daraufhin entlassen worden.
Einige von uns vermuteten, daß vielleicht die polnische Widerstandsbewegung ihre Hand im Spiel hatte und durch ein Attentat auf uns Frauen neue Wirren unter der deutschen Besatzungsmacht schaffen wollte.

Bei diesen Gedanken muß ich unwillkürlich an Magdalena denken. Sie ist noch nicht zurück. Über alles, was sie tut, schweigt sie sich aus. Sie ist geistig oft abwesend, und wenn ich sie anspreche, dann nickt sie nur und schweigt.
Ich sehe hinaus in den Abend und atme durch die geöffneten Fenster die klare, wenn auch kalte Luft ein. Der Schneesturm hat aufgehört, friedlich hat die Natur ihr weißes glitzerndes Gewand über die Stadt ausgebreitet. Die Mondsichel drängt sich durch die Wolken und bahnt sich einen Weg in den klaren Himmel.

Ein vergessener Geburtstag

Da schrillt die Essensglocke. Ich erwache aus meinen Träumen und stürze die Treppen hinunter in das Eßzimmer. Der Platz neben mir ist leer. 20 Minuten vergehen, die Tafel wird von der Führerin aufgehoben, wir erheben uns von unseren Plätzen und verlassen den Speisesaal.
Kaum habe ich mein Zimmer betreten, da wird die Tür ohne anzuklopfen aufgerissen. »Heil Hitler«, Oberhelferin Krämer steht vor mir. Ein schlaues, spöttisches Lächeln liegt auf ihrem Gesicht. »Hör mal, Himmelstoß, ich habe eine schöne Nachricht für dich. Von jetzt an brauchst du nicht mehr auf diesem alten kaputten Sofa zu schlafen.« Sie wirft einen prüfenden Blick auf mein Bett und klopft einmal fest darauf. »Endlich haben wir für dich ein richtiges schönes Bett organisiert, lange genug hast du darauf gewartet. Du mußt nur das Zimmer wechseln.«
Sie glaubt wohl, ich würde jetzt einen Jubelschrei ausstoßen und ihr vor Freude um den Hals fallen! Ich sehe erst nachdenklich auf die Oberhelferin und dann auf mein Bett und sage: »Ich habe mich an das alte Sofa gewöhnt und möchte auch weiterhin hier bleiben, ich fühle mich ganz wohl bei Magdalena. Weißt du, Oberhelferin Krämer, es ist alles Gewohnheitssache. Man gewöhnt sich an das Schlechte genauso wie an das Gute. Mag sein, daß du mich deshalb für verrückt hältst, aber ich lege auf das neue schöne Bett keinen Wert mehr. Bitte, sage das der Führerin.«
Verständnislos schüttelt die Oberhelferin den Kopf; sie begreift mein Verhalten nicht. Noch immer sieht sie mich fragend an. »Ich muß schon sagen, ich bin sprachlos. Wenn ich deine Meinung der Führerin unterbreite, werde ich bestimmt auf Widerstand stoßen, Helferin Himmelstoß. Magdalena Arentz

und du, ihr seid wohl ein gutes Gespann für verbotene Dinge, doch sonst paßt ihr nicht zusammen.«
Ich bin zu keiner Antwort fähig, erst nach einer Weile habe ich mich wieder ganz in der Gewalt. Zweifellos spioniert man uns nach, woher kann sonst die Oberhelferin diese Information über uns haben?
»Die etwas sonderbare Anspielung betreffs der verbotenen Dinge trifft wohl auf mehrere Helferinnen zu«, gebe ich ihr sarkastisch zur Antwort. »Magdalena Arentz und ich haben uns zusammengerauft, das ist alles, und jetzt verstehen wir uns sehr gut. Beide sind wir nicht nachtragend, und kleine Fehler verzeihen wir uns wieder schnell. Vorausgesetzt, daß es Magdalena recht ist, möchte ich hier wohnen bleiben. Du kannst sie ja fragen.«
Kaum habe ich die letzten Worte ausgesprochen, als Magdalena das Zimmer betritt. Als sie die Oberhelferin Krämer erblickt, sieht sie gleich an ihr vorbei, denn sie haßt diese Kameradin, da sie vor ihr zur Oberhelferin befördert wurde.
»Von mir aus könnt ihr zwei komischen Vögel weiterhin in diesem Raum zusammen wohnen!« Noch ehe Magdalena sie hinauswerfen kann, hat die Krämer das Zimmer verlassen.
»Was wollte diese falsche Eule von dir?« Magdalena ist vor Zorn rot im Gesicht. »Diese Radfahrerin beim Führungsstab wollte dich wohl aushorchen?«
»Ja und nein, ich habe nichts gesagt, sie hat nur gesprochen.« Ich erzähle Magdalena die Geschichte mit dem Bett und daß ich darauf verzichtet habe.
»Das ist recht so, du bist eine gute Kameradin. Als Ältere möchte ich dich vor dieser Krämer warnen. Ich weiß mehr von der als die Führerin. Wehe, wenn die mir an den Kragen will, dann werde ich ihr den Hals umdrehen, dieser Diebin. Aus Holland ist sie wegen Kameradinnendiebstahl strafversetzt worden, und hier will sie sich aufspielen.«
Erstaunt frage ich Magdalena, woher sie das weiß.
»Das habe ich von einer Kameradin erfahren, die jetzt auf der Heeresschule Dienst tut; sie ist krankheitshalber in die Heimat versetzt worden und mit ihr die Krämer. Damals war sie noch keine Oberhelferin, sondern nur eine einfache Helferin wie wir auch. Hier hat sie es verstanden, sich durch Übereifer im Dienst emporzuarbeiten und Karriere zu machen.«
Mit einem Blick voller Argwohn sieht Magdalena zur Tür, dann gleitet ein zufriedenes Lächeln über ihr Gesicht. »Das hast du richtig gemacht, dein Entschluß war prima.«

Es tut mir leid, daß Magdalena so voller Abneigung gegen die Oberhelferin Krämer ist. So ist es aber, wenn die eine der anderen die Butter vom Brot nimmt.
Ich helfe Magdalena beim Ausziehen ihrer nassen Kleider. »Wo warst du?«
»Ich war im Kino«, sagt sie mit gespielter Fröhlichkeit.
Mit dieser Antwort gebe ich mich zufrieden, da sie mir ja doch die Wahrheit vorenthält.
Schnell hat sich Magdalena umgekleidet und die weiße Bluse, die Sonntagsbluse, angezogen. »Hast du heute noch etwas vor?« frage ich sie erstaunt. Sie gibt mir keine Antwort, sondern geht zum Tisch und zündet ein paar Kerzen an. Träumerisch sieht sie in das unruhig flackernde Kerzenlicht. Langsam bewegt sie ihren Kopf zur Seite und sagt mit tränenerstickter Stimme: »Ich habe heute Geburtstag, und kein Mensch hat daran gedacht, nicht einmal die Führerin.«
»Wie bitte, und das sagst du erst jetzt, wo der Tag schon bald zur Neige geht?«
Sofort stürme ich aus dem Zimmer und gehe zur Führerin. »Heil Hitler! Ich bitte um Verzeihung, daß ich unangemeldet bei Ihnen erscheine, aber ich habe einen Ausnahmefall vorzutragen.«
Die Führerin bittet mich, Platz zu nehmen. Sie nimmt ihre Brille ab und schenkt mir einen freundlichen Blick.
»Sie kommen in einem persönlichen Anliegen, Helferin Himmelstoß? Sicher wegen des Zimmerwechsels?«
»Nein, Führerin, diese Angelegenheit ist geklärt. Die Oberhelferin Krämer wird Ihnen Bericht erstatten.«
Ich hole einmal tief Luft, um meine Befangenheit zu verlieren. »Die Helferin Magdalena Arentz hat heute Geburtstag, und niemand hat daran gedacht. Es ist doch sonst üblich, daß jede Kameradin zum Geburtstag einen Kuchen bekommt. Sie ist darüber sehr traurig, noch dazu hat ihr niemand gratuliert.«
Erschrocken fährt die Führerin hoch. »Das ist doch nicht möglich. Dafür ist doch die Oberhelferin Krämer zuständig, sie muß jeden Geburtstag melden.«
Ärgerlich befiehlt sie das Erscheinen der Oberhelferin. Schon nach wenigen Minuten betritt diese den Raum. Sie ahnt, was kommt und entschuldigt dieses Versäumnis achselzuckend mit den Worten: »Ich bin im Augenblick mit Arbeit überlastet und kann nicht an alles denken.«
Sie muß sich von der Führerin eine Strafpredigt anhören und wird ermahnt, daß auch solche Dinge dienstlich anzusehen sind.

Noch am selben Abend erhält die Küche den Befehl, einen Kuchen zu backen, um dem Geburtstagskind nachträglich das Geschenk zu überreichen. Da der Dienst in der Küche aber schon beendet ist und sich nur eine Helferin freiwillig gemeldet hat, faßt die Führerin bei der Arbeit mit an. Ihr Gerechtigkeitssinn will ein Unrecht wieder gutmachen.
Ich gehe auf mein Zimmer zurück, erzähle Magdalena aber nicht, daß die Krämer die eigentliche Schuld trägt, da sie sonst bestimmt einen kleinen Skandal verursacht hätte. Noch immer sitzt Magdalena versunken vor den brennenden Kerzen. »Wir werden Karten spielen«, sage ich, um Magdalena aufzumuntern. Schnell nehme ich die Spielkarten aus dem Schrank und werfe sie ihr vor die Hände. Wortlos nimmt Magdalena die Karten und fängt an zu mischen.
Wir spielen schon eine ganze Weile und schauen plötzlich fasziniert auf die rote Kerze, die sich langsam biegt. Das Wachs tropft auf die weiße Tischdecke, und wie ein Streifen rotes Blut bahnt es sich einen Weg über die Decke. Ein Funken des winzigen Feuers leckt an diesem dünnen roten Streifen; ein schönes, gefährliches Spiel.
Hastig nimmt Magdalena die Kerze fort.
»Und das zu meinem Geburtstag.« Sie tupft sich eine Träne von den Augen.
»Es ist ein Sinnbild unseres Lebens«, antworte ich. »Alle Feuer brennen, gleichgültig, welche Feuer es auch immer sind, ob kleine oder große. Man kann es deuten, wie man will.«
Mittlerweile ist die rote Kerze auch schon ziemlich abgebrannt, und das kleine Flämmchen mit seinem schwachen Schein taucht unsere Gesichter in die Dunkelheit. Wie ein Schatten erscheint mir Magdalenas durchsichtiges Gesicht. Sie sieht plötzlich viel älter aus und wirkt verkrampft und hilflos. Mein Mitgefühl wird wach. Sie tut mir leid, denn im Grunde meines Herzens habe ich sie doch lieb.
»Magdalena«, flüstere ich. »Hast du Angst? Ich bin noch jung und habe im meinem Leben schon sehr viel Furcht gehabt. Manchmal glaube ich, von dieser Angst nicht mehr loszukommen. Nur seit ich mit dir zusammen bin, ist die Angst ein klein wenig von mir gewichen, denn ich bin nicht mehr so allein.«
»Rede nicht solchen Unsinn«, unterbricht mich Magdalena. »Irgendwanneinmal haben wir im Leben alle Angst. Laß uns weiterspielen.«
»Herz-As, Pech gehabt«, rufe ich erfreut. »Ich habe noch einen Trumpf; mein Stich.«

Magdalena wirft die Karten auf den Tisch, ihre Hände zittern. »Ich bin müde. Komm, wir gehen ins Bett.« »Bist du böse, Magdalena, weil du das Spiel verloren hast?« Sie schüttelt den Kopf, nimmt ihr Waschzeug und geht in den Waschraum. Ich folge ihr.
Gerade will ich ins Bett schlüpfen, als ich laute Stimmen vor der Tür höre. Schnell werfe ich meinen Kittel über, spähe auf den Gang und sehe Magdalena mit einer Helferin den Flur entlang gehen. Ob die Führerin ihr noch zu so später Abendstunde gratulieren will? Ich glaube es nicht.
Schnell schließe ich die Tür und reibe mein Gesicht mit einer Hautcreme ein. Eine Kameradin gab mir den Rat, mein Gesicht mit Mandelkleie einzureiben, da die Haut davon wunderbar weich und schön würde. Leider ist genau das Gegenteil der Fall. Meine Haut brennt wie Feuer und ist stark gerötet. Wütend schwöre ich mir, daß es das letzte Mal ist, daß ich mir so einen Unsinn einreden lasse!
Ich liege schon im Bett, als Magdalena völlig aufgelöst in das Zimmer stürmt.
»Elisabeth, es ist alles wieder gut. Soeben wurde mir telefonisch mitgeteilt, daß eine Nachricht vom Befehlshaber Ost eingegangen ist. Das Verschwinden des Munitionszuges war nicht allein unsere Schuld. Im Schlüssel des KR-SSD war ein Fehler enthalten, und wir haben dieses Fernschreiben so weitergegeben. Zwei Tage stand der Munitionszug auf totem Gleis. Ein Grenadierübungstrupp hat ihn gesichtet; zum Glück, bevor er den Partisanen in die Hände gefallen ist.« Magdalenas Stimme schwankt immer mehr, so sehr hat sie das unglückliche Geschehen der letzten Tage mitgenommen.

Am anderen Morgen werden wir mit einem fröhlichen Lied geweckt. Vor unserer Tür haben sich Helferinnen versammelt, um Magdalena nachträglich ein Geburtstagsständchen zu bringen. Nach einem lauten Hochruf wird unsere Tür aufgerissen und Magdalena wird von den Kameradinnen beglückwünscht.
Wir gehen mit ihnen gemeinsam in den Speisesaal, hier folgt die zweite Überraschung. Ein prächtiger Kuchen und eine herrliche bunte Porzellantasse stehen auf ihrem Platz. Liebevoll und nett ist der Tisch mit Blumen geschmückt worden. Bewegt sieht Magdalena uns an und fragt bescheiden: »Ist das alles für mich?« »Wir möchten dir nachträglich zum Geburtstag eine kleine Freude bereiten. Du bist kein Stiefkind, schlag dir das ruhig aus dem Kopf!« Noch immer steht Magdalena gerührt vor ihrem Platz. Da tritt die

Führerin auf sie zu, reicht ihr die Hand, und dann geschieht etwas ganz Ungewöhnliches. Die Führerin heftet Magdalena den Winkel auf den Ärmel ihrer Uniformjacke.
»Ab heute sind Sie, Magdalena Arentz, zur Oberhelferin befördert. Nehmen Sie dies als eine Wiedergutmachung hin für ein Unrecht, das Ihnen irrtümlicherweise zugefügt wurde. Dieser Irrtum ist bereinigt, und ich hoffe, daß Ihnen Ihre Beförderung auch jetzt noch Freude macht; es ist noch nicht zu spät dafür.«
Magdalenas Augen strahlen, überglücklich dankt sie der Führerin. Im Überschwang spricht sie sogar einige Worte, ganz wie es einer Oberhelferin gebührt. Es soll eine kleine Ansprache an uns alle sein, doch ihre innere Erregung ist so stark, daß sie einige Male stottert.
Da schellt am Tisch der Führerin dreimal die Glocke; wir stehen alle auf und sehen zu ihr hin.
»Mädel, ich muß euch eine Mitteilung machen. Das Offiziersfest ist um einige Tage verschoben worden und startet jetzt endgültig am 11. Februar um 20.00 Uhr.« Den letzten Satz betont sie besonders.
»Startet jetzt endgültig«, meint Magdalena neben mir. »Wer weiß, was da wieder vorliegt.«

Als ich die Treppe zu meinem Zimmer hinaufgehe, stolpere ich über einen hübschen hellgrauen Feepelz, einen Pelzkragen. Neugierig betrachte ich dieses schöne Stück und bin davon einfach entzückt. Was soll ich tun? Eine Kameradin, die hinter mir geht, meint gleich: »Was ich finde, behalte ich.«
Ich zucke mit den Schultern und sage nichts. Jedenfalls hat diesen Pelz eine Kameradin verloren, die ihn bestimmt suchen und unter hunderten wieder herausfinden wird. Ich höre Magdalenas Worte in meinem Ohr, »wegen Kameradinnendiebstahl versetzt worden«. Nein, mir kann so etwas nicht passieren. Schnurstracks gehe ich zur Führerin und übergebe ihr den Pelz. Erst am Abend meldet eine Kameradin den Verlust: er gehört einer Hannoveranerin, Martina Berg. Als Finderlohn bringt sie mir noch am selben Abend zehn Eier und ein Pfund Zucker; ich danke ihr herzlich. Martina Berg hegt von dieser Stunde an eine besondere Sympathie für mich, und ich habe eine Freundin mehr gewonnen.
Magdalena aber schimpft mich aus, weil ich den Pelz sofort der Führerin übergeben habe. »Martina Berg ist die Tochter eines Fabrikanten und sehr

reich. Der hätte der Verlust des Pelzes nicht weh getan. Wir hätten ihn viel besser gegen Lebensmittel eintauschen können. Deine Ehrlichkeit grenzt an Dummheit.«
Ich erinnere Magdalena an die Oberhelferin Krämer. Doch diese abgeleierte Geschichte, wie sie es nennt, sei schon längst vergessen. Erhaben sagt sie: »Auch ich bin jetzt Oberhelferin. Schließlich müssen wir uns jetzt verstehen und die Vergangenheit ruhenlassen.«
»Du änderst deine Meinung wie dein Hemd.« Ich werfe ihr noch einiges vor, was sie nicht gerne hört, aber es ist vielleicht einmal nötig.
Am anderen Tag wird Magdalena wieder dem Dienst zugeteilt, doch als Wachhabenden erhalten wir von nun an einen Unteroffizier. Nur ungern verläßt Magdalena ihren Platz.

Wir werden zu einem Sonderdienst eingeteilt, eine Helferin muß jeweils 14 Tage am Geheimschreiber arbeiten. Da diese Arbeit sehr interessant ist, melde ich mich freiwillig und werde tatsächlich dafür ausgewählt. Aber Magdalena ist ganz und gar nicht damit einverstanden und bittet mich, ihr doch das Wichtigste ab und an zu erzählen.
Über ihre Neugierde wundere ich mich nicht weiter, denn schließlich sind wir alle neugierig. Ich respektiere Magdalena als Oberhelferin, muß ihr jedoch diesen Wunsch abschlagen und erinnere sie daran, daß nicht nur ich, sondern wir alle einen Eid geschworen haben; strengstes Stillschweigen ist unsere erste Pflicht.

Endlich ein Fest

Und endlich kommt der Abend des Offiziersfestes. Pünktlich um 20.00 Uhr stehen zehn kleine Panjeschlitten vor unserem Heim. Wir haben alle unsere weißen Blusen angezogen mit schwarzen Bindern. Selbstverständlich wurden unsere Kostüme schon seit Tagen bis aufs I-Tüpfelchen zurechtgemacht, und manche von uns sind jetzt ungehalten darüber, daß sie von Kopf bis zu den Füßen in Wolldecken eingehüllt werden. Aber diese Vorsorge muß wegen der Kälte getroffen werden. Wir steigen ein, und langsam gleitet ein Schlitten nach dem anderen über den glitzernden Schnee.
Ich komme mir vor wie ein Prinzessin. Das Klirren des Pferdegeschirrs tönt wie eine wunderschöne Melodie durch die Nacht. Die Führerin hat uns wirk-

lich nicht zuviel versprochen, als sie uns für diese Schlittenfahrt schon im voraus begeisterte.
Wir sind bereits eine Stunde unterwegs und schweben unter dem sternenklaren Himmel durch die Winterlandschaft, als wir seltsame Geräusche hören. Keiner spricht ein Wort, wir horchen in die Nacht hinein. Die beiden Offiziere an unserer Seite machen ihre Revolver schußbereit.
Jetzt erst kommt uns zu Bewußtsein, daß diese Fahrt auch gefährlich ist; es könnten Partisanen in der Nähe sein. Eines der Pferde fängt laut zu wiehern an. Aufgeregt umfaßt Magdalena meine Hand, sie zittert, ich fühle es deutlich. Irgendwo bricht ein Ast und fällt krachend zur Erde. Ein Schlitten wird aus der Fahrbahn geworfen, die Pferde stieben auseinander. Es sind aufregende Minuten. Endlich erblicken wir in der Ferne helles Licht.
»Wir sind am Ziel, meine Damen«, sagt der Offizier neben mir, und auch er atmet erleichtert auf.

Vor einem großen Haus halten die Schlitten, eine Tür wird geöffnet und Lichterglanz empfängt uns. Ein riesiger Kristallüster mit herrlichen Verzierungen hängt von der Decke herab. Schwere, golddurchwebte Gobelinvorhänge sind vor die Fenster gezogen. Die Tische sind festlich gedeckt und mit kleinen Tischkärtchen versehen. Zur Einleitung des Festes wird das Horst-Wessel-Lied gesungen und anschließend hält unser Gastgeber, ein Oberstleutnant, eine kurze Rede.
Er begrüßt uns mit den Worten: »Es ist uns eine große Ehre, daß Sie, meine Damen, an diesem Fest teilnehmen. Wir sind stolz auf unsere deutschen Frauen, daß sie uns in der Heimat und im Ausland tatkräftig unterstützen, um den Sieg, der uns gewiß ist, zu erringen ...« Seine Rede ist gekonnt, doch ich muß meine Lippen fest zusammenpressen, um nicht laut herauszulachen. Ich halte meinen Kopf gesenkt, die freßgierigen Blicke meiner Kameradinnen sind zuviel für mich. Aber dieses wunderbare Büfett neben den festlich gedeckten Tischen ist wirklich eine Augenweide. Soviele köstliche Leckerbissen habe ich in meinem ganzen Leben noch nicht gesehen.
Ein Aufatmen geht durch die Reihen, als der Oberstleutnant endlich seine Ansprache beendet.
Es folgt nun der erste Gang, eine Vorspeise; Teufelssalat, mit Sardellen und Tomaten garniert, sowie einer Scheibe Toast.
Mein Tischpartner macht einige scherzhafte Bemerkungen, über die herzlich gelacht wird, doch die größere Aufmerksamkeit wird sogleich wieder dem

Menü zugewandt. Für uns Mädel ist dieses Essen das schönste Erlebnis des ganzen Abends. Darum ist auch Magdalena mitgekommen, nur deshalb, wie sie mir leise zuflüstert. Auch ich habe mir vorgenommen, diese Gelegenheit zu nutzen und mich richtig satt zu essen.
Schweigend betrachtet mich mein Tischnachbar, der junge Oberleutnant. Immer wieder bietet er mir höflich dies und jenes an. Als ich für einen Moment von meinem Teller hochsehe, stehen um meinen Platz noch halbgefüllte Schüsseln und Platten. Verlegen sehe ich mich um und bekomme einen hochroten Kopf; das habe ich nicht gewollt.
Durch das laute Räuspern einiger Kameradinnen bin ich nervös geworden und lehne mich auch sofort in meinen Stuhl zurück. Ordnungsgemäß lege ich mein Besteck auf den Teller und riskiere verstohlen einen Blick zu Magdalena. Sie schenkt mir keine Beachtung, sondern sieht abwesend vor sich hin. Nach und nach wird die Tafel von der Ordonnanz abgeräumt; sie tragen weiße Jacketts zu ihren Uniformhosen.
Dann nimmt eine Militärkapelle, extra für unser Fest engagiert, ihren Platz auf dem Podium ein. Sie beginnen mit dem Badenweiler-Marsch und anschließend setzt beschwingte Tanzmusik ein. Kaum, daß ich die für mich eintretende unangenehme Situation so recht begreife, werde ich schon von meinem Tischnachbarn zum Tanz aufgefordert. Wir treten als erstes Paar in die Mitte des Saales. Du lieber Himmel! Ich kenne nur den Schuhplattler und die bayerischen Tänze meiner Heimat, doch noch nie in meinem Leben habe ich ›modern‹ getanzt. So lasse ich mich von meinem Partner führen, ungelenk und steif. Für mich dauert dieser Tanz eine Ewigkeit, es ist eine Qual. Ich höre nicht mehr die Tanzmusik, sondern nur noch das Kichern meiner Kameradinnen über meine tölpelhafte Hopserei. Für mich ist dieser Tanz der erste und der letzte an diesem Abend. Mein Tischpartner entschuldigt sich sehr höflich und fordert beim zweiten Tanz eine andere Kameradin auf. Ich aber bleibe wie gelähmt auf meinem Stuhl sitzen und sehe den anderen zu. Die spöttischen Blicke einiger Kameradinnen stören mich nicht weiter, ich ärgere mich nur, daß sich Magdalena nicht ein wenig um mich kümmert. Unentwegt unterhält sie sich mit ihrem Tischherrn. Leider fehlt mir der Mut, mich zu den beiden zu setzen. So bleibe ich weiterhin allein und verfolge mit halbgeschlossenen Augen den Rhythmus der Musik. Wieder einmal bin ich unglücklich über mich selbst. Ein Bauernmädchen soll plötzlich in eine Gesellschaft passen, eine Dame sein mit guten Manieren, wo es doch von all dem keine Ahnung hat.

»Kleine Blonde, was sitzen Sie hier so allein?« Es ist die Stimme eines Oberst, der neben mir Platz nimmt. Dankbar begrüße ich seine Gegenwart und strahle ihn glücklich an. Ich bin nun nicht mehr allein und somit vor einer weiteren Blamage bewahrt. »Mir fällt das Tanzen ein wenig schwer«, stöhnt er lächelnd, »und ein guter Tänzer bin ich auch nicht.«
»Herr Oberst, das ist ganz zu meinem Vorteil«, sage ich lachend. »Auch ich kann nicht gut tanzen.«
Schmunzelnd zieht er etwas aus der Innentasche seiner Uniformjacke. Spitzbübisch blickt er erst um sich und stellt dann eine kleine Flasche mit echt französischem Cognac auf den Tisch.
»Wir werden es uns gemütlich machen, recht gemütlich!« Er klopft an den Flaschenhals, entkorkt sie und deutet auf mehrere Kameradinnen, die um einen Tisch stehen und Wein und Wodka trinken.
»Sehen Sie, jetzt erst hat das Fest so recht begonnen. Auf ein Prost.« Der Oberst gießt zwei Gläser randvoll, und wir trinken uns lustig zu.

Den Höhepunkt des Abends bilden künstlerische Darbietungen von Kameradinnen.
Die 21jährige Britta van Holm, vor ihrer Einberufung zur Wehrmacht war sie Tänzerin in München, zeigt uns zwei klassische Tänze. Ein kräftiger Applaus ist unser Dank, und sie muß noch zwei weitere Einlagen geben.
Die zweite Helferin kommt von der Musikakademie, sie wollte Opernsängerin werden. Eine kurze Ausbildung hat sie schon hinter sich. Sie nimmt ihren Platz am Klavier ein und beginnt mit klangvoller Stimme eine Arie aus dem »Troubadour« von Verdi. Aus der leichten Muse trägt sie uns Kompositionen von Paul Abraham vor. Fasziniert lauschen wir ihrer wunderschönen Stimme, als plötzlich ein Pfeifkonzert einsetzt. Warum unterbricht man die Kameradin? Sogar mein Oberst schüttelt den Kopf, er ist sichtlich verärgert über diese Störung. Was ist geschehen?
Der Oberst verläßt für einen Moment den Tisch, und als er zurückkehrt sagt er: »Dieser Irrtum ist zu verzeihen. Ihre Kameradin hat unbewußt Lieder eines jüdischen Komponisten gewählt und vorgetragen. So etwas darf natürlich nicht vorkommen.«
Die Kameradin bricht auch sofort ihre Darbietung ab und kehrt weinend an ihren Tisch zurück.
Ein peinlicher Zwischenfall. Die Führerin will schon unsere Auftritte verbieten, da melde ich mich mit einem Jodler aus meiner Heimat.

Mein Oberst begleitet mich auf dem Klavier. Ich singe den Herzog-Johann-Jodler, genauso, wie ich ihn vom Großvater gelernt habe. Es klappt prima; alle klatschen begeistert und bitten mich um einen zweiten Jodler. Erst lehne ich ab, denn Heimatlieder haben etwas Wehmütiges und Trauriges, sie machen das Herz nur unnötig schwer. Aber immer wieder ruft man mir zu, ich sei ein Feigling, wenn ich nicht noch einmal singen würde. So muß ich wohl oder übel aufgeben und stimme das Edelweißlied an. Kaum habe ich die zweite Strophe zu Ende gesungen, da kullern mir die Tränen über die Wangen. Warum nur bin ich hier in diesem fremden Land?
Die letzten Worte ersticken in meinen Tränen, und mein Oberst führt mich behutsam an den Tisch zurück.
»Mädel, du hast schön gesungen.« Zärtlich streicht er mir über das Haar und flüstert halblaut: »Dein Bayernland muß sehr schön sein. Ich bin ein Berliner, ein Preuße, wie ihr uns nennt. Ich mag die Bayern gern, meine erste Division war eine bayerische Infanterie-Einheit. Ja, es ist schon eine Zeitlang her.« Nachdenklich sieht der Oberst vor sich hin.
»Wo ist diese Division geblieben, Herr Oberst?« »Rußland ist groß, und der Winter 1941 war hart und grausam. Heute abend wollen wir aber nicht davon sprechen, Mädel.« Der Oberst wehrt ab und geht auf meine weiteren Fragen nicht mehr ein.
»Erzählen Sie etwas von sich, von Ihrer Jugend«, bittet er mich lachend und nimmt mich in die Arme. Ich verziehe mein Gesicht. Was soll ich ihm nur erzählen? Ratsuchend sehe ich mich nach Magdalena um und bin froh, daß sie ganz zufällig in meine Nähe kommt.
»Darf ich Ihnen meine beste Freundin vorstellen, Herr Oberst.« Völlig verblüfft bleibt Magdalena stehen und stammelt ihren Namen. Der Oberst reicht ihr ein Glas Cognac: »Prost, und trinken Sie auf unser Wohl, Frau Arentz.«
Fröhlich und beschwingt nimmt der Abend seinen weiteren Verlauf. Die Flasche ist leer, als Magdalena sich von uns trennt. Vor meinen Augen aber tanzen bunte Lichter, und ich bitte den Oberst, mich für wenige Minuten an die frische Luft zu begleiten. Tief atme ich die kalte Schneeluft ein.
Vor uns liegt die Nacht; der Mond wirft sein helles Licht auf den weißen Schnee.
»Die frische Luft tut gut.« Mehr kann ich nicht mehr sagen, so schwindelig ist mir. Ich lege meinen Kopf an die breite Brust des Oberst und lasse ihn mit seinen Liebkosungen gewähren.

Da bewegt sich etwas neben mir, jemand erfaßt meine Hand und zieht mich zurück durch die Tür.
»Du weißt, daß es verboten ist, den Saal zu verlassen!« Wie durch einen Schleier sehe ich Magdalena. Ruhig höre ich mir ihr Schelten an. Ich kann überhaupt nicht mehr richtig denken und folge ihr taumelnd in den Saal, wo uns schallendes Gelächter empfängt. Das Fest ist an seinem Höhepunkt angelangt, die Stimmung ist großartig.
Magdalena zieht mich hinter sich her zur Toilette, wo ich mich frisch machen soll. Ohne mich zu fragen, schüttet sie mir kaltes Wasser ins Gesicht und zischt mich unentwegt an, daß ich mich wie ein Trottel benehmen würde.
»Wenn die Führerin erfährt, daß du den Saal verlassen hast, dann ist das dein erstes und letztes Fest gewesen. Du weißt doch ganz genau, daß auch bei Festlichkeiten strengste Disziplin herrscht.« Ohne ein Wort der Widerrede lasse ich geduldig alles über mich ergehen, setze mich auf einen Stuhl neben der Wasserleitung und schließe die Augen.
Oben im Saal sucht mich der Oberst. Da tritt Magdalena auf ihn zu. »Herr Oberst, meine Kameradin fühlt sich nicht wohl, Sie müssen sie für einen Augenblick entschuldigen!« Ein fragender Blick wird ausgetauscht. Wird der Oberst mit ihr vorliebnehmen?
So geschieht es dann, Magdalena sitzt in angeregter Unterhaltung solange neben ihm, bis das Fest zu Ende ist.
In angeheiterter Stimmung sitzen in kleinen Gruppen Kameradinnen mit ihren Partnern zusammen. Die anfängliche Ausgelassenheit hat nachgelassen, die Müdigkeit hat alle übermannt.
Da tritt die Führerin in die Mitte des Saales und klatscht einige Male laut in die Hände. »Mädel, ich glaube, es ist nun Zeit, das Fest zu beenden, wir werden den Heimweg antreten. Es waren wundervolle Stunden, die man uns hier bereitet hat, doch alles Schöne hat einmal ein Ende.«
Angeheitert erheben sich alle von ihren Plätzen, um die Garderobe zu holen. Eine nach der anderen wirft beim Hinausgehen noch einen letzten Blick zurück in den Saal, der von den Ordonnanzsoldaten aufgeräumt wird.

Die Panjeschlitten sind wieder vorgefahren, und die Pferde werden nacheinander von den dort diensttuenden Soldaten angespannt. Das Läuten der Glöckchen an dem Pferdegeschirr klingt hell in den Morgen. Es sind kaum Stimmen zu hören, denn fast alle Helferinnen wickeln sich in die Wolldecken und schlafen sofort ein. Langsam fahren die Schlitten an.

»Da fehlt noch eine!« schreit plötzlich jemand. »Anhalten, anhalten!« Die Stimme wird immer lauter. »Haltet an, wir haben eine Helferin vergessen.« Endlich halten die letzten Schlitten, der Oberst nimmt die Zügel der Pferde selbst in die Hand und fährt zurück. Aufgeregt springt Magdalena aus dem Schlitten und läuft in das Haus zurück, um die Helferin Himmelstoß zu holen. Die schlummert tief und fest, bis Magdalena sie wachrüttelt.
Wie durch einen Schleier sehe ich Magdalena vor mir, ich kann nicht so schnell begreifen, warum sie mich durch die Türe zerrt, mir den Mantel anzieht und mich in rasendem Tempo aus dem Haus zerrt. Erst als ich im Schlitten sitze, werde ich allmählich wach.
»Nun haben wir Sie ja wieder bei uns«, schmunzelt der Oberst. »Das schönste Mädchen hätten wir doch bald vergessen. Wo waren Sie denn solange?« »Auf der Toilette habe ich geschlafen. Magdalena hat mich dahin verfrachtet, weil ich so beschwipst war.«
»Sag lieber, du hast dich benommen wie ein Trottel. Das paßt besser zu dir, du schönes Mädchen.« Böse blitzen mich Magdalenas Augen an.
»Na, na, wer wird sich denn streiten«, mahnt der Oberst und treibt die Pferde schneller an, damit wir den anderen nachkommen, denn unser Schlitten ist der letzte im Gefolge. Auf keinen Fall dürfen wir vom Weg abkommen. Ängstlich sehen wir uns um. Als wir in einiger Entfernung endlich einen Schlitten vor uns sehen, atmen wir erleichtert auf.

Der Oberst hat einen Arm um meine Schultern gelegt; Magdalenas neidische Blicke ruhen auf uns. Ihr gefällt der Oberst. Nicht ich passe zu ihm, sondern sie, weil sie die Ältere ist. Beim Abschied höre ich noch, daß Magdalena die beiden Offiziere zu einem gemütlichen Nachmittag ins Heim einlädt.

Mein Oberst und dein Leutnant

Als ich aufwache, ist es bereits Abend. Ich knipse das Licht an und sehe Magdalenas leeres Bett. Sie ist also schon aufgestanden.
Wie gut, daß ich heute keinen Nachtdienst habe! Mein Kopf ist das reinste Wespennest, überall sticht und summt es, und mit Unbehagen denke ich an die kommenden Dinge. Sicherlich werde ich wegen meines schlechten Benehmens gerügt.

Auf dem Gang höre ich Schritte, und gleich darauf geht meine Zimmertür auf. »Guten Morgen am Abend«, sagt Magdalena lachend. »Hast du nun endlich ausgeschlafen?«
Erstaunt über ihre Fröhlichkeit nicke ich ihr zu. Wie ist es nur möglich, daß Magdalena so freundlich ist? Da stimmt doch irgend etwas nicht.
»Morgen bekommen wir Besuch. Dein Oberleutnant und mein Oberst werden pünktlich um 16.00 Uhr hier im Heim sein.« Sprachlos sehe ich sie an. »Du meinst mein Oberst und dein Oberleutnant. Ich mag den Oberleutnant nicht, den kannst du dir an den Hut stecken.«
Magdalenas Augen funkeln, wie immer, wenn sie auf mich böse ist.
»Unterstehe dich, mir den Oberst wieder wegzunehmen. Er gefällt mir. Gönnst du mir überhaupt nicht ein bißchen Glück in meinem Leben? Was willst du denn mit diesem alten Mann, er könnte dein Vater sein.« Mit weinerlicher Stimme fleht sie mich an, ihr diesen Wunsch zu erfüllen. Was bleibt mir da anderes übrig, als ja zu sagen.
Es wird ein fader Nachmittag für mich, weil ich gezwungen bin, die Gastgeberin eines Mannes zu spielen, den ich nicht leiden kann. Ohne mich vorher zu fragen, hat Magdalena den beiden Offizieren ihre Plätze zugeteilt und mir so ganz selbstverständlich meinen Oberst ausgespannt.
Der Oberleutnant scheint kein anderes Gesprächsthema zu kennen als die Philosophie, was mich fürchterlich langweilt. Um mich aus dieser entsetzlichen Lage zu befreien, schlage ich schüchtern vor, ins Eliseum zu gehen. Zweimal muß ich diese Bitte wiederholen, ehe Magdalena sie überhaupt hört.
»Das ist ein Vorschlag«, ruft sie begeistert. »Sieh mal an, unser Küken hat noch in dieser vorgerückten Stunde einen guten Gedanken.« Wir brechen auch gleich auf und ziehen eilends unsere Wintermäntel an.

Am Sonntagmorgen gehe ich in den Aufenthaltsraum, um mich zum Kirchgang abzumelden. Plötzlich steht Martina Berg neben mir.
»Du mußt mir helfen, Elisabeth. Ich habe Vertrauen zu dir, nur zu dir!« »Ich bin deine Kameradin und stehe dir immer zur Seite«, antworte ich. Forschend sieht sie mir in das Gesicht. »Eigentlich wollte ich zur Kirche gehen, aber wenn ich etwas für dich tun kann?« »Nicht hier«, erwidert sie und zieht mich in eine Nische. »Mir geht es gesundheitlich nicht gut, ich glaube, ich bin krank.« »Geh doch zum Arzt. Es ist für mich selbstverständlich, daß ich dich im Dienst vertrete«, beruhige ich sie.

Langsam senkt sie den Kopf, sieht dann zu mir auf und streichelt freundschaftlich über meinen Arm. »Du bist eine liebe Kameradin, aufrichtig und offen, dir kann ich die Wahrheit sagen. Ich habe Angst um meinen Freund.«
Verblüfft sehe ich Martina an. Was meint sie nur damit?
»Wir wollen uns verloben und bald heiraten, aber ...« Martina atmet einige Male ganz tief. »Ich habe hier bald ein kleines Vermögen von ihm geschenkt bekommen und weiß nicht, wie ich die Sachen nach Hause schaffen soll. Die Dinge müssen auch schnellstens verschwinden, mein Freund hat mich inständig darum gebeten. Es könnte gefährlich für ihn werden, wenn man seine Geschenke bei mir findet.«
Wie soll ich Martina helfen? Im Augenblick weiß ich auch keinen besseren Rat und mache ihr den Vorschlag, einiges in Paketen nach Deutschland abzuschicken.
Abwechselnd mache ich jetzt des öfteren freiwilligen Dienst, als wäre ich ausersehen, als rettender Engel hier und da einzuspringen. Auch Martina Berg tritt mit dieser Bitte an mich heran, da sie sich unbedingt in ärztliche Behandlung begeben muß. Fast zehn Pfund hat sie abgenommen, und sogar die Führerin ist ihretwegen besorgt.
Ich bin selbst schon sehr müde und abgespannt, als ich mittags vom Dienst zurückkomme, aber ich betrachte es als kameradschaftliche Pflicht, für Martina die HvD zu übernehmen.
Gelangweilt sitze ich Stunde für Stunde im HvD-Raum und erledige die wenigen Gespräche, die eingehen und weitergeleitet werden müssen. Gerade als ich den Telefonhörer wieder auf die Gabel zurücklege, wird die Tür aufgerissen. Erschreckt drehe ich mich um und stehe vor einem älteren Soldaten. Seine kalten, durchdringenden Augen mustern mich. Was will dieser unheimliche Mensch nur von mir? Angstvoll trete ich einige Schritte zurück.
»Was wünschen Sie? Warum starren Sie mich so an? Wenn Sie eine Kameradin sprechen wollen, dann äußern Sie bitte Ihren Wunsch.«
Ein unheimliches, unnatürliches Lachen ist seine Antwort. »Nein, von euch Weibern ich will keine haben. Ich soll nur einen Brief für die Helferin Berg abgeben. Sind Sie diese Helferin?« Ich verneine und nehme den Brief entgegen. Das Kuvert ist nicht einmal verschlossen, so ein Leichtsinn. Verwundert sehe ich auf den Brief, und als ich an den Soldaten noch eine Frage richten möchte, wendet er sich zur Tür. Ohne einen Gruß schlägt er die Tür hinter sich heftig zu. Ob dieses seltsame Benehmen wohl mit dem Brief zusammenhängt?

Neugierig drehe ich das Schreiben in meinen Händen. Eigentlich darf ich seinen Inhalt nicht lesen, aber wenn er schon geöffnet ist ... Eine andere Kameradin hätte ihn auch heimlich gelesen. Martina wird mir bestimmt nicht böse sein.
Ich nehme den Brief aus dem Umschlag und halte die Zeilen vor mir. Plötzlich ist mir, als würde sich die Erde um mich drehen. In schlechter Schrift sind diese Zeilen auf das Papier geworfen, nervös und fahrig. Hier schrieb ein Mensch sein Todesurteil!

»Wenn Du diesen Brief in deinen Händen hältst, dann bin ich nicht mehr. Mein Liebes, warum habe ich das getan, wer von uns beiden ist schuldig? Wegen Wehrkraftzersetzung wurde ich zum Tode verurteilt. Heute morgen um 11.00 Uhr ist die Exekution. Bleib Dir selber treu und vergiß mich. Ich schäme mich meiner selbst. Dein Wolfgang«

Schnell schiebe ich den Fetzen Papier zurück in den Briefumschlag und klebe ihn zu, denn unmöglich kann ich Martina dieses Schreiben unverschlossen übergeben.
Nachdem der Brief ordentlich verschlossen ist, kehrt auch bei mir wieder ein wenig das Gefühl von Sicherheit zurück. Ich lege ihn zur Seite, doch mit meinen Gedanken bleibe ich bei diesen Zeilen, und jetzt kann ich auch Martinas Angst voll und ganz verstehen. Für ihren Geliebten ist es das Ende, für Martina aber erst der Anfang. Voller Angst denke ich an die Dinge, die noch geschehen können.
In diesem Augenblick könnte ich einen Rat gebrauchen, aber ich muß darauf verzichten, denn dieses Geheimnis darf ich niemandem anvertrauen, am allerwenigsten Magdalena. Kaum daß ich an sie gedacht habe, betritt sie auch schon den Raum und kommt mit raschen Schritten auf mich zu. »Ich leiste dir ein wenig Gesellschaft, damit du hier nicht so allein zu sitzen brauchst.« Da ich damit überhaupt nicht einverstanden bin, heuchele ich ihr viel Arbeit vor und bitte sie, doch auf ihr Zimmer zu gehen. Mißgestimmt über meine Absage verläßt sie den HvD-Raum. Erleichtert atme ich auf; wenn nur Martina endlich zurückkäme!
Die Zeit rückt weiter, und die Zeiger der Uhr zeigen schon auf neun, als Martina endlich zur Tür hereinkommt. Wie ein durchsichtiger Schatten löst sich ihre Gestalt von den Umrissen der großen Diele. Bleich und abgehärmt, mit sorgenvoller Miene kommt sie auf mich zu und sagt: »Verzeih bitte, daß ich

erst so spät komme, aber ich hatte noch eine Verabredung.« Ihre großen, dunklen Augen sehen mich eine Weile an. Ich bitte Martina, noch ein wenig bei mir zu bleiben. Ehe ich ihr den Brief geben kann, fällt sie mir ins Wort: »Ich muß heiraten. Wenn Wolf erfährt, daß ich ein Kind bekomme, was wird er nur dazu sagen? Der Oberarzt hat es mir heute bestätigt.«
Nachdenklich sieht sie vor sich hin und wartet auf meine Antwort. Als ich immer noch schweige, schüttelt sie verständnislos den Kopf und sagt: »Was hast du nur? Warum bist du so eigenartig?« »Ich habe gar nichts, Martina. Ich freue mich mit dir und deinem Kind.«
Martina zuckt die Schultern. Zweifelt sie an meinen Worten? Verwirrt lasse ich sie einfach allein und verlasse den Raum. Soll ich ihr den Brief geben oder soll ich ihn vernichten? Aber wenn sie durch diese schreckliche Nachricht einen gesundheitlichen Schaden erleidet?
Als ich in den HvD-Raum zurückkehre, ist niemand mehr anwesend. Ich überlege nicht mehr lange, sondern komme zu dem Entschluß, daß ich ihr den Brief aushändigen muß, denn sie könnte sich in ein gefährliches Netz verstricken, wenn sie die Wahrheit von jemand anderem erfahren sollte.
Ich klopfe an Martinas Zimmertür und überreiche ihr den Brief mit den Worten: »Für dich ist ein Brief abgegeben worden. Leider habe ich vergessen, ihn dir vorhin zu geben.« »Den hättest du mir doch gleich geben können, vielleicht steht etwas Wichtiges drin.«
»Verzeih Martina, ich fühlte mich vorhin ein wenig unwohl und habe deshalb den HvD-Raum so schnell verlassen.« Sie nickt nur und öffnet das Kuvert. Ich bin gerade im Begriff, ihr Zimmer zu verlassen, da sehe ich mich noch einmal nach ihr um und bemerke, wir ihre Hände heftig zittern. Ihr Gesicht ist schreckensbleich, und wie gebannt starrt sie auf den Brief. Ein leiser, gequälter Schrei löst sich von ihren Lippen, dann sinkt sie auf einen Stuhl. Sie spricht an diesem Abend kein Wort mehr mit mir.

Tauschgeschäfte mit bösen Folgen

Noch einmal gehe ich mit Magdalena in die Wehrmachtsschneiderei, da sie wieder einmal etwas an ihrem Uniformrock zu ändern hat. Auf die Bitte der Juden, wieder Brotmarken für sie einzutauschen, gehen wir nur zögernd ein, denn wenige Tage zuvor war eine Helferin von der Führerin gemaßregelt

worden. Zuletzt erfüllen wir diese Bitte doch, ohne zu ahnen, daß man auch Magdalena und mir auf die Finger sieht. Eine Helferin ist beauftragt worden, dieser ständigen Organisiererei bei den Juden ein Ende zu bereiten, da die Führerin von höherer Stelle eine Rüge erhalten hat.
Kaum habe ich die Brote abgeliefert und bin mit Magdalena ins Heim zurückgekehrt, werde ich sofort zur Führerin gerufen. Ich muß eine fürchterliche Moralpredigt über mich ergehen lassen und darf mich mit keinem Wort verteidigen. Ich berufe mich auf Unwissenheit, doch ableugnen kann ich nichts mehr, weil diese gewisse Helferin den Vorgang bei den Juden, wie ich die Brote unter dem Tisch verschwinden ließ, genau beobachtet hat. Magdalena ist mit einem blauen Auge davongekommen, doch ich muß mich auf eine Strafe gefaßt machen. In welcher Form ahne ich noch nicht, aber auf eine unangenehme Nachricht bin ich vorbereitet. Außerdem erhalte ich Ausgehverbot, und in einem Appell erwähnt die Führerin ganz offen, daß nicht nur ich für meine Verfehlung büßen muß. Von jetzt an werden alle Helferinnen, die Geschäfte mit den Juden machen, genauso bestraft.
Nach dem Appell gibt es eine erregte Diskussion unter uns Kameradinnen. Sie fallen über mich und einige andere her und schelten uns, daß wir so unvernünftig sind, uns für die Juden in solche Gefahr zu begeben. Viele heucheln dabei, denn fast zwei Drittel der Mädchen macht blühende Geschäfte mit den Juden.

So vergeht ein Tag nach dem anderen. Ich warte auf meine Strafe und empfinde nichts fürchterlicher, als so lange in banger Ungewißheit den Tag und die Stunde abzuwarten, bis die Strafe über mich hereinbricht.
Eine gespannte Atmosphäre ist im Heim zu spüren, denn an der schwarzen Tafel ist für diesen Abend ein Appell angesetzt, der ein pünktliches Erscheinen jeder Helferin unbedingt voraussetzt. Fehlen wird streng bestraft.
Zu diesem Appell sind wir, außer der diensttuenden Helferin, alle erschienen. Die Führerin begrüßt uns nicht wie üblich mit einem freundlichen »Heil Hitler«, sondern tritt wütend vor uns hin und schreit uns aufgebracht an:
»In den Ghettos der Juden wurden Lebensmittel gefunden. Sie sprachen von Nachrichtenhelferinnen des Heeres, doch die Namen der Mädel wußten sie nicht oder sie haben sie absichtlich verschwiegen. Jede Stunde könnt ihr damit rechnen, daß euch die SS verhört und ihr den Juden gegenübergestellt werdet. Ich frage euch Mädel, entspricht es der Wahrheit, daß nicht nur eine, sondern mehrere Helferinnen mit den Juden getauscht haben?«

Auf diese Frage setzt ein Schweigen ein. Es herrscht eine Stille, daß man eine Stecknadel hätte fallen hören können.
Die Führerin blickt uns wütend an: »Wenn ihr alle schweigt, dann seid ihr also alle schuldig. Ihr könnt euch doch sicher denken, was jetzt geschehen wird?«
»Nein, wir sind nicht alle zu den Juden gegangen«, ruft plötzlich eine Helferin. »Ihr Feiglinge, schämt ihr euch eigentlich nicht, alle mit hineinzureißen? Warum meldet ihr euch nicht?«
Wieder ist es eine Weile still. Da tritt die Opernsängerin hinter mir hervor, und eine nach der anderen folgt ihr. »Abzählen«, befiehlt die Führerin. 13 Mädel müssen mit einer strengsten Bestrafung rechnen. Die Führerin geht durch unsere Reihen und schüttelt immer wieder den Kopf. »Es ist nicht zu fassen, daß ausgerechnet meine Helferinnen, ja ausgerechnet meine Helferinnen, ich möchte das besonders betonen, zu so einer Handlungsweise fähig sind.«
Die Führerin ist sehr erregt, sie wischt sich den Schweiß von der Stirn, als sie weiterspricht: »Was habt ihr euch nur dabei gedacht, Geschäfte mit den Juden zu machen? Ihr habt doch alle den Treueeid auf euren Führer geschworen und wißt, daß das, was ihr getan habt, verboten ist.« »Warum dürfen die Soldaten mit den Juden tauschen?« ruft wieder eine Helferin dazwischen. »Ich habe es schon öfter gesehen, daß die Soldaten Zigaretten und Wodka bei den Juden für Stoff oder andere Dinge eintauschen. Wir haben dieser ganzen Organisiererei keine besondere Bedeutung beigemessen. Wer konnte es ahnen, daß diese gegenseitige Hilfe ein Verbrechen ist?«
Wieder meldet sich eine andere Helferin und sagt: »Warum hat man eine Wehrmachtsschneiderei eingeführt und sie mit Juden besetzt, wenn sie nichts für uns tun sollen? Kein Mensch weiß wirklich, was richtig und was falsch ist.« Nach einer langen und heftigen Debatte, ob schuldig oder unschuldig, endet der Appell.

Am nächsten Morgen müssen wir Aufstellung nehmen. Die Namen von 13 Helferinnen werden aufgerufen.
»Strafversetzung nach Rußland«, lautet der Befehl. Schweigend nehmen wir unsere Marschpapiere in Empfang. Nur Magdalena ist nicht dabei. Ich fühle, wie sie erleichtert neben mir aufatmet. Ihr angstvoller Blick streift mich. Nein, ich werde Magdalena nicht verraten. Ich freue mich für sie, denn nun kann sie bei ihrem Oberst bleiben, den sie so sehr liebt.

Sie reicht mir ihre Hand und dankt mir für meine kameradschaftliche Treue. Schon am nächsten Morgen müssen wir uns für die Abfahrt nach Minsk bereithalten, um noch am gleichen Tag Wilna zu verlassen, noch bevor uns die SS zu Verhören abholen kann. Nicht nur die Führerin, wir alle sind von Angst und Unruhe befallen. Magdalena hat mir alles an Lebensmitteln mitgegeben, was sie noch besitzt. Wir umarmen uns ein letztes Mal, dann wendet sie sich von mir ab. Sie schluchzt laut, Tränen rinnen uns über die Wangen; es ist ein schwerer Abschied.
Wir marschieren zum Bahnhof. Eine Helferin stimmt ein Lied an, doch keine der anderen singt mit, so muß sie ihr Marschlied allein zu Ende singen. Uns stehen die Tränen in den Augen, und mit Angst denken wir an die kommenden Tage und Wochen in Rußland. Als wir die Sperre zum Bahnhof passieren, ruft uns eine Stimme nach: »Viel Glück in eurem neuen Einsatz.«
Wir sehen uns um und erkennen die Helferin Martina Berg. Auch sie steht mit Koffern und Kisten am Bahnhof. Für sie geht die Fahrt in die Heimat, sie ist ja schwanger. Ich winke ihr zu und wünsche ihr eine gute Heimfahrt nach Deutschland.
Wir besteigen den Zug und finden in einem leeren Abteil genügend Platz. Ich gehe zum Fenster, um ein letztes Mal Wilna Lebewohl zu sagen. Da sehe ich eine Kameradin mit einem weißen Taschentuch winkend an der Sperre stehen, es ist Magdalena. Sie ist mir also nachgekommen, ich freue mich darüber.
Ein lauter Pfiff erklingt und die Räder des Zuges setzen sich in Bewegung. Magdalena winkt mir noch lange nach, so lange, bis ich sie nicht mehr sehen kann und der Rauch der Lokomotive uns einhüllt, als würde auch diese Stadt wie ein Traum für uns versinken. So vieles habe ich in Wilna erlebt, und nun soll plötzlich alles zu Ende sein.
In unserem Abteil herrscht eine traurige Stimmung. Es ist kalt im Zug und wir frieren. Da kommt mir ein guter Gedanke. Ich ziehe meinen Wollschlüpfer aus und umwickele meine kalten Füße damit. Die anderen Mädel lachen, aber es dauert nicht lange, da machen sie es mir nach. So sitzen wir nebeneinander, und eine nach der anderen steckt ihre Füße in den Wollschlüpfer. Nach einiger Zeit hält ganz unerwartet der Zug, die Tür zu unserem Abteil wird geöffnet, und ein junger Offizier sieht zu uns herein.
»Besetzt, besetzt«, rufen wir und schlagen ihm die Tür vor der Nase zu. Eine Kameradin hält noch immer den Türgriff fest, um uns vor ungebetenen Fahrgästen zu schützen. Aber die Tür wird von außen gewaltsam geöffnet.

»Heil Hitler«, grüßt der junge Leutnant. »Den Damen bin ich wohl nicht angenehm. Es tut mir leid, aber Sie befinden sich in einem Abteil für Offiziere.« Er tritt ein und nimmt neben der Opernsängerin Platz.
Keines der Mädel sagt ein Wort, wir sind verlegen wegen unserer Füße in den Wollschlüpfern. Erst streckt sich eine Kameradin unbeholfen mit den Händen nach unten, um den Schlüpfer wegzunehmen, dann versucht es eine andere. Da wird auch der junge Leutnant neugierig, sieht nach unseren Füßen und kann sich ein Grinsen nicht verbeißen. Wir aber ärgern uns, daß er sich wegen unseres originellen Einfalls köstlich amüsiert.
So bleibt uns nichts anderes übrig, als diesen einzigen Mann in unserem Abteil zu ertragen, denn schließlich sind wir die Eindringlinge.

Strafversetzung nach Minsk 1942

Flöhe und Steckrüben

Enttäuscht stehen wir auf dem Bahnhof in Minsk. Eine zerstörte Stadt liegt vor uns. Ratlos sehen wir uns an, nicht einmal abgeholt werden wir, man behandelt uns wie Sträflinge. Werden wir den Weg zu unserem Heim finden? Auf der Skizze, die uns die Führerin in Wilna in der Eile gezeichnet hat, können wir den Weg nur schlecht erkennen.
Der einzige Anhaltspunkt ist die ehemalige russische Staatsoper. Wenn wir die gefunden haben, dann sind wir schon fast am Ziel. Völlig übermüdet und hungrig marschieren wir durch die Straßen von Minsk.
Wir fragen eine alte Russin nach der Staatsoper, in der Hoffnung, daß sie etwas deutsch versteht. Aber sie sieht uns nicht einmal an, sondern geht stumm an uns vorüber. Endlich gibt uns dann ein junges Mädchen eine kurze, zögernde Auskunft in wenigen deutschen Worten. »Opera, Tschaikowski, Musika.«
Sie begleitet uns eine Weile, sieht sich aber immer wieder scheu nach allen Seiten um, ob sie auch nicht beobachtet wird. Als wir die Oper erreicht haben, danken wir ihr herzlich. Rasch wendet sie sich von uns ab und verschwindet hinter den Ruinen.
Für einen Augenblick setzen wir unsere Koffer auf den Treppen der Oper ab, wir sind völlig erschöpft. Noch können wir das Heim nicht sehen, und fast steifgefroren taumeln wir weiter. Da, endlich, taucht neben einigen Häusern und Trümmern ein großes Gebäude auf.
»Das muß es sein«, ruft eine Kameradin. »Dieses Haus sieht einer Schule ähnlich, und die Führerin in Wilna sprach von einer ehemaligen russischen Schule.«
Endlich am Ziel, stoßen wir das quietschende Tor auf und gehen auf die Haustür zu. Die Tür wird aufgerissen, und eine junge Führerin heißt uns lächelnd willkommen. Sie reicht jeder Helferin die Hand und entschuldigt sich, daß uns niemand abgeholt hat.
»Zweimal sind die Mädel von uns auf dem Bahnhof gewesen und haben nach euch Ausschau gehalten«, sagt sie, »aber immer umsonst.« Sie hat recht mit

ihren Worten, denn mit dem Aufenthalt in Smolensk hat niemand gerechnet. Nun ja, jetzt sind wir da und haben alle 13 nur einen Wunsch: ein Bett und eine Mahlzeit.
Eine Oberhelferin führt uns auf unsere Zimmer. Als vor mir die Tür aufgeht, falle ich vor Schreck beinahe in Ohnmacht. Zehn Betten in einem Raum, die Spinde in der Mitte und die Wände kahl und dreckig.
Nein, hier will ich nicht hinein. Aber die Oberhelferin schiebt mich einfach in das Zimmer und sagt: »Gleich an der Wand, das zweite Bett rechts, ist für dich, Kameradin.«
Einige Helferinnen liegen auf ihren Betten und starren mich wie das siebte Weltwunder an. Eine junge, schwarzhaarige Helferin richtet sich vor mir auf und begrüßt mich mit den Worten: »Heil Hitler, herzlich willkommen in diesem gelobten Land. Pflanz' dich auf das Bett neben mir, Kameradin!« Völlig verblüfft schaue ich sie an. Das ist ja eine herrliche Begrüßung.
»Ich heiße Lilo und bin Berlinerin«, stellt sie sich vor. Auch ich sage meinen Namen und gebe dann jeder Kameradin die Hand. Dann setze ich mich auf mein Bett und greife nach den Wolldecken. Sie sind hart und riechen vermodert. Unglücklich schaue ich mich in diesem Raum um. Hier soll ich es aushalten? Eine härtere Strafe konnte uns kaum erwarten. Als Lilo mein unglückliches Gesicht sieht und beobachtet, wie ich widerstrebend die Wolldecken zur Seite schiebe, ruft sie ganz laut: »Vertausche bloß nicht deine Wolldecken, sonst gibt es hier Hackfleisch. Gemogelt wird bei uns nicht. Wer Mist hat, behält den Mist und hat eben Pech gehabt. So ist es immer: wenn eine Neue kommt, bekommt sie das, was die anderen loswerden wollen. Das kannst du später auch einmal machen, wenn nach dir wieder eine Neue in das Zimmer kommt.«
Völlig verzweifelt fange ich an zu weinen. Jetzt ergeht es mir genauso wie der Opernsängerin in Wilna. Ich habe Heimweh, einfach Heimweh nach Deutschland. Noch dazu hat mir diese Lilo meinen letzten Mut und meine letzte Hoffnung zerstört. Sie merkt gar nicht, daß ich schon am Ende mit meinen Nerven bin, sondern redet immer weiter.
»Hier gibt es jeden Tag Steckrüben, in Wasser gekocht, mit zwei Kartoffelstückchen. Dazu eine Scheibe ausgetrocknetes stinkendes Maisbrot, etwas Käse und Leberwurst. Jeden Tag das gleiche, zuviel zum Sterben, zuwenig zum Leben. Schuld ist der Scheiß-Iwan, der hier in Minsk das ganze Verpflegungslager in die Luft gesprengt hat. Außerdem brauchst du nur täglich 10 bis 16 Stunden Dienst zu machen. Manchmal werden es auch noch mehr

Stunden. Es kommt hier nicht darauf an, ob man will, man muß; wir wollen doch den Krieg gewinnen, hahaha.« Sie räkelt sich auf ihrem Bett und freut sich sichtlich, mir so viele Schauermärchen erzählen zu können, bis eine andere Kameradin dazwischenruft: »Halt endlich einmal dein Maul, Lilo. Du machst die Neue, kaum daß sie hier ist, ja schon knieweich.«

»Sie ist auch Fernschreiberin«, meint Lilo spitz. »Kann ein wenig mehr als wir Fernsprecherinnen. Vielleicht bildet sie sich etwas darauf ein. Das kann sie auch bei Tag, nur nachts sind wir alle gleich, denn die Wanzen und Flöhe machen keinen Unterschied zwischen Fernschreiberinnen und Fernsprecherinnen. Die beißen jede von uns!«

Die Mittagsglocke schellt zum Essen; ich habe keinen Hunger mehr. Mein Mund ist trocken, und mir ist übel. Aber da packt mich Lilo kurzentschlossen am Arm und zerrt mich hinter sich her.

Der Speiseraum überrascht mich, er ist das einzige Schöne, was ich bis jetzt hier gesehen habe. Handgeschnitzte Stühle stehen um mehrere kleine runde Tische.

An den Wänden hängen ebenfalls handgeschnitzte Bilder sowie Porträts.

Als ich den ersten Löffel Suppe esse, muß ich feststellen, daß Lilo tatsächlich recht gehabt hat: Steckrüben in Wasser gekocht. Von dieser Mahlzeit kann man doch auf die Dauer nicht leben und erst recht nicht arbeiten. Das kann ja heiter werden!

Nach Tisch treffe ich mich mit einigen Kameradinnen aus Wilna. Sie machen ein Gesicht, als wollten sie gegen alles protestieren und am liebsten gleich wieder abreisen.

Die erste Nacht schlafen wir trotz der vielen Wanzen und Flöhe tief und fest. Aber am anderen Morgen sehen wir das Ergebnis an unseren Körpern. Ich habe an Rücken und Oberschenkeln geschwollene, schmerzende Stellen von den Bissen dieser ekligen Tiere.

Jochen aus Berlin

Zwei Tage später müssen wir unseren Dienst antreten. Auf dem Weg zum Dienstgebäude schließen wir uns den Fernsprecherinnen an. Natürlich ist Lilo die erste, sie führt nach meiner Ansicht hier das Kommando.

Nicht einmal eine Straße führt zu unserem Arbeitsplatz. Wir müssen über einen Friedhof und über Gräber laufen.

Nach kurzer Zeit erreichen wir das Dienstgebäude. Es ist ein hoher, unförmiger Bau. Genauso, wie Kinder ihre Bauklötze aufeinandersetzen, so sieht auch dieses Gebäude aus, kalt und unpersönlich. Ein Oberleutnant kommt uns entgegen und begrüßt uns Neuankömmlinge. Er mustert uns streng und bringt uns zum Dienstzimmer.
Wir blicken in einen Raum mit acht Fernschreibern, an denen junge Soldaten sitzen. Es sind Primaner, Abiturienten, keiner älter als höchstens 18 oder 19 Jahre. Manchen hängt die Uniform am Körper, als müßten sie erst noch hineinwachsen. Halbe Kinder, Gesichter mit dem Lächeln großer Jungen, deren Augen uns fragend ansehen.
Mein Platz ist neben einem Oberprimaner aus Berlin. Er heißt Jochen, ist groß, blond und hat wunderschöne blaue Augen. Wenn wir nebeneinander sitzen, könnten wir Geschwister sein, so ähnlich sehen wir uns.
»Tut mir leid, Jochen«, entschuldige ich mich. »Ich will dich hier nicht verdrängen. Überall in Deutschland und an der Front müssen die Frauen die Männer ablösen, ich tue nur meine Pflicht.«
»Für mehr Kanonenfutter«, sagt Jochen plötzlich tonlos. Ich bin entsetzt, daß er den Mut hat, diese Worte auszusprechen. Er scheint kein Idealist zu sein, und schon am ersten Tag erzählt er mir, daß er in einem klösterlichen Internat erzogen wurde und keinerlei Kriegslust verspüre. »Wenn es nach meinem Vater ginge, der Ministerialrat in Berlin ist, dann wäre ich schon Offizier. Mein Vater und ich, wir leben in zwei verschiedenen Welten, die nicht zueinander passen. Ich sehne mich nach anderen Idealen, die Humanität und Freiheit heißen.«
Jochens Gesicht hat sich bei diesen Worten gerötet, er muß seinem Herzen Luft machen und die Wahrheit sagen.
»Ich bin kein Nationalsozialist, wie es mein Vater ist. Der Tod meines Bruders hat mich den Krieg verabscheuen und hassen gelehrt. Meine Mutter ist daran zugrunde gegangen, sie hat die Todesnachricht nie überwunden.«
Jochen redet mit mir wie ein kleiner Junge mit seiner großen Schwester, der er ruhig alles anvertrauen kann. Armer Jochen, was wird sein, wenn der Krieg zu Ende ist?
Meine freien Stunden verbringe ich mit Jochen. Jede Minute ist für uns kostbar, denn der Abmarschbefehl für ihn und seine Kameraden kann jeden Tag erfolgen.
Am 10. April erhalte ich einen Befehl vom Wehrmachtsführer Ost. Der Führer befiehlt, daß alle Soldaten jeglicher Organisationen zu weiteren Divisionen zu-

sammengestellt werden sollen, um sie an die vorderste Front nach Stalingrad zu beordern. Armer Jochen, hoffentlich wirst du deine Heimat wiedersehen. Diesen traurigen Gedanken hänge ich nach, als ich den Befehl weitergebe. Jochen sagt nichts dazu. Er sieht aus, als ahne er ein furchtbares Ende. Fünf Tage später ist es dann soweit, alle acht Oberschüler müssen ihre Sachen packen.

Einen Tag vor Jochens Abmarsch feiern wir bei einem Glas Wodka und selbstgebackenem Kuchen Abschied. Es sind traurige Stunden, die wir miteinander verbringen. Zur Erinnerung an unser Zusammensein schenke ich ihm einen von mir selbstgenähten Bären, er soll sein Talisman sein. Jochen freut sich wie ein kleiner Junge, unentwegt spielt er mit dem kleinen Bären.

Ich kann es mir nicht vorstellen, daß so ein großer Junge nun ein Gewehr in die Hand nehmen muß, um andere zu töten. Lange liegen unsere Hände ineinander. »Du bist für mich wie eine Schwester. Der einzige Mensch, der mich vielleicht nicht vergißt. Bete für mich, Elisabeth.« Jochen blickt von mir weg und verbirgt tapfer seine Tränen. Noch einmal halte ich seinen Kopf in meinen Händen und streiche über sein Haar. Schüchtern gebe ich ihm einen Kuß auf die Wange, und Jochen errötet bis zu den Haarwurzeln.

Als die Jungen am anderen Morgen abmarschieren, blicke ich ihnen verstohlen nach. Ich stehe in einer Fensternische, um zu vermeiden, daß Jochen mich noch einmal sieht. Mit Tränen in den Augen sehe ich ihnen so lange nach, bis sie alle auf einem Lastwagen aufgestiegen sind und abfahren. Der harte Kriegsalltag steht ihnen nun bevor – ein Leben ohne Zukunft.

Gefährliche Fahrt

Nachts, wenn es in unserem Raum ruhig ist, hören wir das dumpfe Aufheulen schwerer Geschütze. Immer näher rückt die Front, wenn auch Göbbels den Einsatz aller wehrpflichtigen Männer, vom jüngsten bis zum Greis, für den totalen Kriegseinsatz befiehlt. Er kann den Rückzug unserer Truppen nicht aufhalten.

Die Verpflegung ist überall knapp. Wir Mädel bekommen dies deutlich zu spüren. Wir haben nur noch Steckrüben als Vorrat, selbst die Kartoffeln sind uns ausgegangen. Die Führerin ist verzweifelt: keine Kohlen, keine Verpflegung, wie soll das nur weitergehen? Für uns sind diese Sorgen auch tägliches Gesprächsthema. Was sollen wir tun?

Ich ziehe mich gerade um, da ich heute Nachtdienst habe, als es an der Tür klopft. Ich öffne sie und stehe vor einem alten, abgehärmt aussehenden Mann in zerrissener Kleidung. Seine Worte kann ich nicht verstehen, denn er spricht russisch. Als ich mich fragend nach den anderen umwende, ruft mir Lilo zu: »Das ist unser alter Dimi, der kommt jede Woche. Sucht ihm die letzten verschimmelten Krusten Brot zusammen. Viel haben wir ja auch nicht, aber das sind wir ihm schuldig. Den Aufenthaltsraum hat er uns so schön gemacht, die ganzen Schnitzereien sind von ihm. Er und Iwan, unser Hausmeister, haben uns wenigstens diese Bruchbude einigermaßen hergerichtet. Dimi, warte noch ein bißchen«, ruft sie dem alten Mann zu. »Wir müssen erst was zusammensuchen.«
Irgendwo in den Ecken unserer Schränke finden wir noch Brotreste und geben sie ihm. Befriedigt trottet er fort, er ist froh, überhaupt etwas bekommen zu haben.
»Flöhe und Wanzen müßte man essen können«, ruft Lilo laut durch den Raum. »Dann ginge es uns jetzt besser.« Wir müssen laut lachen, hinter Lilos rauher Schale verbirgt sich ein weiches Herz.

Mit Grauen denke ich an die kommende Nacht, an die 16 Stunden Dienst. Die kargen, schlecht belegten Butterbrote, die wir für den Nachtdienst mitbekommen, essen wir fast immer im voraus auf.
Pünktlich um 19.00 Uhr holen uns vier bewaffnete Soldaten zum Nachtdienst ab. Hier in Minsk ist die Gefahr noch größer als in Wilna. Wegen der nächtlichen Partisanenüberfälle dürfen wir nur zu sechst ausgehen.
Draußen regnet es leicht. Der Boden ist aufgeweicht und rutschig. Entweder bleiben unsere Stiefel in dem schlammigen Boden stecken, oder wir stolpern von einem Grabhügel auf den anderen. Die Soldaten neben uns stoßen Flüche und Verwünschungen aus.
Kaum sitze ich einige Minuten am Fernschreiber, da rattert der Kasten schon los. FS-SSD-KR-GKDOS vom Führerhauptquartier lautet der Befehl. »Kameradin, bist du QTA?«
»KK«, antworte ich, und dann schreibt sie auch schon. Als ich ihr die Quittung gebe, muß ich plötzlich an Magdalena denken. Ich frage die Kameradin nach Oberst Cornfeld, und sie erzählt mir per Fernschreiben, daß der Oberst nach Berlin versetzt worden ist. »Geht in Ordnung«, erwidert sie, als ich sie bitte, dem Oberst viele Grüße zu bestellen. Dann ist sie schon wieder aus der Leitung verschwunden.

Durch die trockene Luft im Raum habe ich Durst bekommen und lege eine kleine Pause ein. Zu meinem Bedauern sehe ich, daß der Kaffeetopf leer ist. Na, dann trinke ich eben ein wenig Wasser. Als ich die Tasse unter den Wasserhahn halte, ruft mir eine der Frauen zu: »Bist du wahnsinnig? Weißt du nicht, daß erst vor wenigen Wochen zwei von uns an Typhus schwer erkrankt sind? Sie liegen im SS-Lazarett und schweben noch immer zwischen Leben und Tod.« Erschrocken schütte ich das Wasser wieder aus. So bleibt mir nichts anderes übrig, als meine Lippen mit den letzten Tropfen im Kaffeetopf anzufeuchten.
Todmüde und hungrig kehren wir am anderen Morgen ins Heim zurück. Gierig verschlinge ich mein Frühstück. Der Käse ist zwar geschmacklos, der Kaffee nur eine dünne braune Brühe und die Margarine ist blau vor Schimmel, aber mir schmeckt es wunderbar.
Nach dem Essen laufe ich schnell nach oben. Am anderen Ende des Ganges erblicke ich einige Mädel, die mit der Führerin sprechen. Ich kümmere mich nicht weiter darum und gehe an ihnen vorüber. Da ruft mich eine Stimme zurück. »Einen Augenblick, Helferin Himmelstoß, bleiben Sie stehen.« Ich drehe mich um und blicke in das Gesicht der Führerin. »Es tut mir leid, Sie haben zwar Nachtdienst gehabt, aber Sie müssen trotzdem mitfahren.«
»Mitfahren? Ich bin todmüde und kann mich kaum noch geradehalten, und da soll ich schon wieder einen Befehl ausführen!« Ärgerlich fange ich an zu schimpfen.
»Was geben Sie mir für eine Antwort? Überhaupt, was fällt Ihnen ein, so mit mir zu sprechen! Ich befehle Ihnen, mitzufahren. Noch heute müssen die wenigen Lebensmittel von einer Kolchose abgeholt werden, die vorübergehend von Deutschen bewirtschaftet wird. Iwan, unser gefangener Russe, wird euch fahren. Er ist sehr gewissenhaft und ehrlich. Außerdem kann sich die Oberhelferin aus der Küche zu ihm nach vorn ins Führerhaus setzen.«
Nur wenige sind damit einverstanden. Mit Flüchen und Verwünschungen kriechen wir auf den LKW und decken uns mit Wehrmachtsplanen zu, die gut vor Kälte und Feuchtigkeit schützen.
Der Schnee ist hartgefroren, und Iwan fährt langsam über die schlechten, holprigen Straßen, trotzdem rutschen die Räder des öfteren von der Straße ab. Die Oberhelferin gibt dem Russen Anweisungen, wie er zu fahren hat. Sie kommt sich heute besonders wichtig vor, denn vor einer Woche wurde sie aufgrund ihrer Tüchtigkeit zur Oberhelferin befördert. Wenn die Verpflegung schlecht ist, dann kommt es eben auf das Organisationstalent an.

Vor wenigen Tagen noch sagte Lilo spöttisch zu ihr: »Bis wir den Winkel an den Ärmel geheftet bekommen, ist Moskau in Berlin.«
Plötzlich werden Schüsse abgefeuert und peitschen über unsere Wagenplane. Immer näher kommt das Knattern von Maschinengewehren. Iwan rast wie ein Wahnsinniger über die Straßen. Wir werden auf dem Wagen hin- und hergeworfen und halten uns schreiend vor Angst an den Händen fest. Wie wild schlägt Lilo das Fenster zum Führerhaus ein und greift nach dem Steuerrad.
»Partisanen, Partisanen, ein Wagen kommt hinter uns her«, schreit eine Helferin. Hysterisch vor Angst will sie sich vom Wagen stürzen. Mit letzter Kraft reißen wir sie zurück, wir dürfen die Nerven nicht verlieren. Der Wagen kommt näher. Weinend und bebend am ganzen Körper erwarten wir das auf uns zukommende Unheil. Wieder peitschen Schüsse über unsere Köpfe hinweg. Da kommt das Auto in rasender Fahrt auf uns zu und fährt an uns vorbei.
Es dauert alles nur Sekunden. Der Wagen wird aus der Fahrbahn geworfen und hält ruckartig an. Wie benommen sehen wir auf vier bewaffnete Soldaten mit vorgehaltenen Maschinenpistolen. Sie zwingen Iwan zum Aussteigen, und ein Feldwebel setzt sich ans Steuerrad. Keine der Helferinnen ist fähig, ein Wort zu sagen. Einige haben einen Weinkrampf. Was dann geschieht, geht sehr schnell. Der Feldwebel wendet den Wagen und fährt zurück. Die drei Soldaten folgen uns mit Iwan im Geländewagen. Durch die Panik ist ein Teil der Zeltplane heruntergerissen worden. Die eisige Kälte durchdringt unsere Körper.
Da wendet sich der Feldwebel zu uns und sieht mich mit einem erstaunten Blick groß an. Für Sekunden ruhen unsere Augen ineinander.
»Mädel, ihr habt Glück gehabt«, sagt er, »nur noch drei Kilometer ward ihr von den Partisanen entfernt. In allerletzter Minute hat euch ein Spähtrupp gesichtet und diese Meldung sofort an uns weitergegeben. Es war eine Jagd auf Leben und Tod; wir haben fast nicht mehr daran geglaubt, euch noch einzuholen.«
Erleichtert atmet der Feldwebel auf und fährt jetzt etwas langsamer. »Nun sind wir aus der Gefahrenzone heraus. Was wolltet ihr bloß in dieser gottverlassenen Gegend?«
Unsicher und ängstlich sage ich: »Wir sollen Kartoffeln und Lebensmittel von einer Kolchose abholen. Die Oberhelferin kennt doch diesen Weg, sie war schon einmal mit Iwan dort und sollte ihm darum auch heute den Weg weisen!«

Er schüttelt den Kopf und wirft der Oberhelferin einen ärgerlichen Blick zu. »Also Sie sind schuld, daß diese Fahrt beinahe bei den Partisanen geendet hätte. Was haben Sie sich bloß dabei gedacht? Wenn Sie Ihre Schuld nicht zugeben, wird der Russe schwer bestraft.« »Ich denke nicht daran, mich als Schuldige hinzustellen«, erwidert die Oberhelferin. »Iwan ist ein gefangener Russe, und wäre er nicht bei uns, dann würde er irgendwo bei den Partisanen sein und gegen uns kämpfen.«
Wir sind über die abfällige Äußerung der Oberhelferin entsetzt. Sie hat schuld, daß wir uns verfahren haben, und jetzt will sie alles Iwan aufbürden. Auf keinen Fall sind wir damit einverstanden und werden für Iwan eintreten, um seine Unschuld zu beweisen.
Es geht schon auf Mittag zu, die Sonne steht hoch am Himmel und wirft spärliche Strahlen durch die dicke Wolkendecke. Endlich sichten wir in der Ferne ein Gebäude. Als wir durch ein großes Tor fahren, sehen wir uns überrascht um.
»Meine Damen, dieser Hof wird auch von Deutschen bewirtschaftet.« Der Feldwebel fährt uns vor das Wohnhaus. Erleichtert springen wir vom Wagen, und einige Helferinnen gehen auf die Haustür zu. Im gleichen Moment fährt der Geländewagen an uns vorbei und hält vor einem Schuppen. Die Türen werden aufgerissen, drei Offiziere springen heraus und zerren Iwan mit vorgehaltener Maschinenpistole in einen Kübelwagen.
Erschrocken sehen wir uns gegenseitig an. »Iwan ist unschuldig«, rufe ich ganz laut. Auch der Feldwebel hört meine Worte und erfaßt sofort die gefährliche Situation. Es streift mich ein unentschlossener Blick, als wolle er sagen: ›Was kümmert mich das schon.‹ »Bitte, helfen Sie ihm doch!«
Der Kübelwagen fährt langsam an. Der Feldwebel überlegt einen Augenblick, geht dann aber auf das Auto zu und gibt dem Fahrer durch ein Handzeichen zu verstehen, daß er halten soll. Es ist ein gewagtes Spiel. Flüche und Verwünschungen treffen den Feldwebel, doch er setzt sich durch. Immer wieder muß er sich wegen des Zwischenfalls entschuldigen, der nur einen Gefangenen betrifft.
Einer der Offiziere kommt auf mich zu und bittet mich, die anderen Mädchen zu holen, die ebenfalls bereit sind, eine Aussage zu dieser Irrfahrt in das Partisanengebiet zu machen. Ein Teil der Helferinnen wird verhört, sie sagen alle zu Iwans Gunsten aus. Die Wahrheit kommt schnell ans Licht, und so bleibt der Oberhelferin nichts anderes übrig, als ihre Schuld

einzugestehen. Der Fall ist geklärt, und Iwan darf aussteigen, er hat sein Leben wiedergewonnen.
Gemeinsam gehen wir dann nach oben zum Mittagessen, an dem auch Iwan teilnehmen darf. Es gibt Linsensuppe mit Speck, für uns ein herrliches Essen. Wir sind gut gelaunt und haben das Erlebte schon fast vergessen. Neben mir sitzt der Feldwebel. Seine Augen lachen mich an, als wollten sie sagen: ›Habe ich es richtig gemacht, meine schöne Blonde? Du hast gewollt, daß man einem Unschuldigen hilft, und ich habe es getan. Was soll ich jetzt noch für dich tun?‹
»Wir werden uns doch wiedersehen? Ich würde mich sehr darüber freuen.«
Ich nicke ihm zu und flüstere ihm ganz leise ins Ohr: »Ich muß nach Minsk zurück. Wo sind Sie mit Ihrer Einheit stationiert?« »In Molodetschno. Aber ich habe oft in Minsk zu tun, außerdem werde ich schon in den nächsten Tagen für einige Zeit zu einer Stabskompanie nach Minsk versetzt!«
»So ein Glück, wie sich das trifft«, freue ich mich. Wir lachen beide laut und freuen uns wie Kinder auf ein baldiges Wiedersehen.
Noch vor Einbrechen der Dunkelheit fahren wir ab, um nicht in einen Sturm zu geraten. Der Himmel hat sich bezogen, und die Wolkendecke ist grau gefärbt, kein gutes Zeichen.
Als unser Wagen vor dem Heim hält, kommt uns die Führerin schon entgegen. Sie starrt uns mit großen Augen an: »Ihr habt nichts mitgebracht?« sind ihre ersten Worte.
Sie macht sich sofort mit einigen Helferinnen auf dem LKW zu schaffen, und zu unserer großen Freude entdecken wir in einer Ecke einen riesigen Sack mit Kartoffeln. Sicher haben uns die Soldaten den Sack ganz still und heimlich aufgeladen, um uns damit zu überraschen. Wir freuen uns mächtig, und nach und nach erzählen wir auch der Führerin die ganze Geschichte.

Das Wiedersehen mit Frank

Am anderen Tag ist das Wetter wie umgewandelt. Die gleißende Wintersonne liegt über den Dächern der Stadt und glänzt silbrig-grau. Eine ruhige und friedliche Atmosphäre umgibt uns, doch diese Ruhe ist trügerisch. Wir leben als Feinde in diesem Land und unter Menschen, die unsere Feinde sind. Da gibt es keine Liebe, sondern nur Haß und Angst.

Da ich an diesem Nachmittag nichts Besseres zu tun habe, möchte ich mich einmal richtig ausschlafen. Kaum bin ich eingeschlafen, weckt mich die HvD und schüttelt mich.

»Mensch, du schläfst ja wie ein Murmeltier. Dich kann man kaum wachbekommen.« Erschrocken und ärgerlich über diese Störung schnelle ich von meinem Bett hoch.

»Du hast Besuch bekommen, beeile dich und komme herunter. Ich habe keine Zeit mehr, auf dich zu warten.« Dann ist die HvD auch schon verschwunden.

Fast ein wenig mißmutig kleide ich mich an und gehe in den HvD-Raum. Nicht wenig erstaunt bin ich, als mir nun der junge Feldwebel gegenüber steht.

Er begrüßt mich freundlich. »Ich hoffe, daß ich nicht ungelegen komme?«

»Nein«, erwidere ich, und vor Freude über dieses Wiedersehen rufe ich laut: »Das habe ich nicht erwartet, daß Sie mich schon so bald besuchen.«

»Es war auch schwer, Sie ausfindig zu machen. Ich wußte doch nur Ihren Vornamen und habe somit geraten, wer es sein könnte. Die HvD hat mir freundlicherweise mitgeholfen. Meine Beschreibung stimmte und jetzt stehen Sie vor mir, Fräulein Himmelstoß.« »Sagen Sie ruhig Lisl zu mir, das höre ich lieber.«

Ich bitte ihn, mir in den Aufenthaltsraum zu folgen. Als wir eintreten, sieht sich der Feldwebel überrascht um. »Wie geschmackvoll und hübsch dieser Raum ausgestattet ist, und das mitten in Rußland?«

Lächelnd sehe ich ihn an. »Das alles haben wir Iwan und Dimi zu verdanken. Können Sie jetzt verstehen, daß wir uns so für Iwan eingesetzt haben? Wir schulden ihm so viel!«

Wir nehmen in einer gemütlichen Ecke Platz. Wie gerne würde ich ihm etwas anbieten, aber mein Spind ist bis auf den Wodka und die Zigaretten leer. Und die darf ich nur im allerhöchsten Notfall angreifen.

Als habe er meine Gedanken erraten, greift er nach seiner Tasche, öffnet sie und entnimmt ihr ein großes Paket. Mir gehen die Augen über, als er auspackt und Wurst, Schinken und Kaffee zum Vorschein kommen.

»Legen Sie bitte für uns beide ein Gedeck auf, ich habe Ihnen etwas mitgebracht; sicher geht es euch Mädeln auch nicht so gut.« Es sind schöne und gemütliche Stunden, und wir sind uns nähergekommen. Vor allem weiß ich jetzt auch seinen Namen. Er heißt Frank Clasing und kommt aus Bielefeld in Westfalen. Dieses gemütliche Beisammensein endet in lustiger Stimmung.

Mit dem Versprechen, daß wir uns recht bald wiedersehen, verabschieden wir uns voneinander.
Seitdem ich den Feldwebel Frank Clasing kenne, habe ich manche Sticheleien von Lilo zu ertragen. Sie ist neidisch, daß ich einen Freund habe und sie nicht, denn Männer sind hier in Minsk rar. Wenige hundert Meter von uns entfernt liegt das SS-Lazarett. Doch nur wenige Helferinnen mögen einen SS-Soldaten mit dem Totenkopf und der schwarzen Uniform leiden. Sogar Lilo sagt: »Mir ist so ein Totenkopf-Heini unheimlich!« Es sind nur einige wenige, die sich dort einen Mann suchen.
Wieder ist ein schwerer Tag zu Ende. Todmüde – nach zwölf Stunden Dienst – lege ich mich auch gleich nach meiner Rückkehr ins Bett. Es ist Spätnachmittag und noch Kleiderappell angesetzt, aber ich störe mich nicht daran, sondern schlafe sofort ein.
Ein wunderschöner Traum zieht an meinen Augen vorüber. Hand in Hand gehe ich mit Frank durch die großen weiten Ährenfelder meines Vaters ...
»Du verschlafene Suse, so hilf mir doch«, flüstert jemand.
Ich erkenne Lilos Stimme und werde ärgerlich, da hält sie mir einen brennenden Kerzenstummel vor das Gesicht.
»Ich werde heute nacht noch wahnsinnig: diese verfluchten Wanzen und Flöhe! Wo ist das Biest nur, das mich so sticht«, jammert sie in einem fort.
So muß ich ihr wohl oder übel helfen. Klagend wirft Lilo ihr Bett zu Boden. Ich suche ihren Körper ab, kann aber nichts finden. Da erblicke ich im Schein der Kerze einen dunklen Punkt, vermute dort bestimmt den Floh oder die Wanze und drücke kräftig zu. Lilo schreit auf und schlägt mir in das Gesicht. Wie schrecklich, ich habe ihre Brustwarze erwischt!
Jetzt habe ich aber genug, jede Nacht das Theater mit diesen Biestern, keine Nacht kann man mehr durchschlafen. Ich werfe Lilo den Kerzenstummel zu und verkrieche mich wieder in mein Bett.
Erst in den Morgenstunden wird der Floh entdeckt. Er hat sich im Bauchnabel verkrochen und Lilo böse zugerichtet, so daß sie noch am selben Tag einen Arzt aufsuchen muß. Sie ist so wütend, daß sie den Floh am liebsten ein paarmal geköpft hätte. Aber sein Tod ist durch ein festes Erdrücken schon besiegelt. Wegen dieser Ruhestörung mache ich Lilo keinen Vorwurf, wer weiß, welche Kameradin in der nächsten Nacht an der Reihe ist. Trotz unserer peinlichen Sauberkeit ist dieses Ungeziefer unvermeidlich, niemand weiß, woher die Biester kommen. Auch ich habe in der kommenden Nacht

keinen Dienst und denke schon mit Unbehagen an die kleinen nächtlichen Quälgeister.
Durch den regelmäßigen Schichtdienst auf der Fernschreibstelle und der Vermittlung ist in unserer Stube ein ständiges Kommen und Gehen. Wir liegen zu elf Helferinnen in einem Zimmer und sind in drei Schichten eingeteilt. Jeweils eine Gruppe zum Morgendienst, die zweite zum Nachmittagsdienst und die dritte zum Nachtdienst.
Tag für Tag diesen langen anstrengenden Dienst am Fernschreiber, dann die unzureichende Verpflegung. Ich komme mir vor wie ein Sträfling. Wenn das Verpflegungslager von den Russen bombardiert worden ist, warum trifft dann so wenig Nachschub aus der Heimat ein? Immer nur hören wir Entschuldigungen, von denen wir nicht satt werden. Dann heißt es wieder, Minenexplosionen und Tieffliegerangriffe verhindern den regelmäßigen Zugverkehr.

Meine Mamymka

Meine ganze Hoffnung ist die Liebe zu meinem Frank. Jeden Tag und jede Stunde, die ich mit ihm verbringe, ist für mich ein Erlebnis. Auch heute erwarte ich ihn. Es ist ein herrlicher, sonniger Tag, und immer wieder laufe ich zum Fenster, um nach Frank Ausschau zu halten.
Im Aufenthaltsraum habe ich einen Tisch für uns beide liebevoll hergerichtet. Von den Vorräten, die er mir bei seinem letzten Besuch mitgebracht hat, konnte ich ein leckeres Essen zubereiten. Als festliche Note stelle ich einen Strauß aus Papierblumen auf den Tisch.
Pünktlich um 15.00 Uhr trifft Frank ein. Als ich die Tür zum Aufenthaltsraum öffne, leuchten seine Augen auf: Die Überraschung ist mir gelungen. Frank drückt mir einen Kuß auf die Stirn, ich lächle ihn verlegen an. Soviel hätten wir uns zu sagen, aber es ist kaum möglich, denn die anderen Mädel beobachten uns.
Auch Lilo hat Besuch und sitzt mit ihrem Gast, einem Feldgendarm, an einem Ecktisch. Sie sieht dauernd zu uns herüber, ihr neugieriger Blick ist unangenehm. Wahrscheinlich gefällt ihr mein Frank. Ihr Freund dagegen fällt nur durch sein lautes Benehmen auf und ist alles andere als gutaussehend. Um mich von ihrer aufreizenden Art zu befreien, schlage ich Frank einen Spaziergang vor. Er findet meine Idee gut, und schnell laufe ich auf mein Zimmer, um mich umzuziehen.

Diese Gelegenheit nutzt Lilo aus und setzt sich zu dem jungen Feldwebel, den sie ja auch von der Irrfahrt in das Partisanengebiet kennt. Sie stört sich nicht daran, daß ihr Freund allein an dem Tisch sitzen bleiben muß, um sich mit einem Streichholzspiel die Zeit zu vertreiben.
Frank Clasing ist nicht gerade begeistert von ihr. Lilos aufdringliche Art stößt ihn ab. Trotzdem behandelt er sie höflich.
Lilo klagt plötzlich von einer scheinbar unangenehmen Hitze im Aufenthaltsraum. »Iwan hat den Ofen wieder einmal überheizt.« Temperamentvoll reißt sie ein paar Knöpfe ihrer Bluse auf, und ohne den Feldwebel zu fragen, erfaßt sie seine Hand und läßt sie über ihren Busen gleiten. »Fühlen Sie doch, es ist so schrecklich heiß hier«, stöhnt sie.
Frank schluckt ein paarmal. Die Situation ist ihm peinlich, er steht auf und verläßt mit einer Entschuldigung den Raum. Draußen auf dem Gang wartet er auf mich und ist froh, daß ich ihn von Lilo erlöse.

Niemand begegnet uns draußen. Ganz allein gehen wir in Gottes freier Natur spazieren, am Fluß und an den hohen Sträuchern entlang, die an seinem Ufer wachsen. Der Fluß liegt mit Eisschollen bedeckt friedlich vor uns. Plötzlich zeigt Frank auf eine Hütte, die auf einer Waldlichtung steht.
»Dort wohnt eine alte Russin. Sie kommt regelmäßig jeden zweiten Tag zu uns in die Unterkunft und tauscht Papirossy gegen Eier ein. Nur mir hat sie gesagt, wo sie wohnt. Ich weiß nicht warum, jedesmal, wenn sie mich sieht, weint sie. Sicher erinnere ich sie an jemanden. Wenn du willst, gehen wir dorthin. Passieren kann uns nichts, ich habe meinen Revolver bei mir.«
Frank umfaßt meine Hände, er fühlt, daß ich mich fürchte. Einige Male schreckt uns ein Geräusch auf, es ist aber nur der Schnee, der von den hohen Sträuchern auf die Erde fällt. Die Hütte liegt ganz nah am Wald. Ein Huhn läuft uns entgegen und gackert vergnügt vor sich hin. Dieses Tier nimmt mir die Angst, wir hatten doch selbst so viele Hühner auf unserem Bauernhof, es erinnert mich an mein Zuhause. Mutig gehe ich Frank voraus zur Hütte. Kaum habe ich die Türklinke berührt, da öffnet sich auch schon die Tür, und wir betreten einen kleinen, dunklen Raum. Frank hält sich die Nase zu. Ich lasse die Tür auf, die Luft ist hier fürchterlich muffig. Außer einem Tisch, drei Stühlen und einer Sitzbank ist nur noch ein Kachelofen zu sehen.
Plötzlich höre ich ein klägliches Wimmern. Erschrocken fasse ich Frank an der Hand, gespannt horchen wir, woher diese Laute kommen.

Es knarrt eine Tür, und die alte Russin tritt ein. Als sie Frank erblickt, geht sie freudig auf ihn zu und drückt ihm die Hand. »Du gut. Du Panje.« Für einen Augenblick sehen wir uns erstaunt an. »Was meint die Russin? Sie kennt dich ja kaum. Warum mag sie dich so gern?«
»Das kann ich dir auch nicht sagen, aber sie ist immer so freundlich zu mir.«
Die Russin deutet auf einen Stuhl, wir sollen uns setzen. Nach ein paar Minuten kommt die alte Frau zu uns, sie hält etwas in ihren Händen. Leider können wir in dieser Dunkelheit nicht erkennen, was es ist. Da öffnet sie ein Fenster, damit es etwas heller wird und kommt mit einem schmutzigen Fetzen Papier in den Händen auf uns zu. Es ist ein Bild, das Bild ihres Sohnes. Frank betrachtet es erst belustigt und neugierig, aber dann stutzt er: das ist doch nicht möglich! Er reicht mir das Bild. Nein, das kann doch nicht sein, das ist ja sein Gesicht, seine Gestalt, einfach Frank.
»So ein Zufall«, meint Frank und schüttelt den Kopf. »Wirklich ein Zufall. Er könnte dein Bruder sein, Frank.« Mehr kann ich im Moment auch nicht sagen, ich bin zu verblüfft. Wir bestürmen die Russin mit Fragen, doch sie schüttelt nur weinend den Kopf. »Panje kaputt«, mehr deutsche Worte kann sie nicht sagen. Frank und mir ist nun klar, warum die alte Russin so an ihm hängt. Es ist wirklich eine Erinnerung, leider aber eine sehr harte, traurige Erinnerung.
An diesem Nachmittag haben wir beide unser uniformiertes Leben abgelegt. Wir helfen der Russin, Mamymka, wie wir sie nennen, bei ihrer Arbeit und fühlen uns wie zu Hause. Sie schlachtet ein Huhn und gibt es mir mit, auch Eier steckt sie mir in die Tasche. Als wir an diesem Abend die bescheidene Hütte verlassen, gehen wir nicht als Feinde vom Feind, sondern als Freunde vom Freund.
Den jüngsten Sohn von Mamymka sehe ich erst ein paar Minuten vor unserem Weggehen, es ist wieder sein Jammern, das an mein Ohr dringt. Er hat ein vereitertes Bein, und ich verspreche ihr, schon morgen mit Arzneien wiederzukommen und das Bein ihres Sohnes zu verbinden. Frank wird mir die Medikamente besorgen.

Am nächsten Nachmittag ist Sport angesetzt, und ich entschuldige mich auf die übliche Art, »daß ich heute keinen Sport treiben kann, wegen der gewissen Beschwerden«. Die Führerin will mich erst abweisen. »Komisch, wenn ihr keine Lust habt zum Sport, dann kommt ihr immer mit dieser faulen Ausrede. Diese Lügerei muß endlich einmal ein Ende haben.«

Zu guter Letzt bekomme ich doch frei und stürme schnell auf mein Zimmer, um mich umzuziehen. Als ich das Heim verlasse, steht Frank schon neben der Wache am Tor, denn allein hätte ich nicht ausgehen dürfen. Ich freue mich riesig, und wir machen uns auf zu Mamymka.
»Es war nicht einfach, Heilsalbe und Tabletten vom Sani zu erbetteln. Er wollte mir erst nichts geben, aber dann hat er etwas rausgerückt. Dabei bin ich meine ganzen Zigaretten losgeworden.« »Nicht schlimm, Frank, ich habe noch welche in meinem Spind. Wenn wir zurückkommen, gebe ich sie dir.«
Unterwegs sprechen wir nicht viel. Wir lauschen den Stimmen der Singvögel, die so herrlich zwitschern und uns an zu Haus erinnern.
Als wir die Hütte erreichen, steht Mamymka schon händeringend vor uns. Verzweifelt redet sie auf uns ein, doch wir verstehen kein Wort. Sie faßt mich an der Hand und zieht mich schnell in den dunklen Raum. Auf der schmutzigen Ofenbank liegt ihr Sohn, in Lumpen gewickelt.
Ich fühle die heiße Stirne des Kindes. Sie erinnert mich an die des kleinen Joschi in Wilna; er hat Wundfieber. Ich versuche, ihm eine Tablette zu geben, aber er spuckt sie wieder aus. Wahrscheinlich denkt er, ich will ihn vergiften. Erst Mamymka gelingt es, ihrem Kind die Tablette mit einem Getränk einzuflößen, damit das Fieber nachläßt. Ich entferne die Lumpen von dem vereiterten Bein und reinige die Wunde.
Frank wendet sich ab, es wird ihm übel, und rasch verläßt er den Raum. Als der Junge mit einem sauberen, weißen Verband auf der Bank liegt und friedlich eingeschlafen ist, hole ich Frank wieder herein. Wie gut, daß ich Seife und ein Handtuch mitgenommen habe, denn außer einer Schüssel Wasser, in der ich meine Hände waschen kann, besitzt Mamymka nicht viel.
Ein Hoffnungsschimmer und große Dankbarkeit liegen auf ihrem Gesicht. Bevor wir weggehen, kommt sie wieder mit einer großen Schüssel voll Eier, die ich dankend annehme.

Ein Tag mit Freunden

Auf dem Rückweg überlegen wir, was wir mit dem Rest unseres freien Nachmittags machen. »Weißt du was, ich habe eine gute Idee«, meint Frank. »Darf ich dir die Kameraden in meiner neuen Unterkunft vorstellen?«
Frank fügt gleich hinzu: »Vorausgesetzt natürlich, daß du damit einverstanden bist. Weißt du, seit ein paar Tagen bin ich hier in Minsk. Wir sorgen

für Nachschub an den Fronten, überall in Rußland, deshalb sind wir hier auch nur vorübergehend stationiert.«
Als wir Franks Unterkunft betreten, kommt uns ein junger Oberleutnant entgegen, den er mir als seinen Freund Heiko Wieland vorstellt. Verlegen und befangen blicke ich mich in dieser ungewohnten Umgebung um, denn es ist mir nicht sonderlich angenehm, daß ich mich als einzige Frau in einer Unterkunft befinde, wo ausschließlich Männer untergebracht sind.
In Franks Zimmer strömt uns eine gemütliche Wärme entgegen, die ein runder Kanonenofen, der in der Mitte der Stube steht, von sich gibt. Franks Stubenkamerad liegt im Bett, und auf dem Boden liegen leere Wodkaflaschen.
»Bitte entschuldige, Elisabeth, mein Kamerad ist wieder einmal betrunken und schläft. Du brauchst dir keine Gedanken zu machen, er wird uns nicht stören. Es sind überhaupt nur wenige Stunden, wo er wirklich nüchtern ist, er will den Krieg vergessen, deshalb trinkt er soviel.«
Ich ziehe meinen Mantel aus und mache es mir bequem. Dann bitte ich Frank um eine Pfanne, da ich ein paar Eier braten möchte, ich habe fürchterlichen Hunger. Frank ruft seinen Burschen Sascha, einen russischen Freiwilligen bei der deutschen Wehrmacht, und bittet ihn, von irgendwoher eine Pfanne zu organisieren. »Woher du sie hast, Sascha, ist mir gleichgültig, die Hauptsache ist, wir bekommen eine!«
Sascha nickt eifrig und macht sich auf den Weg.
Schon nach wenigen Minuten kommt er tatsächlich mit einer eisernen Pfanne zurück. Auf unsere Frage nach dem Woher gibt er keine Antwort, sondern lächelt nur spitzbübisch vor sich hin.

Unsere Gäste sind an diesem Abend der Oberleutnant Heiko Wieland, der Stabszahlmeister, Josef und Sascha. Als unsere Freunde noch Wodka und Wein spendieren, gesellen sich noch einige Kameraden von Frank dazu, und vergnügt prosten wir uns zu.
Die Stunden vergehen wie im Flug. Für mich wird es nun höchste Zeit, ins Heim zurückzukehren. Wer aber ist noch nüchtern genug, mich dorthin zu bringen? Besorgt sehe ich mich um.
Schwerfällig erhebt sich Frank und zieht Rock und Mantel an, auch Josef und Sascha begleiten uns, und zu viert gehen wir in die Nacht hinaus.
Der Wodka hat mich fröhlich und ausgelassen gestimmt, trotzdem bin ich froh, als wir das Heim endlich erreicht haben, denn Frank kann nicht mehr richtig gehen und wird von Sascha nur noch mitgeschleppt.

Laut singend laufe ich die Treppen hinauf und finde alles ungemein lustig, auch Lilo, die mich unentwegt anstarrt. In ihrem Dialekt läßt sie der Berliner Schnauze freien Lauf. »Isset die Möglichkeet! Kiekt euch bloß die Himmelstoß an, die Unschuld vom Lande. Die kann markieren, um Männer zu angeln und im Jrunde jenommen hat se's faustdick hinter die Ohrn. Det scheenheelije Jestell vasteht mehr vonne Liebe als wir. Is kaum een paarmal ausjejangen und kommt schon stinkbesoffen ins Heem.«
Ihre Worte tun mir nicht weh, ich höre alles wie aus weiter Ferne. Wenn ich nüchtern gewesen wäre, hätte es bestimmt ein Donnerwetter gegeben.
Ich nehme mein Käppi vom Kopf und wische es durch Lilos Gesicht. Sie rümpft die Nase und wutentbrannt ruft sie mir zu: »Jeh bloß in die Falle, sonst jibt et heute abend noch Krawall!« Zu mehr bin ich auch gar nicht mehr fähig.
So gut und fest wie in dieser Nacht habe ich schon lange nicht mehr geschlafen, ich habe keinen Floh gespürt. Nur am anderen Morgen muß ich mit einem schweren Kopf aufstehen, und mein Körper ist voller Flohbisse, es ist fürchterlich.
Den Frühdienst erledige ich so gewissenhaft wie immer. Gegen Mittag ruft mich Frank im Dienst an und erzählt mir ausführlich, wie ihm der einzig Nüchterne in unserem Kreise, nämlich Josef, Heiko Wielands Bursche, das Ende des Abends geschildert hat. Er kann sich an nichts mehr erinnern, auch nicht, wie er von mir wieder zurück in seine Unterkunft gekommen ist. Abwechselnd haben ihn Josef, dann wieder Sascha auf dem Rücken getragen. Zum Glück ist ihnen keine Wehrmachtsstreife begegnet, denn das wäre das Ende gewesen. »Nie mehr«, sagt Frank weiter am Telefon, »werde ich mich so betrinken, daß ich den Verstand verliere. Aber eine Bitte habe ich an dich, mein Liebes!«
Amüsiert höre ich Franks Worte und bin gespannt, was für eine Bitte ich ihm erfüllen soll. Erst zögert er, aber dann sagt er: »Weißt du, Heiko möchte auch gerne ein nettes Mädel von euch kennenlernen. Vielleicht hast du eine nette Kameradin, die du das nächste Mal mitbringen kannst. Aber sie muß ebenso lieb sein, wie du es bist.« »Ich will sehen, was ich tun kann, sicher wird das möglich sein, das kannst du deinem Oberleutnant bestellen!«
Mehr darf ich Frank nicht sagen, denn mein Fernschreiber rattert. Gerade habe ich Paris an der Strippe. Neugierig frage ich die Teilnehmerin, ob es schön in Paris ist und ob man dort noch soviel kaufen kann wie zu Beginn des Krieges. Wie die Franzosen zu den Deutschen sind, ob nett oder feindse-

lig. »Denkste«, schreibt die Kameradin zurück. Sie ist förmlich und korrekt und hält sich nur an die Qu-Gruppen. »Bitte, QEC für Minsk, bist du KK QTA?« »KK«, schreibe ich, »alberne Ziege«, würde ich am liebsten antworten. Weil die im Westen im Einsatz ist, glaubt sie, etwas Besseres zu sein. Ich gebe ihr die Quittung, und dann ist sie auch schon aus der Leitung verschwunden. Brüssel meldet sich, und ich muß mich beeilen, daß ich mit dem Aufkleben des Streifens fertig werde. Wie gerufen steht plötzlich eine Kameradin neben mir.

»Du hast viel zu tun, Himmelstoß, kann ich dir helfen? In meiner Maschine ist im Moment kein Teilnehmer.« Dankbar blicke ich sie an. Tilly Seidel heißt sie, eine hübsche Brünette mit großen, rehbraunen Augen aus Hannover. Tilly liegt auf einem anderen Zimmer und hat nur in meiner Diensttour Schicht, deshalb kennen wir uns nicht näher. Ich bin froh, daß sie mich fragt, denn ich erhalte ein SSD- und SD-Fernschreiben nach dem anderen, alles wichtige Mitteilungen an die Front.

Da fällt mir Franks Wunsch ein, ja, das ist ein guter Gedanke. Tilly ist eine prima Kameradin, sie ist die richtige Frau für den Oberleutnant Heiko Wieland, nicht eingebildet, sondern nett und hübsch noch dazu.

Auf dem Heimweg halte ich Tilly zurück und flüstere ihr zu, daß ich ihr im Heim etwas Wichtiges zu sagen habe. Erstaunt sieht sie mich an. An diesem Abend haben wir Heimatabend. Es werden Lieder gesungen und lustige Anekdoten aus der Kindheit und Jugendzeit erzählt.

Ich setze mich mit Tilly in die hinterste Reihe, da wir dort ungestört tuscheln können. »Ich habe einen Mann für dich, Tilly«, spreche ich sie an. »Er ist Oberleutnant und ein sehr netter Mensch.« Kopfschüttelnd hört sie mir zu und meint: »Du bist verrückt, auf so einen Gedanken zu kommen, aber erzähle doch weiter!« So erzähle ich ihr alles und beschreibe jeden einzelnen Kameraden von Frank. Tilly denkt erst eine ganze Weile nach, bevor sie antwortet. »Nun, mitgehen kann ich ja einmal, es muß ja nicht unbedingt eine große Liebe werden. Außerdem muß man hier im Heim einmal Abwechslung haben, sonst wird man verrückt von dem täglichen Einerlei.«

Am anderen Morgen rufe ich Frank gleich an und erzähle ihm, daß ich eine nette Kameradin für Heiko Wieland mitbringe. Erst ein paar Tage später haben wir gemeinsam frei und bereiten uns schon für den Ausgang vor. Frank und Heiko sind gekommen, um uns abzuholen.

Heiko und Tilly finden sofort Gefallen aneinander, und lachend erzählt Tilly einige lustige Begebenheiten aus dem Dienst.

An Franks Unterkunft angekommen, mustert Tilly etwas skeptisch diesen unschönen grauen Steinbau.
»Es ist Rußland, mein liebes Fräulein und außerdem noch Krieg. Wir wohnen in keinem Luxusappartement, sondern in einer rauchigen Bude. Es liegt bei Ihnen, ob Sie sich an uns beziehungsweise an unsere Umgebung gewöhnen können?« Tilly lacht laut auf und sagt: »Herr Oberleutnant, wollen Sie über mich spotten oder ist es Ihr Ernst? Ich bin schon länger als ein Jahr im Osten, erst in Polen und nun hier im Mittelabschnitt. Glauben Sie etwa, ich habe in dieser Zeit etwas Schöneres gesehen?«
Ein trauriger Blick liegt auf ihren Gesichtszügen. »Ich habe den Osten satt bis oben hin. Im Frühjahr 1940 habe ich mich freiwillig zum Einsatz in den Osten gemeldet, weil ich eine Patriotin war, und jetzt?« Tilly sieht nachdenklich durch die matten Scheiben des Fensters. »Wenn ich nur endlich hier rauskäme!«
Keiner von uns sagt mehr ein Wort, wir denken nach und fühlen mit Tilly. Aber nur einen kurzen Augenblick stehen wir gedankenverloren auf der Treppe, die zu den angrenzenden Zimmern führt.
Heiko wendet sich seiner Tür zu und sagt: »Wir müssen heute in meinem Zimmer feiern, denn unsere Nachbarn haben keinen Ofen mehr, der liegt auf dem Hof.« Lachend öffnet er die Tür. Wir setzen uns dorthin, wo gerade Platz ist und wärmen uns mit einem Glas Wodka.
»Wir haben in Rußland das Saufen gelernt, wer weiß, welch kurze Zeit unser Stabsregiment noch hier ist, dann geht es wieder an die vorderste Front. Warum sollen wir dieses kurze Glück nicht noch genießen? Verzeihen Sie meine harte Redensweise, aber es ist so!«
Es ist ein herrlicher Nachmittag, und Tilly freut sich, daß sie durch mich in so eine lustige, nette Gesellschaft geraten ist; außerdem sind Heiko und sie schon ein Herz und eine Seele.
Der arme Stabszahlmeister muß den ganzen Nachmittag zusehen, wie zwei verliebte Paare sich unterhalten und küssen. Aber er stört sich nicht daran, denn für ihn ist die Wodkaflasche seine Braut, die er ebenso oft streichelt und liebkost.
Am Abend machen wir uns auf den Rückweg. Reine, klare Luft flutet uns entgegen, ein leichter Schneewind weht in der Stille der Nacht. Wir halten uns an den Händen und gehen schweigend zu unserem Heim. Nach einer herzlichen Verabschiedung von Frank und Heiko betreten wir das Heim und gehen auf unsere Zimmer.

So vergeht ein Tag nach dem anderen. Lilo hat inzwischen bemerkt, daß ich mir Tilly als Freundin ausgesucht habe. Ihr Racheakt läßt auch nicht lange auf sich warten. Sie verpfeift mich bei der Führerin, daß ich mir Ausreden und Lügen ausdenke, um von den angesetzten Appellen befreit zu werden. Gleich darauf folgt meine erste Strafe: in meiner wenigen freien Zeit muß ich Dienst als HvD machen. In meiner Notlage bitte ich Tilly um Rat. Sie kommt auf einen rettenden Gedanken. »Bevor diese Lilo noch mehr Unheil anrichtet, müssen wir ihr unbedingt einen Mann beschaffen. Nur wen, das weiß ich nicht.«
Wir überlegen lange und ernsthaft; irgend etwas muß geschehen. Tilly ist es, die eines Morgens auf den Gedanken kommt, den Zahlmeister mit Lilo bekannt zu machen.
An dieses Zusammenkommen denke ich mit Schrecken. Wenn das nicht klappt, dann wird es noch einen schweren Kampf zwischen uns beiden geben. Tilly redet mit Heiko und er verspricht uns, alles zu arrangieren.

Ein Mann für dich, ein Mann für mich

An dem Tag, an dem wir Lilo zum ersten Mal mitnehmen wollen, überrascht uns in der Früh im Dienst noch ein Telefonanruf. Tilly wird an den Apparat gerufen. Sie gibt nur kurze Antworten, und es entgeht mir nicht, daß sie mich einige Male besorgt ansieht. Die Wachführerin befiehlt ihr, das Gespräch zu beenden, und Tilly legt den Hörer auf die Gabel zurück.
»Frank muß heute morgen für einige Tage verreisen«, flüstert sie mir beim Vorbeigehen leise ins Ohr. »Er muß Geräte in Wilna abholen. Sascha und Josef begleiten ihn. In drei Tagen kommt er wieder zurück. Sei nicht traurig, Elisabeth.« Verstohlen wische ich mir eine Träne aus den Augen. Drei Tage ohne Frank sind für mich eine Ewigkeit.
An diesem Nachmittag haben wir außerdem noch Kleiderappell und können erst im Anschluß daran das Heim verlassen. Überrascht muß ich feststellen, daß mir eine graue Bluse fehlt. Wer hat mir diese Bluse weggenommen und sie versteckt? Mein Verdacht fällt auf Lilo. Sie ist zu allem fähig, nur um mich zu ärgern.
Als wir auf dem langen Gang Aufstellung nehmen, steht Lilo neben mir, und ich mustere sie von Kopf bis Fuß mit einem argwöhnischen Blick. »Sie Schlampe!« schreit mich die Führerin an, als ich ihr den Verlust der Bluse

melde. »Zur Strafe erhalten Sie drei Tage Ausgehverbot, damit Sie sich endlich einmal an Ordnung gewöhnen!«
Ich kann den Verlust der Bluse nicht verstehen und bin todunglücklich darüber, daß mein Vertrauen, den Spind nicht abzuschließen, auf solche Art mißbraucht wird. An diesem Tag darf ich noch einmal ausgehen, bevor ich meinen Pflicht-HvD-Dienst antreten muß. Ich bin schlecht gelaunt, als wir drei das Heim verlassen. Unterwegs redet mir Tilly gut zu und verspricht mir, daß sie mir vorerst eine von ihren Blusen leiht, bis sich meine wiederfindet. Nur Lilo schweigt dazu und ist in einer sehr guten Stimmung. So gehen wir nebeneinander her, und ich werde das Gefühl nicht los, daß der Verlust der Bluse ein Racheakt von Lilo ist.
Die Rolle der charmanten Gastgeberin übernimmt an diesem Tag Tilly. Sie hat Verständnis für meine Traurigkeit und kümmert sich auch um Lilo, die sich schnell und ohne jegliche Hemmungen in unserem Kreis eingelebt hat. Sie ist zwar nicht besonders vom Zahlmeister begeistert, doch als sie von seiner Tätigkeit erfährt, ändert sich das schnell. Für sie ist er der Mann, der ihr ein angenehmes Leben ermöglichen kann, und das ist das Wichtigste.
Es wird gelacht und getrunken, nur ich nippe lustlos am Wodka. Meine Gedanken sind bei Frank, und Heiko zeigt mir auf einer Landkarte, wo er sich ungefähr befindet. Zwei Tage später trifft der Transport wieder in Minsk ein.

Ein Tag nach dem anderen vergeht, die Luft wird wärmer, der Frühling zieht in das russische Land ein. Es ist schon Ende Mai, und teilweise liegt noch Schnee auf den Hügeln außerhalb der Stadt oder auf den Trümmern der abgebrannten Häuser. Das erste Grün sprießt zu kleinen Blüten heran. Ich liebe den Reiz dieses Landes, welches seine Geheimnisse hütet und niemals lüften wird. Es ist voller Sehnsucht und Schwermut, in einem immerwährenden Hoffen auf das Unendliche und doch nie Erreichbare.

Todmüde nach 16 Stunden Nachtdienst lege ich mich gleich nach dem Frühstück schlafen. Um die Mittagszeit werde ich durch lautes Singen geweckt. Es ist Lilo, sie steht neben mir und sagt: »Bleib in der Falle, Himmelstoß, das bißchen Wassersuppe bringe ich dir nach oben.« Erstaunt über diesen ungewohnt freundlichen Ton blicke ich sie an. Sie lacht und meint: »Du hast mir einen netten Freund verschafft, bist ein prima Kerl. Ich mag dich jetzt lieber leiden als am Anfang. Schwamm über das, was gewesen ist, nicht wahr?«

Ich nicke nur, was soll ich auch dazu sagen? Jeder Narr kann an Lilos verändertem Wesen feststellen, wie glücklich sie ist. Sie hat einen Mann gefunden, der ihr ein angenehmes Leben verschafft. Tatsächlich bringt mir Lilo auch mein Essen an das Bett und bemuttert mich.
Gleich nach dem Essen ziehe ich mich an und gehe zu Tilly, da wir heute gemeinsam zu Frank und Heiko wollen. Als ich die Tür zu Tillys Zimmer öffne, tritt mir eine andere Kameradin entgegen und sagt: »Pst, sei still. Es weiß niemand außer mir, aber Tilly ist heute morgen schon ganz früh nach dem Nachtdienst in die Unterkunft ihres Freundes gegangen. Sie wollte dort schlafen, weil es bei uns immer so laut ist. Keine Kameradin nimmt Rücksicht auf die vom Nachtdienst Zurückgekehrten. Ich habe Tilly geholfen, aus dem Heim zu verschwinden, und es hat auch alles prima geklappt. Halte jetzt bloß deine Schnauze und geh.« Nette Kameradin, das habe ich von Tilly nicht erwartet, daß sie einfach ohne mich das Heim verläßt und bei Heiko schläft.

Frank hat des Morgens schon von Heiko erfahren, daß ich an diesem Tag frei habe. Auch weiß er, daß Tilly schon am frühen Morgen auf dem Zimmer seines Oberleutnants verschwunden ist. Aber er fragt nicht und übersieht das lieber. Die ganzen Tage hat er viel gearbeitet, nur heute, an meinem freien Tag, gönnt er sich ein paar schöne Stunden. Ich verlasse gerade das Heim, da kommt mir Frank schon entgegen, um mich abzuholen.
Eine seltsame Stille empfängt uns, als wir Franks Unterkunft betreten. Frank klopft vorsichtig an die Tür des Oberleutnants Heiko Wieland. Er klopft ein zweites Mal, aber nichts rührt sich. In der Stille des Hauses hören wir ein leises Geflüster: Tilly und Heiko liegen immer noch im Bett.
Es ist gut, daß Frank in der Dunkelheit mein enttäuschtes Gesicht nicht sehen kann. Tilly ist also nicht besser als Lilo, sonst würde sie sich nach dieser kurzen Zeit nicht schon einem Mann hingeben. Ohne Frank anzusehen, gehe ich an der Tür des Oberleutnants vorbei zu seinem Zimmer.
Die Tür ist abgeschlossen, und erst nachdem ich ein paarmal heftig gerüttelt habe, wird von innen der Schlüssel herumgedreht und geöffnet. Vor mir steht Lilo. Sie trägt nur einen viel zu kleinen Büstenhalter und ein durchsichtiges knappes Höschen. Aufreizend steht sie so vor Frank. Abscheu und Verachtung empfinde ich für die Kameradin.
»Pfui, schämst du dich denn überhaupt nicht?« Ich spucke vor ihr aus und schlage laut krachend die Tür wieder zu. Frank folgt mir mit gemischten Gefühlen.

Ich sage nur leise: »Laß uns zu Mamymka gehen. Hier will ich heute nicht bleiben, ich schäme mich für meine Kameradinnen.« »Es ist Krieg, mein Liebes«, erwidert Frank. »Wenn sich eine Welt dadurch verändert, dann ändern sich auch die Menschen. Aber ich bin mit einem Spaziergang zu der Russin einverstanden; außerdem haben wir dann noch viel von diesem schönen Tag.« Ein tiefer Seufzer kommt über seine Lippen. Die ganze Sache ist ihm unangenehm, vor allem für mich, denn ich kenne solche Abenteuer noch nicht. Abenteuer, die für einen Soldaten selbstverständlich sind und die er gut verstehen kann.

Eine Weile gehen wir schweigend nebeneinander her. Ich möchte das eben Erlebte nur vergessen. Über solche Dinge kann und will ich nicht mit Frank sprechen, ich würde mich schämen. Er darf nicht denken, daß alle Mädchen gleich sind und wir nur Nachrichtenhelferinnen geworden sind, um so das Leben zu genießen. Wir sind nicht alle gleich! Frank schreckt mich aus meinen traurigen Gedanken auf.

»Liebes, schau, die ersten Frühlingsboten grüßen uns.« Er pflückt von einem Strauch eine kleine Blüte ab und steckt sie mir an meine Uniformjacke. Dabei küßt er mich zärtlich auf die Wange. »Sei nicht mehr traurig, Elisabeth.«

Wir sind noch nicht an der Hütte angelangt, als uns schon von weitem Mamymka entgegenkommt. Freudig kommt sie auf uns zu und drückt herzlich unsere Hände.

Als sie die Tür zur Hütte öffnet, kommt uns ihr Junge humpelnd entgegen. Er ist nicht mehr so scheu wie am Anfang, sondern sieht uns lachend an. Er deutet auf sein Bein, die Russin nimmt den Verband fort und zeigt uns die schon fast verheilte Wunde. Ich freue mich bei dem Anblick und gebe ihr noch einige Medikamente.

Seit einigen Tagen habe ich auch die notwendigen Beziehungen für solche Dinge. Die Opernsängerin hat einen Freund im SS-Lazarett, von dem sie des öfteren Tabletten und Salben bekommt. So tauschen auch wir unter uns mit allen möglichen Dingen.

Ich setze mich auf einen Stuhl und frage Mamymka, ob sie wieder Eier für mich hat. Unschlüssig steht sie vor mir. Ich begreife ihr verändertes Wesen nicht und gebe ihr mit den Händen zu verstehen, daß ich nicht böse bin, wenn sie einmal nichts für mich hat.

Seltsam, was hat Mamymka nur? Ihre Augen wandern unsicher von einem zum anderen. Beinah mißtrauisch verfolge ich ihr Gebahren, auch Frank ergeht es nicht anders.

Sie öffnet eine weitere Tür in ihrer Hütte und läßt sie offen. Ich werfe verstohlen einen Blick in das Zimmer und erschrecke. Da liegt ein Mensch auf der Erde, sein lautes Röcheln läßt mich zusammenzucken. Ich betrete den Raum und frage Mamymka: »Wieder Panje, Sohn krank?« Sie sieht mich mit einem ängstlichen Blick an und nickt. Frank aber sagt sofort: »Das ist nicht ihr Sohn, das ist ja ein Mann in meinem Alter, bestimmt ein Partisan. Die Alte scheint mir gefährlich zu werden. Komm, mein Liebes, wir gehen und verzichten lieber auf die Eier.«

Erst will ich Franks Worten folgen, aber dann erschüttert mich dieses Bild: ein todkranker Mensch ohne Hilfe. Der Herrgott wird es mir nicht verzeihen, wenn ich diesen unglücklichen Menschen seinem Schicksal überlasse.

»Bitte, Frank, laß mich nur einen Augenblick nach dem Kranken sehen.« Ich reiße mich von ihm los und eile zur Hütte zurück. Er ruft mir noch nach, daß die Partisanen grausam sind und jeden deutschen Verwundeten töten.

Als ich an das Lager des Russen herantrete, funkeln mich die fiebernden Augen haßerfüllt an, als habe er Franks Worte verstanden. Er windet sich vor Schmerzen auf seinem dürftigen Lager und stößt wimmernde Laute aus. Mamymka steht hinter mir, sie nimmt die schmutzigen Decken von dem kranken Bein. Dunkelrotes Blut klebt daran, es ist stark vereitert. Ich reinige erst die Wunde und bemerke, daß eine Kugel sein Bein durchbohrt hat. Soviel ich im ersten Augenblick sehen kann, sind seine Knochen unverletzt. Es vergeht eine lange Zeit, bis ich die Wunde des Russen desinfiziert und vorschriftsmäßig verbunden habe.

Vorwurfsvoll denke ich daran, daß Frank meine Hilfsbereitschaft nicht verstehen kann und beeile mich mit der Behandlung des Kranken. Bevor ich das Lager des Schwerverletzten verlasse, flöße ich ihm noch einige in Wasser aufgelöste schmerzstillende Tabletten ein. Und als der Kranke seine Augen schließt, sieht er mich mit einem Blick voller Dankbarkeit an.

Mamymka steht noch immer neben mir. Sie weint leise vor sich hin und hat ihre Hände zum Gebet gefaltet. Ich drücke ihr ein Medaillon in die Hand, die Weiße Madonna von Ettal. Erstaunt betrachtet sie mein Geschenk eine ganze Weile, als könne sie nicht begreifen, daß auch ich fromm bin. Immer wieder starrt sie erst auf das kleine Medaillon und dann auf die Ikone, die in einer verborgenen Ecke des Raumes auf einem an der Wand angebrachten Brett steht. Ein Leuchten fliegt plötzlich über ihr Gesicht, jetzt hat sie alles verstanden. Die Mutter Gottes auf dem Medaillon gleicht ihrer Ikone. Zärtlich küßt sie dieses Medaillon und spricht viele russische

Worte, die ich nicht verstehe. Dann steckt sie es in den Ausschnitt ihres Kleides und verläßt das Zimmer. Als sie zurückkommt, gibt sie mir eine große Schüssel voll Eier.
Ich danke Mamymka, sie drückt mir beim Abschied herzlich die Hände und küßt mich auf die Stirn. Die restliche Medizin stelle ich ihr auf den Tisch und deute wiederum mit den Händen an, wie sie alles anwenden soll.

Zerbrochene Eier

Ich gehe nach draußen, um nach Frank zu sehen. Ich rufe ein paarmal seinen Namen, kann ihn aber nirgends erblicken. Überraschend steht er plötzlich neben mir und sagt: »Ich habe den Tag besser ausgenutzt als du und habe in der herrlichen Frühlingssonne einen Spaziergang gemacht; es war wunderbar.« »Bist du mir nun böse, Frank?« Er schüttelt den Kopf: »Nein, aber dieser dreckige Partisan war es nicht wert, denn Mamymkas Sohn ist er bestimmt nicht.«
Ich gebe ihm darauf keine Antwort, sondern bitte ihn, die restlichen Eier in seiner Manteltasche unterzubringen, da meine Tasche voll ist. »Das war das letzte Mal, daß wir zu der Russin gegangen sind«, sagt er. Nur wenige Schritte sind wir von der Hütte entfernt, da eilt uns die alte Russin noch nach und gibt mir etwas Eingewickeltes in die Hände. Ich entferne sofort die Umhüllung und sehe, daß es Fleisch ist, nur was für ein Fleisch, das weiß ich nicht. Wir riechen beide daran, es könnte Ziegenfleisch sein. Die Farbe ist zartrosa, und außerdem riecht es sehr frisch.
»Wenn ich morgen früh vom Dienst zurückkomme, werde ich es bei dir in der Unterkunft braten. Schließlich habe ich im Kloster auch Kochen gelernt.« Frank horcht auf. »Im Kloster? Warum hast du mir noch nie etwas davon erzählt?« Neugierig bestürmt er mich mit Fragen. Ich schneide ein anderes Thema an, doch Frank besteht darauf, daß ich ihm etwas von mir erzählen soll. »Wirst du mich dann auch noch liebhaben?« flehe ich ihn mit erschrockenen Augen an. Er muß lachen und sagt: »Was es auch immer ist, du gehörst zu mir, ein ganzes Leben lang.«
Diese Worte machen mich glücklich und so erzähle ich ihm einiges von meiner Familie, nur über Großvaters und Vaters Schicksal schweige ich mich aus. »Ich bin heute arm und keine reiche Bauerstochter mehr. Willst du mich trotzdem noch haben?«

Da lacht er plötzlich ganz laut: »Du Dummes, was denkst du nur von mir?« Er umarmt mich zärtlich und gibt mir einen Kuß. An einem großen Hügel setzen wir uns für ein paar Minuten auf einen Baumstumpf.
Der leichte Wind spielt in meinen Haaren, auch Frank hat seine Mütze abgesetzt und seine welligen Haare werden vom Wind zerzaust. Über so vieles muß ich im Augenblick nachdenken. Franks Gesicht wirkt nachdenklich und ein wenig traurig. Wieder einmal treffen sich unsere Gedanken gemeinsam. »Bist du aktiv bei der Wehrmacht?« frage ich Frank und er nickt. »Das wollte ich dir gerade sagen, du hast meine Gedanken ausgesprochen. Weiß du, es ist wunderbar, einen so guten Freund wie Heiko zu haben. Obwohl er Offizier ist, ist er in seinem Wesen derselbe geblieben. Unser Leben hat so ziemlich die gleiche Prägung. Ich meine damit vor allem unsere gemeinsame Vergangenheit. Auch Heiko kommt aus einfachen Verhältnissen, nur war er noch strebsamer als ich und hat es im Leben schneller zu etwas gebracht.« Er sieht mich von der Seite an und lächelt sein jungenhaftes Lächeln, das ich so sehr an ihm liebe. »Heiko hat mich zum Offizier vorgeschlagen und Oberst von Leipnitz braucht nur noch die Bestätigung zu unterschreiben. Dann kann ich nach Berlin fahren, um die Schule für Offiziersanwärter zu besuchen. Ich wäre so glücklich, wenn alles klappen würde.« Frank drückt meine Hände an seine Brust, ich kann seinen Herzschlag spüren.
»Ich möchte dir ein besseres Leben bieten. Glaube mir, mein Liebes, Nacht für Nacht denke ich darüber nach.« Als ich meine Hände von seiner Brust zurückziehen möchte, küßt er sie und hält etwas Glänzendes in seinen Händen.
»Ein Ring«, rufe ich entzückt. »Frank, wo hast du diesen Ring her?« Er steckt den schmalen silbernen Reif an meinen Finger, und ich brauche einige Zeit, um alles zu begreifen. »Das ist unser Verlobungsring. Ich habe ihn schon seit zwei Tagen in der Tasche.« Oh ja, ich möchte glücklich sein, gerade jetzt, wo ich seine Verlobte bin und wir uns für ein ganzes Leben versprochen haben. Franks Worte geben mir Sicherheit. »Mein Liebes, weißt du, ein liebendes Herz fragt nicht nach Reichtum, es will nur lieben und verstanden sein, selbstlos und losgelöst von allem.« Ich höre Frank mit halbgeschlossenen Augen zu. Meine Lippen sehnen sich nach ihm. Stürmisch küsse ich ihn, seinen Mund, seine Augen, seine Nase, sein ganzes Gesicht.
Da stößt Frank einen Schrei aus: »Die Eier!« Ach du liebe Güte, die haben wir ganz vergessen.

Frank hat bereits Rühreier in seiner Manteltasche, und so müssen wir wohl oder übel aufbrechen; schade, langsam beginne ich Tilly und Lilo zu verstehen. Frank erhebt sich behutsam von seinem Sitzplatz auf dem Baumstumpf, und mit schnellen Schritten gehen wir in Richtung Heim.

Unsere Verlobungsfeier

Tilly ist immer noch in der Unterkunft. »Du bist mir doch nicht böse, Elisabeth, daß ich schon so früh aus dem Heim fortgegangen bin?« »Oh nein«, ich spiele mit meinen Fingern, um Tilly nicht ansehen zu müssen. »Warum sollte ich dir böse sein, du brauchst mir über dein Tun doch keine Rechenschaft abzulegen.«
Achselzuckend sitze ich neben ihr, da umfaßt sie impulsiv meine Hände. »Herzlichen Glückwunsch. Ich habe gewußt, daß ihr euch heute verlobt.« Sie zieht mich zu sich heran und flüstert mir zu: »Sascha hat es verraten, er hat eure Ringe geschmiedet.«
Von irgendwoher erklingt herrliche Musik, gespannt horchen wir alle auf. »Bitte, kommt mit, ich glaube, draußen erwartet uns eine Überraschung.« Frank und ich verlassen den Raum und sehen im Dunkeln zwei Gestalten auf uns zukommen. Als sich unsere Augen an die Dunkelheit gewöhnt haben, erkennen wir Sascha und Josef. Sascha trägt eine Balalaika unter dem Arm. Sicher haben die beiden eine Überraschung für unsere Verlobung geplant. »Glückwunsch für den Feldwebel und seine Frau«, ruft uns Sascha freudig zu. »Ich singe euch ein russisches Hochzeitslied vor der Tür. Warum ihr seid nicht im Zimmer?« Sie folgen uns in das Zimmer von Heiko. Tilly strahlt uns vergnügt an.
Sascha verläßt den Raum, und als er zurückkommt, poltert er mit Flaschen voller Schnaps und sonstigen Dingen zur Tür herein. Heiko schüttelt nur den Kopf und meint: »Sascha, du bist ein Tausendsassa. Wo hat du das bloß alles her?«
»Alles organisiert, Oberleutnant, für Feldwebel und Frau.« Ein schalkhaftes Lächeln liegt um seinen Mund, als er fortfährt: »Nur ein Huhn habe ich nicht bekommen, ist immer weggelaufen. Ich habe auch Eierlikör gemacht für das Fräulein, denn Fräulein trinkt nicht gerne Wodka.«
Mir ist richtig glücklich zumute. Der leichtsinnige Sascha ist trotz allem ein prächtiger Bursche. Sascha greift nach seiner Balalaika und singt uns ein Lied

seiner Heimat vor, ein russisches Volkslied voll tiefer Sehnsucht. Wir sind so ergriffen, daß keiner es wagt, ein Wort zu sprechen.
Mit Besorgnis sehen wir auf die Uhr, es ist Zeit zum Aufbrechen, wir müssen ins Heim zurück. So beenden wir unser Beisammensein mit dem Versprechen, die Verlobungsfeier an einem anderen Tag nachzuholen.
Sascha spielt noch immer auf der Balalaika, und ich will ihn unterbrechen, weil wir uns verabschieden müssen, um den Zapfenstreich nicht zu versäumen. Da flüstert mir Tilly leise ins Ohr: »Sascha spielt so wunderschön, laß ihn sein russisches Lied zu Ende singen.«
So lausche ich noch einmal der Musik und fühle in meinem Herzen die Sehnsucht nach der Heimat, wie sie auch Sascha verspürt.

Abschied von Frank

Der nächste Tag wird lang, nachmittags ist Kleiderappell angesetzt und anschließend Sport.
Endlich, nach zwei Stunden, haben wir den leidigen Appell hinter uns und sollen anschließend im Garten arbeiten. Ich verspüre nicht die geringste Lust, nach zwölf Stunden Dienst noch mehr zu tun. Wenn Tilly und Lilo es verstanden haben, sich heimlich aus dem Heim zu entfernen, warum soll ich es nicht auch versuchen?
In meinem Zimmer ziehe ich schnell meinen Mantel an, setze das Käppi auf und schleiche mich mit viel Herzklopfen aus dem Haus.
Als zwei Soldaten schweigend an mir vorbeimarschieren, schließe ich mich ihnen einfach an, ohne sie zu fragen. Nach einer Weile sehen sie sich um und lachen. Erst jetzt bekomme ich Mut und bitte sie, mich doch die wenigen Meter bis zu der Unterkunft des Stabsregiments zu begleiten. Dankend verabschiede ich mich vor der Tür von ihnen und laufe wie der Blitz die Treppen hinauf zu Franks Zimmer.
Diesmal werde ich angenehm überrascht. Lilo hat den Kaffeetisch schön gedeckt und ruft mir bei meinem Eintreten zu: »Na, das habe ich auch erwartet, daß du noch hinter uns herkommst. Unsere Alte, die Führerin, hat ja auch einen Vogel. Die glaubt wohl, wir sind Maschinen, die nie aufhören dürfen zu arbeiten.«
Doch als sich der Inspekteur zu uns gesellt, ist es mit der gemütlichen Stimmung vorbei.

Sein Blick geht zu Frank: »Leutnant Clasing, wie hört sich das an? Ja, ja, Herr Feldwebel, erst aber kommt die Offiziersschule in Berlin, ist nicht ganz einfach. Sie werden es aber schaffen, davon bin ich überzeugt. So schnell kann sich alles verändern, meine Herren, und dieses schöne Leben hier währt leider nur eine kurze Zeit.«
Ich habe einen bitteren Geschmack auf der Zunge. Über die Nachricht des Inspekteurs kann ich mich nicht freuen, auch wenn Frank die Möglichkeit gegeben wird, Offizier zu werden. Er wird von hier fortgehen, und ich bin dann wieder allein. Verstohlen wische ich mir Tränen aus den Augen, und Frank sagt: »Herr Inspekteur, Sie hätten mit dieser Nachricht noch warten können. Schließlich habe ich mich gestern erst verlobt. Ihnen wäre so eine ungewollte Überraschung auch nicht angenehm gewesen. Meine Braut hätte früh genug erfahren, was mit unserem Stabsregiment geschieht.« Ein peinliches Schweigen ist nach diesen Worten eingetreten.
Es sind doch erst sechs Wochen, die wir uns kennen und in einer Stadt zusammenleben dürfen. Ich sitze neben Frank und habe mich fest an ihn geklammert, als wollte ich ihn nie mehr loslassen.
So endet dieser Tag in leiser Wehmut, und auf dem Nachhauseweg sprechen wir nicht viel. Kurz vor dem Heim finden sich noch einmal unsere Lippen zu einem innigen Kuß.
»Alles Glück auf dieser Welt nimmt einmal ein Ende.« »Nicht für uns beide, wir werden immer glücklich miteinander sein«, flüstere ich und halte meine Wange an sein Gesicht. Franks Hände streicheln mich zärtlich. »Für uns muß das Glück ewig währen. Versprich es mir, mein Liebes, daß du mir treu und so gut und rein in deinem Charakter bleibst, wie du es jetzt bist. Genauso möchte ich dich wiederhaben, und so sollst du meine Frau werden. Versprich es mir!« Die letzten Minuten sind gekommen, wir müssen uns trennen, es ist Zeit für den Zapfenstreich. In dieser Nacht weine ich noch lange in meinem Bett und schlafe erst nach Mitternacht ein.

Bereits nach wenigen Tagen teilt Tilly mir mit, daß Frank als erster Minsk verlassen muß. »Ich sollte es dir eigentlich noch nicht sagen, Elisabeth, aber es ist besser so, daß du dich darauf vorbereiten kannst, sonst nimmst du es allzu schwer, wenn Frank es dir mitteilt.«
Bei einem russischen Fotografen läßt Frank eine Porträtaufnahme von mir machen, es wird wunderschön. Und dann kommt der Tag des Abschieds.

Ich habe zwar Dienst, aber Tilly vertritt mich und meldet mich so unauffällig wie nur möglich vom Dienst ab, damit ich wenigstens die letzten Stunden noch mit Frank verbringen kann. Diese schönen und zugleich schmerzlichen Stunden werde ich nie vergessen, noch viel weniger den Abschied.

Schon vier Tage später erhalte ich den ersten Brief von Frank aus Berlin. Er schreibt, daß außer ihm noch einige Feldwebel die Schulbank drücken, und sonst wären es vor allem Fähnriche, angehende Offiziere. Frank ist zum ersten Mal in Berlin, und für ihn ist diese Stadt, das Herz Deutschlands, eine große Sehenswürdigkeit.
Diese Zeilen sind mein einziger Trost. Ich selbst schreibe jeden Tag, ich muß meine Gedanken und Gefühle für ihn zum Ausdruck bringen, so wie ich es getan habe, als er noch bei mir war.

Der Partisan

Tilly versucht, mich über meine Einsamkeit hinwegzutrösten, indem sie mich immer zu Heiko mitnimmt. Doch ich kann die Lücke, die durch Franks Abwesenheit entstanden ist, einfach nicht so schnell füllen. Das Schlimmste aber ist, daß ich nun auch keine Lebensmittel mehr bekomme und wieder hungern muß wie zuvor. Zwar habe ich noch Mamymka, und sooft ich frei habe, gehe ich zu ihr und pflege für Eier und Speck ihre Kranken. Aber ich habe ein ungutes Gefühl dabei. Warum eigentlich bin ich so leichtsinnig? Vielleicht hat Frank recht, und die Kranken sind Partisanen. Jetzt, wo ich das zweite und dritte Mal komme, ist wieder ein Verwundeter dazugekommen. Ich habe sie beide gepflegt, ihre Wunden gereinigt und verbunden, weil ich Mitleid mit ihnen hatte.
Dem ersten Kranken geht es von Tag zu Tag besser. Er kann, auf Stöcke gestützt, schon wieder gehen. Mamymka zeigt mir dieses auch gleich bei meinem nächsten Eintreffen in ihrer Hütte.

Es ist herrliches Wetter, als ich mit den Kameradinnen zum Dienst gehe. Die kleine orthodoxe Kirche, an der wir jeden Tag vorbeigehen, erstrahlt in der hellen Wintersonne. Sie ist zum Teil ausgebrannt, aber der kleine Altar ist unbeschädigt. Ich pflücke schnell ein paar Feldblumen und stelle sie in einer Vase auf den Altar.

An einem Abend, als wir nach elf Stunden Dienst in das Heim zurückkehren, kommt ein altes Mütterchen aus der Kirche und schenkt uns einen wohlwollenden Blick. Es gibt mehr fromme Menschen in diesem Land, als wir ahnen. Sie beten im verborgenen, weil sie Angst haben, dafür bestraft zu werden. Fast in jedem Haus ist eine Ikone versteckt, ein Schleier muß die Mutter Gottes verbergen. Das habe ich in Polen erlebt, und nun ist es auch in Rußland nicht anders. Warum läßt man diesen Menschen nicht die Freiheit des Glaubens? Auch vor den Deutschen haben sie Angst, weil sie Hitler für gottlos halten. Manche vergleichen ihn sogar mit Stalin, sie sprechen es nur nicht aus. Unwillkürlich muß ich an Mamymka denken, als sie einmal zu Frank sagte, »Hitler nix gutt, Stalin nix gutt«, und dabei mit der Hand den Griff eines Henkers machte.
Morgen werde ich noch einmal zu Mamymka gehen. Jetzt, wo ich allein bin, gehe ich den Weg dorthin nicht mehr gerne. Ich komme mir so verlassen vor und habe auch ein wenig Angst. Das Rauschen der Wälder macht mich nervös. Schließlich trage ich eine deutsche Uniform, die man schon von weitem sehen kann.

Als ich am nächsten Tag vom Dienst zurückkomme, erlebe ich die erste Überraschung. Auf meinem Bett liegt eine Bluse. Kopfschüttelnd betrachte ich diesen Lappen, denn nach mehr sieht es nicht aus, verwaschen und zerrissen. Schon will ich ihn in eine Ecke werfen, da erblicke ich am unteren Rand der Innenseite mein Monogramm, E.H. Beinahe ein Ding der Unmöglichkeit, daß so ein Fetzen meine Bluse sein soll. Ich sehe es mir genau an, und dann erkenne ich auch meine gestohlene Bluse. Als lumpigen Fetzen hat man sie mir wieder zurückgegeben. An was man sich nur alles gewöhnen muß. Ehrlichkeit und Moral, was sind das nur für abstrakte Begriffe! Melde ich der Führerin diesen Vorfall, wird sie mir sicherlich nicht glauben. Was soll ich also tun? Ich erzähle Tilly die ganze Geschichte und sie rät mir, beim nächsten Appell die Bluse als Fundstück vorzuzeigen, vielleicht meldet sich jemand und schon ist der Täter gestellt. Aber wer ist schon so dumm, sich selbst zu verraten? So lege ich diesen Fetzen vorerst in die hinterste Ecke meines Spindes, damit ihn niemand sieht.
Ich möchte heute wieder zu Mamymka gehen und warte sehnsüchtig darauf, daß die ersten Kameradinnen das Heim verlassen. Zwei Stunden muß ich mich gedulden, dann kann ich hinter vier Helferinnen herschleichen und nach einer Weile in einer Seitenstraße verschwinde.

Ängstlich spähe ich in alle Richtungen, und horche, während ich eilig marschiere, auf jeden fremden Laut.
Endlich taucht die Hütte in der Ferne auf. Ich bin erleichtert, wieder einmal habe ich es geschafft. Die Tür steht sperrangelweit auf, aber Mamymka ist nirgends zu sehen. Wahrscheinlich ist sie im Stall, aber ich will erst einmal nach den Kranken sehen. Als ich den Raum betrete, geht eine Tür auf, und vor mir steht der kranke Russe, auf Stöcke gestützt. »Germanski«, sagt er nur und läßt mich eintreten. Er selbst humpelt an mir vorbei nach draußen. In der rechten Hand hält er krampfhaft etwas umklammert, ich kann in der Dunkelheit nicht erkennen, was es ist. Ich sehe nur, wie seine stechenden Augen etwas suchen.
Noch ehe Mamymka in die Hütte zurückkehrt, kommt der Bärtige wieder herein. Ein Schwall von Flüchen kommt über seine Lippen, etwas fällt zur Erde. Ein Revolver! Jetzt weiß ich auch, wen er gesucht hat, Frank! Er wollte den Deutschen töten, der ihn einen dreckigen Partisanen genannt hat. Ich brauche all diese russischen Worte nicht zu verstehen, diesen Menschen hier habe ich verstanden. Das ist nun der Dank für meine Hilfe. Mir wird klar, daß Menschen in ihrem abgrundtiefen Haß nicht mehr denken, sondern nur blind handeln, um sich zu rächen, weil sie nicht anders können und wollen.
Endlich kommt Mamymka zur Tür herein, sie begreift sofort, was geschehen ist. Ohne ein Wort sagen zu können, taste ich mich zur Haustür und laufe davon. Lieber will ich hungern, als für meine Hilfe getötet zu werden. Ich renne wie eine Besessene, als ich die ersten Hügel hinter mir habe, falle ich erschöpft in eine Mulde. Noch immer höre ich von weitem Mamymkas Stimme. Sie wird traurig sein, daß niemand mehr ihre Kranken pflegt.
Es ist das letzte Mal, daß ich diesen gefährlichen Weg gegangen bin, und ich bin froh, als ich das Heim sicher erreiche.

Bomben, Hunger und Typhus

Nach dem Essen schalten wir das Radio ein, um Nachrichten zu hören, aber unentwegt spricht ein russischer Sender dazwischen. Über seine Parolen wie »Deutsche kommt zu uns, ihr verliert den Krieg. Hitlers Generale und der Duce pfeifen aus dem letzten Loch«, müssen wir lachen. Ärgerlich schaltet eine Kameradin den Apparat ab. Wir versuchen noch einmal, einen einigermaßen guten Sender zu bekommen, um wenigstens ein bißchen Wahrheit über unsere Heimat zu erfahren, denn alle bangen um ihre Eltern und Geschwister. Die Bombenangriffe nehmen in Deutschland täglich zu, und wir können nur jeden Morgen ängstlich fragen: »Hast du die Nachrichten gehört?« oder: »War in der letzten Nacht wieder ein Angriff?« Diese Ungewißheit ist für uns unerträglich.

Genau um 14.30 Uhr läutet die Glocke zum Appell, wie jeden Tag. Als erstes werden die Namen derjenigen aufgerufen, die zur Typhus-Impfung vorgesehen sind. Der endgültige Termin wird am Schwarzen Brett bekanntgegeben. Nach dieser Mitteilung übergebe ich meine gestohlene Bluse als Fundstück, das Monogramm habe ich entfernt. Eine Oberhelferin reicht sie zum Ansehen an die erste Reihe, und von dort wandert dieser Lappen von Hand zu Hand. Natürlich will ihn keine erkennen.

Die erste Reihe hat die Führerin inzwischen inspiziert, und sie kann abtreten. Sie ist schon in der Mitte der zweiten Reihe, da höre ich einen Namen: »Ingrid Körner, der dritte Knopf an Ihrer Bluse sitzt locker; annähen. Haben Sie es noch nicht bemerkt?«

»Entschuldigen Sie bitte, Führerin«, erwidert die Angesprochene. »Es muß eben erst passiert sein.«

»Nähen Sie ihn gelegentlich an«, mahnt die Führerin noch einmal. Über diese ungewohnte Höflichkeit kann man sich nur wundern, dieser Ton herrscht aber leider nur bei gewissen Helferinnen. Ingrid Körner ist die Nichte eines Generals in Afrika. Sonst hätte nämlich die Mahnung der Führerin geheißen: »Sie Schlampe, sehen Sie nicht, daß der Knopf an Ihrer Bluse locker sitzt? Für Männer habt ihr immer Augen, nicht aber für Ordnung. Den Knopf annähen, und als Strafe für diese Unordnung drei Tage HvD in Ihrer freien Zeit.«

In der dritten Reihe ist es Monika Brinker, die aufgerufen wird. Sie ist die Tochter eines Stabszahlmeisters. »Helferin Brinker, melden Sie sich morgen um 9.00 Uhr bei mir. Sie müssen neue Schuhe haben. Mit diesen abgetretenen Dingern können Sie unmöglich noch länger zum Dienst gehen.« Wenn die Führerin gute Augen hätte, müßte sie sehen, daß viele Helferinnen neue Schuhe brauchen. Nun ja, Monika Brinker sieht wohlgenährt aus, und die Pakete aus der Heimat kommen auch an. Ihr Herr Papa wird schon für sein hungerndes Töchterchen sorgen können. An mir hat sie diesmal nichts auszusetzen, ich habe meine Sachen vollzählig, und alles ist in Ordnung. Damit ist der Appell beendet, und wir können auf unsere Zimmer gehen.

Kurz vor dem Löschen des Lichtes kommt noch die letzte Kameradin auf die Stube gestürmt und ruft ganz laut in das Zimmer: »Ich habe die Nachrichten

gehört, diesmal ging es ohne Störung. Der Russe konnte nicht dazwischen funken.« »Und was gibt es Neues?« fragen wir wie aus einem Munde.
»Na, immer dasselbe, die Bombenangriffe nehmen von Tag zu Tag in der Heimat zu. Außerdem werden vor allem hier in Rußland verschärft deutsche Patrouillen eingesetzt. Auch die Partisanengefahr nimmt ständig zu. Für uns gibt es sicher morgen wieder einen Appell mit der Mahnung, nur noch mit mehreren Kameradinnen oder Soldaten auszugehen.«
Ihre Worte sollen sich am nächsten Tag bewahrheiten. In einem Appell wird uns mitgeteilt, daß wir schon um 17.00 Uhr Zapfenstreich haben und das Stadtgebiet nicht mehr verlassen dürfen.

Unsere Lage hier in Rußland wird immer schwieriger. Viele Mädel haben keine Beziehungen mehr, um Lebensmittel zu organisieren. Die einzigen, die sich satt essen können, sind Tilly und Lilo. Manchmal schenkt mir Tilly ein paar belegte Butterbrote, es reicht aber trotzdem nicht, um den Hunger zu stillen. Oftmals liege ich in der Nacht nicht wegen der Flöhe, sondern wegen des Hungers stundenlang wach. Ich bin schon genauso wie der alte Dimi mit einem verschimmelten Stück Brot zufrieden.

Die Fernschreiber rasseln jetzt täglich auf Hochtouren. Wir sind fast alle überarbeitet. Einige Mädel fallen wegen Nervenentzündungen an den Händen vom Dienst aus. Ihre Finger sind steif und dick angeschwollen. Endlich schickt Gießen 21 Neue zu unserer Entlastung. Sie sind alle noch sehr jung und kennen dieses Land noch nicht, sie sind voller Illusionen. Nicht einmal über die karge Verpflegung murren sie. Sie glauben an den Sieg und träumen davon, daß eines Tages die Hakenkreuzfahne über Moskau weht. Wir anderen lachen nur, sagen aber nichts. Sie müssen erst hungern und frieren und dann noch die Angst im Nacken haben, aus diesem Land nicht mehr herauszukommen. Auch auf meine Stube kommen noch drei Neue hinzu. Wir müssen noch enger zusammenrücken und unsere Spinde mit ihnen teilen. Es ist ein aufreibendes, nervenzermürbendes Leben: keinen Schlaf, schlechte, unzureichende Verpflegung und die ständige Angst.

Meine Augen sind vor Übermüdung entzündet und rot unterlaufen. Nur mit allergrößter Mühe kann ich noch Briefe an Frank schreiben, es ist das einzige, was mir noch Mut gibt.

Leider werden wir auch von dem täglichen Geschwätz über die neu angekündigten Wunderwaffen V 1 und V 2 nicht satt. Sogar Lilo jammert oft über die traurigen Verhältnisse und flucht manchmal darüber, daß sie nicht schwanger ist, um in die Heimat geschickt zu werden. Für viele ist dies die letzte Hoffnung und der letzte Ausweg, um nach Hause zu kommen.
Wir alle sehen blaß und fahl aus, auch ich fühle mich nicht wohl. Ich habe heute Nachmittagsdienst und gehe gleich nach dem Frühstück am Schwarzen Brett vorbei, um nach der Hausordnung zu sehen. Zu meinem Entsetzen sehe ich auch meinen Namen unter den Helferinnen, die in zwei Tagen eine Typhus-Impfung bekommen sollen. Ich habe genug von den vielen Spritzen; mein Po sieht schon aus wie ein Fliegenpilz. Jede Stelle tut mir weh, und jetzt wieder eine Spritze, wo es mir sowieso schon schlechtgeht!
Ich finde mich rechtzeitig mit Tilly auf der Sanitätsstelle zur Typhus-Impfung ein. Als ich an die Reihe komme, schüttelt der Arzt den Kopf und sagt: »An Ihrem mageren Körper weiß ich wirklich nicht, wo ich die Spritze noch ansetzen soll. Der Körper ist eine einzige Katastrophe.«
Auf das Mittagessen verzichte ich, da ich keinen Hunger verspüre. Auch quält mich ein fürchterlicher Brechreiz. Bis zum Nachtdienst, den ich laut Anordnung der Führerin machen muß, lege ich mich noch ins Bett.
Bevor ich mit den anderen Helferinnen das Heim verlasse, lasse ich mir in der Küche mein Abendbrot einpacken, möglicherweise bekomme ich im Dienst etwas Hunger.
Schweigend marschieren wir zum Dienstgebäude. Der Abend ist schwül und die Luft dunstig. Mein Atem geht langsam und schwer, und der Wachposten neben mir lacht über meine schwerfälligen Schritte.
Im Dienst muß ich mich in den ersten Stunden arg zusammenreißen. Es geht bereits auf Mitternacht zu, als mir plötzlich fürchterlich schwindelig wird. Es ist zum Verrücktwerden, nicht einmal eine Sekunde kann ich von den Tasten hochblicken. Ausgerechnet jetzt klingelt das Telefon am Feldfernschreiber, und ich bin die einzige, die es bedienen kann. Durch das Telefon höre ich das Knattern von schweren Geschützen, das Fernschreiben kommt direkt von der vordersten Front.
»Sofort an das Führerhauptquartier weitergeben«, schreit eine Stimme in das Telefon, und dann kommt durch den Feldfernschreiber ein verschlüsselter KR-GKDOS. Gehetzt laufe ich von einem Fernschreiber zum anderen. Einige Male ist der Feldfernschreiber gestört, Buchstaben und Zahlen tanzen vor meinen Augen.

Wieder geht das Telefon, aber durch den Kanonendonner kann ich alles schlecht verstehen, ich höre nur Stalingrad und dann steht die Verbindung endlich. Sofort trenne ich alle Leitungen am Springschreiber, um bis zum Führerhauptquartier durchzukommen, und erhalte QTA, damit ich es durchrattern kann. Es ist gut, daß ich die Leitkarte durch Rußland bis in alle Einzelheiten studiert habe, so habe ich den schnellsten Weg nach Berlin gefunden. Der Schweiß rinnt mir von der Stirn. Gerade bin ich mit meinem wichtigen KR-GKDOS fertig und warte auf die Quittung meiner Kameradin aus Berlin, daß sie mein Schreiben erhalten hat, da falle ich ohnmächtig vom Stuhl.

Drei Tage lang schwebe ich zwischen Leben und Tod, am vierten Tag öffne ich wieder die Augen. Verwundert schaue ich in das Gesicht einer Schwester. Sie sieht mich freundlich lächelnd an. Dann wird es wieder dunkel um mich. Als ich meine Augen erneut öffne, strahlt helles Licht im Raum. »Wo bin ich?« frage ich die Schwester. Es fällt mir unendlich schwer, diese Worte auszusprechen. »Sie sind auf dem Weg der Besserung und haben das Schlimmste überstanden.« Unter der Bettdecke falte ich meine Hände und danke der Jungfrau Maria.

Erholung in Riga

Der Hungertyphus hat mich sehr geschwächt, und nur langsam kehren meine Kräfte zurück. Erst drei Wochen später versuche ich, zum ersten Mal wieder aufzustehen. Der Arzt und die Schwestern sind sehr nett zu mir. Voller Zuversicht sehe ich wieder in die Zukunft. Vor allem aber warte ich sehnsüchtig auf Besuch und hoffe, daß ich nun bald Kameradinnen aus dem Heim empfangen darf. Besonders freue ich mich auf Tilly.
Zaghaft klopft jemand an die Tür. »Herein!« erwartungsvoll sehe ich zum Eingang. »Tilly!« ich bin außer mir vor Freude, »endlich kommst du einmal zu mir.« »Ich durfte dich nicht eher besuchen, weil du so schwer krank warst, wir haben alle das Schlimmste befürchtet. Ich freue mich aber sehr, daß es dir nun besser geht.« Sie sieht mich forschend und traurig an. »Warum sprichst du nicht, Tilly? Sag doch etwas!« »Ja, verzeih mir, du hast dich so sehr verändert.«
Sie streichelt mir liebevoll über das Haar und holt eine Menge Briefe aus ihrer Tasche. »Alles Briefe von Frank«, jubel ich. Nicht schnell genug kann

ich die Briefe öffnen. Tilly läßt mich mit meinen Gedanken allein und freut sich über mein Glück.
Für Stunden vergesse ich Krankheit und Traurigkeit. Tilly hat für mich nur liebe und tröstende Worte und überrascht mich mit vielen Neuigkeiten. Ich bitte sie um dies und jenes und erinnere sie an Toilettensachen. »Bitte, Tilly, reiche mir einen Spiegel. Ich selbst habe keinen.«
»Ich werde bald heiraten«, platzt Tilly heraus, »und du kommst zur Erholung an den schönen Ostseestrand. Ich habe dir zuliebe vorerst verzichtet.«
»Oh, Tilly, ich freue mich über dein Glück. Auch ich werde die Hoffnung nicht aufgeben, Frank bald wiederzusehen. Aber nun reich mir endlich den Spiegel und einen Kamm.« Umständlich kramt Tilly die gewünschten Sachen aus ihrer Tasche hervor. Nur ungern kommt sie meinem Wunsch nach. »Tilly«, schreie ich erschreckt, »das bin ich?«
Aus dem Spiegel sieht mir ein hohlwangiges Gesicht mit tiefliegenden Augen und wenigen Haarsträhnen auf der blassen Kopfhaut entgegen. Ich lege den Spiegel zur Seite, erschreckt sinkt mein Kopf auf das Kissen.
»Sei nicht traurig, Elisabeth«, tröstet mich Tilly. »So wie du diese schwere Krankheit überstanden hast, so wird auch dein Aussehen in wenigen Wochen wieder so sein, wie es war. Sieh doch, ich habe dir Blumen mitgebracht, selbstgepflückte Blumen. Wie sie duften!« Sie legt mir den Strauß auf meine Hände. »Du bist ein Engel, Tilly. Ich danke dir.«
»Das ist die erste Überraschung für dich.« Verlegen schaut sie auf ihre Hände. »Mein Wunsch ist in Erfüllung gegangen. Ich bekomme ein Kind.« Sie legt einen Arm um meine Schultern und wischt sich verstohlen eine Träne aus den Augen. »Ich werde glücklich sein mit Heiko, sehr glücklich, und mit ihm in seine Heimat nach Magdeburg gehen. Ach, wäre dieser schreckliche Krieg doch schon zu Ende, so daß wir immer zusammensein könnten.«
»Diese Nachricht ist für mich schmerzlich, denn ich verliere dich ungern. Du warst meine beste Freundin und Kameradin, Tilly.«
»Sei nicht traurig, Elisabeth. Auch du wirst nach den Ferien an der Ostsee noch einen Heimaturlaub erhalten.« Rasch vergeht die Zeit, und als mir eine Schwester das Abendbrot bringt, verabschiedet sich Tilly.
Am nächsten Morgen kommt der Chefarzt zu mir. Mit kurzen Worten kündigt er mir meine Entlassung aus dem Lazarett an.
Tilly ist mir beim Einpacken behilflich, und ich bin froh, als wir endlich im Heim angelangt sind, denn der Weg ist mir doch sehr schwergefallen. Als die

schwere Haustüre hinter mir zufällt, kommt mir eine Kameradin aus dem HvD-Raum entgegen, es ist Lilo.
»Herzlich willkommen«, und mit einem höhnischen Lachen mustert sie mich von Kopf bis Fuß. »Du siehst aus, als wärst du von den Toten auferstanden. Oh Schönheit, wo bist du geblieben?«

Beim nächsten Appell werden die Namen der erholungsbedürftigen Mädel aufgerufen. Ich freue mich, daß mein Name auch dabei ist.
»Na, was sagst du dazu, du klappriges Knochengerüst«, quäkt Lilo, »daß wir zusammen nach Riga kommen, an den schönen Ostseestrand?« »Ich hätte lieber auf dich verzichtet«, gebe ich ihr brüsk zur Antwort.
»Die fehlt dir gerade noch«, sagt Tilly. »Ich gebe dir einen guten Rat! Paß auf deine Briefe auf, denn Lilo fühlt sich jetzt erhaben über dich, weil du viel von deinem guten Aussehen eingebüßt hast. Na ja, ich bin ja noch da und werde schon auf sie aufpassen.«
Bei dieser Gelegenheit erzählt mir Tilly auch, daß Lilo versucht hat, Franks Briefe zu unterschlagen. Oh diese Schlange, wie kann man nur so gemein sein!

Zwei Tage später ist es dann soweit. Wir Mädel müssen Aufstellung nehmen zum Abmarsch. Wir verabschieden uns voneinander und beeilen uns, das ganze Gepäck auf einen Wagen zu laden. Auf dem Bahnhof herrscht reges Treiben. Ich bin froh, als wir endlich in unseren Zug einsteigen können. Lilo sitzt in meinem Abteil und läßt wie sooft ihrem Wortschwall freien Lauf. Eine prächtige Landschaft tut sich vor uns auf. Die farbenfrohen Teppiche der Natur, der Wiesen und Felder huschen an uns vorbei. Wie wunderbar muß dieses Land im Frieden sein, wie herrlich und ungewöhnlich zauberhaft. Die Welt wäre so schön, wenn nur die Menschen es verstehen würden, richtig in ihr zu leben.
Die Stunden vergehen und Lettland kündigt sich an. Wir sind am Ziel. Lachende Gesichter kommen uns entgegen und heißen uns in dem schönen Lettland willkommen. Eines der Mädel trägt ein kleines Akkordeon bei sich, und singend marschieren wir zum Heim. Ich habe nur das Nötigste mitgenommen, warum soviel Ballast? Schließlich will ich mich erholen. Unser Weg führt uns am Meer entlang. Das Rauschen des Wassers ist Musik für unsere Ohren, und der leichte Wind streut uns feinen Sand in die Augen.
»Hurra, hurra, wir sind da.« Wir jubeln vor Freude. Wie die Wilden stürzen wir auf die Zimmer, die man uns zugewiesen hat. Ich habe Glück, mir wird

ein Einzelzimmer zugewiesen. Sofort öffne ich meine Fenster, vor mir liegt der weite Strand. Fast greifbar sind die hohen Wellen der Ostsee. Ich bin wie berauscht von der Schönheit der Natur, von diesem einzigartigen Land. Lange sehe ich träumend aus dem Fenster, bis die Essensglocke an mein Ohr klingt. Gut und ausreichend ist das Abendbrot; mir schmeckt es herrlich. Ich sitze neben einer sehr netten und lustigen Kameradin aus Warschau. Wir haben uns schnell alle bekannt gemacht und nennen uns beim Vornamen.
Noch am selben Abend werden wir der Hauptführerin vorgestellt. Kurz und klar sind ihre strikten Anweisungen und Befehle: »Wer die Heimordnung stört oder überschreitet, muß sofort an den Einsatzort zurück. Alle müssen für eine büßen, und die kleinste Verfehlung wird bestraft. Dieses Heim ist ein Erholungsheim, und Besuche sind nicht gestattet, es sei denn, mit vorheriger Genehmigung von mir.«
Endlich, nach einer Stunde Ermahnungen, schließt eine Haupthelferin den Appell, und wir können abtreten.

Zuckende Blitze erhellen die Nacht und lassen mich zusammenfahren. Vor Gewittern hatte ich schon immer Angst, doch diesmal bleibe ich am offenen Fenster stehen und starre wie gebannt auf die aufgewühlte See. Da höre ich Stimmen über das Wasser rufen. Ganz deutlich sehe ich im Schein der Blitze Gestalten auf das Ufer zusegeln. Seltsam, sind es vielleicht Fischer? Doch welcher Fischer wagt es, in solch einer Nacht auf die See zu fahren? Soll ich es der Hauptführerin melden? Nein, morgen ist auch noch ein Tag.

Die erste Nacht ist vorüber. Wohltuend und herrlich ist diese milde, frische Luft nach dem Unwetter. Ich habe die Fenster weit geöffnet und mache Gymnastik. Pünktlich um acht ruft die Glocke zum Frühstück. Im Nu ist der Speisesaal von allen Mädeln besetzt; wie bei den Soldaten, so herrschen auch bei uns Disziplin und Ordnung. Der Geruch von geröstetem Kaffee steigt uns in die Nase, es ist ein köstlicher Duft. Nett und liebevoll sind die langen Tische gedeckt, sogar Blumen schmücken den Kaffeetisch. Jede hat ein Gedeck sowie ein Stück Margarine und Marmelade vor sich stehen. Das Brot wird zugeteilt. Nicht alle Mädchen stehen schon auf ihrem Platz, und eine Unart unter uns Helferinnen läßt sich auch hier nicht verbergen. Ich sehe, daß einige Helferinnen Marmelade- und Margarineteller austauschen, um ein größeres Stück zu erhaschen. Nach dem Frühstück geht es zum Strand.

Ich setze mich an den Rand des Wassers und lasse die Wellen über mich hinwegspülen, es ist wunderbar erfrischend und wohltuend. Das Wasser bringt kieselförmiges Gestein an den Strand. Es ist Bernstein, zum ersten Mal sehe ich so etwas. Ich habe nur aus den Erzählungen meiner Kameradinnen gewußt, daß es hier an der Ostsee Bernstein gibt. In ein paar Minuten habe ich soviel gefunden, daß es für eine Halskette reicht. Die restlichen Stunden des Nachmittags lasse ich die Sonne auf meinen mageren weißen Körper scheinen. Die Tage in Riga sind wundervoll, und ich erhole mich gut. Leider geht die Zeit viel zu schnell vorüber. Meine Zimmertür wird einen Spalt breit geöffnet, und eine Helferin reicht mir Briefe herein. Freudig überrascht reiße ich ihr sie aus der Hand. Ein Brief von Frank, ein weiterer von Tilly und einer von Magdalena Arentz. Ungeduldig öffne ich mit einem Messer Franks Brief. Seine lieben Worte machen mich sehr glücklich.
Nur Magdalenas Brief macht mich traurig. Der Absender lautet: Blindenheim Sankt Elisabeth, München, Hubertstraße. Arme Magdalena! Krampfhaft versuche ich, die Tränen zu unterdrücken, als ich Zeile für Zeile lese:

Liebes Fräulein Himmelstoß!
Ich schreibe im Auftrag Ihrer ehemaligen Kameradin Frau Arentz diese Zeilen. Frau Arentz selbst ist es nicht mehr möglich, zu schreiben, denn ein Auge ist völlig erblindet, und das zweite ist sehr schwach. Leider muß ich Ihnen mitteilen, daß Ihre Kameradin an einem Gehirntumor leidet und sich einer schwierigen Operation unterziehen muß. Ob Frau Arentz wieder gesund wird, bestimmt Gottes Wille, und wir können nur beten und hoffen, daß die Operation gelingt.
Wenn Sie nach München kommen sollten, so möchten Sie doch Ihre Kameradin besuchen, Frau Arentz bittet sehr darum.
Vielleicht können Sie es recht bald möglich machen.

Arme Magdalena, sie ist heimatlos und sterbenskrank.
Erst nach einigen Minuten habe ich mich soweit gefaßt, daß ich den dritten Brief lesen kann. Tillys Schreiben bringt mich auf andere Gedanken. Auch sie kommt noch drei Wochen hierher zur Erholung, leider ist es für mich die letzte Woche, die ich mit Tilly verbringen kann. Anschließend erhält sie ihre Entlassung aus der Wehrmacht und fährt von hier aus direkt in die Heimat. Glückliche Tilly!
Wenige Tage später trifft Tilly selbst im Heim ein, und gleich am ersten Abend erzähle ich ihr alle Neuigkeiten.

Bald ist es soweit, wir müssen von Riga Abschied nehmen. So nehmen wir schöne Erinnerungen mit zurück in den Einsatzort. Schwerbepackt marschieren wir durch die stillen Straßen zum Bahnhof.
Für Tilly beginnt nach dem Erholungsurlaub ein neuer Lebensabschnitt, und wir anderen werden weiter den Befehlen gehorchen, wir müssen aushalten bis zum Schluß. Was würde der Soldat zu uns Helferinnen sagen: »Ihr Blitzweiber wechselt die Männer genauso oft wie eure Hemden, Hauptsache, es sind Offiziere, den kleinen Landser schaut ihr doch gar nicht an. Man tut uns unrecht, wir sind nicht alle gleich, nur weil wir die gleiche Uniform tragen.«
Als die Schaffner die letzten Wagentüren zuschlagen, stöhnen einige Mädel. Die schöne Zeit ist vorüber, und der Zug bringt uns wieder zurück zur täglichen Hast und Hetze, von morgens bis abends an den Fernschreibern und Vermittlungen.
Kurz vor dem Eintreffen auf dem Minsker Bahnhof tauschen wir noch mit den anderen Adressen aus, um uns schreiben zu können. »Wir sind da, hurra«, ruft Lilo. Sie jubelt auch nur, weil sie weiß, daß sie bald diese Stadt für immer verlassen wird.

Begegnung mit Joschi

Als wir eine Stunde später im Heim eintreffen, kommt uns die Führerin entgegen und bestürmt uns sofort mit Fragen: wie es war, ob wir uns erholt haben und so weiter. Zum Erzählen haben wir keine Lust. Unsere Gedanken sind auf den morgigen Tag gerichtet, auf die langen Dienststunden und auf den widerlichen Fraß, den wir jetzt wieder vorgesetzt bekommen.
Nachdem wir unsere Koffer in unserem Zimmer abgestellt haben, müssen wir nacheinander zur Führerin kommen, um einzeln Bericht zu erstatten.
Gott sei Dank will die Führerin von mir nichts Besonderes wissen. Sie hat mich nur deshalb zu sich befohlen, um mir mitzuteilen, daß ich im Anschluß an diesen Erholungsurlaub gleich meinen Heimaturlaub nehmen kann.
Im ersten Moment weiß ich nicht, soll ich mich freuen oder nicht? Ich bedanke mich bei der Führerin und muß an Tillys Worte denken: »Nimm deinen Urlaub, gleichgültig, wohin du fährst. Die Hauptsache, Rußland liegt hinter dir.«

Schon zwei Tage später bekomme ich meine Urlaubspapiere. Mein Ferienziel ist München, dort wohnt eine Schwester meiner Mutter. Die Adresse werde ich in München sicher in Erfahrung bringen. So feiere ich meinen Abschied und spendiere ein paar vertrocknete Plätzchen, irgend jemand hat sie mir einmal geschenkt. Eine andere Kameradin hat noch etwas Tee, und Lilo gibt Zucker dazu.

Wir plaudern über die Vergangenheit, denn die Zukunft liegt greifbar nahe und macht uns Angst. Die täglichen Nachrichten haben uns aus unseren Träumen gerissen. Sieg oder Untergang, immer näher rückt diese Tatsache. Wir schmieden keine Pläne, wir hoffen nur auf ein Ende.
Was sollen wir auch von der Zukunft sprechen, die schönsten Jahre unseres Lebens hat uns dieser gräßliche Krieg genommen. Wir haben schon vieles verloren und werden noch mehr verlieren.

Am anderen Morgen begleiten mich Lilo und zwei Wachsoldaten bis zum Bahnhof. Unterwegs kommen uns zwei große LKWs entgegen, sie sind vollgestopft mit Menschen in Zivil. Aus einer Seitenstraße biegen Panzerwagen ein und die beiden LKWs müssen anhalten. Ich kann einen leisen Schrei nicht unterdrücken, als ich zu diesen Menschen hochsehe. Nur dürftig gekleidet, mit fahlen, hohlwangigen, eingefallenen Gesichtern starren sie teilnahmslos in das Nichts.
»Panjenka, Panjenka«, höre ich die Stimme eines Kindes.
Ich gehe weiter, da ruft mich diese zarte Kinderstimme noch einmal, und da sehe ich ihn: Joschi, der kleine Judenjunge aus Wilna auf dem Arm seiner Mutter.
»Joschi«, rufe ich, »Joschi.« Schnell öffne ich meine Tasche, ich habe noch ein eingewickeltes Butterbrot darin, und bevor der Wagen wieder anfährt, halte ich ihm in der einen Hand das Brot und in der anderen meinen Wollschal, den ich mir vom Hals gerissen habe, entgegen. »Du sollst nicht wieder krank werden, Joschi«, schreie ich ihm laut zu, denn durch den Krach der Panzerwagen kann man kein Wort verstehen.
Ich stehe hinter den LKWs, als ganz unerwartet ein SS-Soldat vom Wagen springt, mich brutal am Arm packt und in den Straßengraben wirft. »Sie blödes Luder!« schreit er mich an. Noch bevor ich aus dem Straßengraben hochkomme, sind die beiden Wagen wieder angefahren, und ich kann Joschi nicht mehr sehen.

Mit etwas Verspätung treffen wir am Bahnhof ein. Die beiden Wachsoldaten maßregeln mich wegen des Vorfalls, obwohl das ganze nur ein paar Sekunden gedauert hat. Doch Lilo ergreift für mich Partei und verteidigt mich. »Der kleine Junge war der Sohn ihres Wehrmachtsschneiders aus Wilna. Sie hat den kleinen Buben vor einer Lungenentzündung bewahrt und ihn gesundgepflegt.« »Wo werden diese Menschen denn hingebracht?« frage ich die beiden Wachsoldaten. »Interessiert uns nicht«, geben sie mir zur Antwort und damit ist die Angelegenheit für sie erledigt.

Der Bahnhof ist mit Soldaten überfüllt. Lautsprecher verkünden die Ein- und Abfahrten der Züge. Lilo geht mit mir bis zum Zug und hilft mir, einen guten Fensterplatz zu organisieren. Es klappt prima; als einzige Frau sitze ich im Landserabteil eines Zuges nach Deutschland. »Du wirst Spaß haben unter so vielen Landsern«, sagt Lilo noch beim Abschied. Lachend sagen wir uns Lebewohl und wünschen uns gegenseitig viel Glück. Als der Zug abfährt, winkt Lilo mir noch lange nach.
In meinem Abteil herrscht schon Urlaubsstimmung. Wodka wird herumgereicht, und auch ich schließe mich den Soldaten an und trinke mit ihnen. Die Gesichter einiger Soldaten werden unvermittelt ernst, sie sehen zu mir hin und sagen: »Zugkontrolle. Mädel, versteck dich, sonst wirst du gesehen.« Diese Mahnung kommt zu spät, die Zugkontrolle steht schon vor uns und einer der Männer, ein Feldwebel, sieht mich erstaunt an und meint: »Es tut mir leid, aber aus diesem Abteil müssen Sie verschwinden. Sie müssen ins Frauencoupé nach vorn abwandern.«
Unter den feinen Damen im Frauenabteil fühle ich mich nicht ganz wohl. Mir gegenüber sitzen zwei Luftwaffenhelferinnen, wir haben uns nichts zu sagen, und so verläuft die Fahrt schweigend.

Als wir in Berlin ankommen, erhalte ich ein Führerpaket. Es besteht aus zwei Pfund Zucker und zwei Pfund Mehl sowie Süßigkeiten. Ich verlasse den Zug und sehe mich um, ob mir nicht einer der Soldaten behilflich sein kann, doch fragen will ich keinen.
Kaum bin ich einige Schritte gegangen, höre ich eine Stimme hinter mir: »Ich helfe Ihnen doch. Warum sagen Sie nicht, daß Sie soviel Gepäck haben?« Ein junger Gefreiter nimmt mir die Koffer ab. »Ich wußte nicht, ob es Ihnen recht gewesen wäre, wenn Sie ein Blitzmädchen um Hilfe gebeten hätte«, sage ich.

»Ach was«, meint der Gefreite. »Meine Schwester ist selbst Nachrichtenhelferin, allerdings bei der Luftwaffe. Möchte nur wissen, wo sie ist. Seitdem unsere Eltern bei einem Bombenangriff ums Leben gekommen sind, habe ich nichts mehr von ihr gehört. Ich suche sie bei Verwandten, hoffentlich finde ich sie dort.«
Ein kurzer Blick streift mich. Es geht ihm also genauso wie mir. Ich weiß auch nicht, ob ich überhaupt die Schwester meiner Mutter finde. Der Zug nach München ist eingetroffen, und ich bin froh, daß ich wieder einen Fensterplatz bekomme. Der Gefreite verabschiedet sich von mir, sein Weg führt ihn nach Norddeutschland.

Diesmal sind die Züge überfüllt, wie die Sardinen in der Büchse sitzen wir. Die Luft ist zum Schneiden dick, und ich öffne ein Abteilfenster. Ein leises Rauschen und Surren in der Luft läßt mich aufhorchen: Flugzeuge kommen auf unseren Zug zu.
»Die Amis kommen, Flugzeuge«, schreit eine Frau, die neben mir sitzt. Vor meinen Augen wird es schwarz, jemand reißt mich zu Boden, dann geht es auch schon los. Die feindlichen Flieger stürzen sich auf unseren Zug und unternehmen einen Nahangriff. Sie bombardieren die letzten Waggons. Zehn lange Minuten dauert dieser schreckliche Tieffliegerangriff, unser Zug bleibt auf dem Geleise stehen, und erst nachts werden die restlichen unbeschädigten Waggons an einen anderen Zug angehängt. Ununterbrochen werden Tote und Verletzte geborgen, die Schreie sind bis in die späte Nacht zu hören. Dieses furchtbare Erlebnis zerrt noch lange an meinen Nerven, und ich danke Gott, daß ich noch am Leben bin.

Heimaturlaub in München 1943

Gegen Morgen trifft der Zug in München ein. Staunend betrachte ich den Bahnhof. Er ist zwar zur Hälfte ausgebrannt, aber trotzdem noch sehr groß. Zum ersten Mal sehe ich München wieder, und die bayerische Mundart gibt mir ein heimatliches Gefühl, es ist wohltuend und warmherzig.
Langsam mache ich mich auf den Weg in die Stadt. Seit einer Stunde schon bahne ich mir einen Weg durch Trümmer und Ruinen, der Schweiß läuft mir den Rücken hinunter. Das also ist München! Kaum zu glauben, daß das einmal die bayerische Hauptstadt war. Die von Rauch geschwärzten Häuserruinen ragen in den Himmel. Auf der Straße begegnet mir ein Trupp Männer in brauner Uniform. Einige Passanten gehen neben ihnen her, schmal, blaß und gebeugt.
Vor soviel Elend beschleunige ich meine Schritte, um schneller zu dem Haus meiner Tante zu kommen. Nach vielen Fragen erhalte ich endlich eine erschöpfende Auskunft.
Die Straße, in der meine Tante wohnt, ist völlig ausgebrannt, kein Haus soll dort mehr stehen. Kraftlos lasse ich mich auf einer halb zerstörten Mauer nieder. Das ist ja furchtbar. Ich fange bitterlich an zu weinen. Was soll ich nur tun? Zum Blindenheim gehen, in dem Magdalena Arentz untergebracht ist? Nein, lieber gehe ich erst zum Roten Kreuz und hole mir Auskunft.

Schwesternhelferin beim Roten Kreuz

Vor der Baracke des Roten Kreuzes setze ich mich mutlos auf meinen Koffer. Es dauert nicht lange, da öffnet jemand die Tür, und eine Rotkreuzschwester kommt mit einer Tasche in der Hand aus dem Haus. »Bitte, Schwester, können Sie mir sagen, an wen ich mich wenden muß, um für diese Nacht eine Unterkunft zu bekommen?« frage ich sie.
Sie schaut mich erstaunt an und meint: »Am besten ist es, Sie fragen bei der Ortsgruppe an, da müssen Sie aber noch ein Stück weitergehen. Unsere Baracke ist voll belegt, wir haben keinen Platz mehr!«

Verzweifelt und todmüde erzähle ich ihr meine Geschichte. Sie überlegt eine Zeitlang und blickt mitleidig in mein unglückliches Gesicht. »Kommen Sie mit«, sagt sie freundlich, und müde folge ich ihr durch den langen Gang. Ihren großen Schritten kann ich kaum nachkommen und stelle deshalb meinen Koffer schnell in einer Ecke ab. Sie bittet mich, einen Augenblick zu warten, da sie erst die Oberschwester um Rat fragen muß. Eine Viertelstunde muß ich warten, bis sie endlich zurückkommt. »Würden Sie bitte in diesen Raum kommen«, fordert sie mich auf. Eine ältere Schwester kommt mir entgegen und stellt sich als Oberschwester vor.
»Weshalb haben Sie gerade das Rote Kreuz aufgesucht? Ist es in Ihrer Situation nicht besser, Sie fahren in Ihren Einsatzort zurück, da Sie hier ja doch keine Angehörigen mehr haben?«
»Ich habe Typhus gehabt, Schwester, und komme aus Rußland, ich war sehr, sehr krank«, sage ich. »Nur deshalb habe ich Heimaturlaub bekommen.« Verzweifelt stehe ich vor ihr, und sie bittet mich, Platz zu nehmen. »Heute können Sie nicht weiterfahren, das sehe ich Ihnen an. In zwei Tagen werden Sie sich so erholt haben, daß Sie wieder abreisen können.« »Und wenn ich versuche, mich nützlich zu machen? Ich bin eine ausgebildete Krankenschwester, konnte nur leider meine Kenntnisse bis jetzt noch nicht anwenden, da ich auf Befehl der Wehrmacht als Nachrichtenhelferin eingezogen wurde!« Hilfesuchend blicke ich von einer Schwester zur anderen. Das Gesicht der Oberschwester erhellt sich, und sie sagt: »Das ist selbstverständlich eine gute Lösung. Wenn Sie unbedingt hierbleiben wollen, wir können Sie gebrauchen. Nur ein vollwertiger Urlaub wird es für Sie nicht werden.«
»Das macht nichts, Schwester«, sage ich erleichtert. »Ich bin mit Ihrem Vorschlag einverstanden. Lieber möchte ich meinen Urlaub in Deutschland bei Bombenangriffen verleben, als in Rußland, wo man keinen Tag weiß, ob man aus diesem Land überhaupt noch herauskommt.«
Für diese Nacht bekomme ich ein gutes Bett, und am anderen Morgen erhalte ich von der älteren Schwester ein Kleid für Schwesternhelferinnen.

In dieser Nacht erlebe ich den ersten Fliegeralarm. So etwas habe ich noch nicht erlebt und beeile mich deshalb nicht, die Baracke zu verlassen.
»So kommen Sie doch. Sie werden sich noch wundern, was alles geschieht. Es ist eine Flucht ums Leben.« Eine Schwester packt mich hart am Arm. Es ist die nette Schwester Sofie. Ich mag sie sehr gerne und bemühe mich, ihr zu gefallen. Schon beim Voralarm eilen wir geschlossen zum Bunker. Fast

zwei Stunden dauert der Angriff, und als wir im ersten Morgengrauen in die Sani-Stelle zurückkehren, bin ich müde und sehr erschöpft. Ich habe mit all diesen Menschen die Angst um das nackte Leben geteilt.
Morgens weckt mich Schwester Sofie. »Aufstehen«, sagt sie. »Sie sind mir heute zugeteilt. Wenn Sie Lust haben, dann fangen wir gleich an, den Saal aufzuräumen. Es werden wieder viele zu uns kommen, die kein Dach mehr über dem Kopf haben.«
Wir haben kaum angefangen, für diese unglücklichen Menschen Platz zu schaffen, als schon die ersten zu uns kommen. Es sind hauptsächlich Frauen mit ihren Kindern. Sie schleppen einige Habseligkeiten mit sich, und die Kinder weinen, weil sie dies alles nicht verstehen können. Ein kleines Mädchen schreit unentwegt nach seiner Puppe, die in der Wohnung zurückgelassen werden mußte und nun ebenfalls verbrannt ist. Viel schlimmer aber sind die Verletzten dran, die zum Roten Kreuz gebracht werden, und die schwangeren Frauen, die nach einem schweren Angriff Frühgeburten erleiden. Ich weiß nicht, wo ich zuerst und zuletzt in diesem Wirrwarr anfangen soll. Ich helfe Notverbände anzulegen, und nebenbei tröste ich die Kinder.

Die ersten Tage vergehen, ohne daß ich mich auch nur eine Minute hätte ausruhen können. Mütter mit ihren kranken Kindern und auch ältere Menschen suchen freiwillig unsere Sanitätsstelle auf. Bei manchen genügen schon ein guter Rat und ein paar tröstende Worte. Von Tag zu Tag fühle ich die seelische Beklommenheit mehr, es ist eine Art Angstpsychose, die besonders bei alten Leuten und Kindern auftritt. Viele von ihnen, die zu den Mahlzeiten erscheinen, starren unentwegt vor sich hin, oder aber sie sind überreizt und hysterisch.

Oft mache ich auch im Bunker Dienst. Wegen Überfüllung werden Bunkerkarten ausgegeben. Es kann nur derjenige Schutz im Bunker finden, der eine Karte besitzt. Aufgrund dieser neuen Verfügung irgend eines Ortsgruppenleiters bricht bei Fliegeralarm jedesmal eine Panik aus. Fremde, die vom Alarm überrascht werden, können ohne Karten nicht in den Bunker. Manchmal kann ich verängstigte Fremde heimlich hereinlassen. Nur erwischen lassen darf ich mich dabei nicht, sonst muß ich meine Koffer packen und nach Rußland zurückkehren.

Besuch bei Magdalena

Nach acht Tagen Dienst bitte ich die Oberschwester um einige Stunden Urlaub. »Ich möchte meine ehemalige Kameradin Magdalena Arentz besuchen«, sage ich ihr, und sofort gibt mir Oberschwester Gertrud die Erlaubnis. Schwester Sofie erklärt mir noch genau, wie ich am schnellsten zum Blindenheim Sankt Elisabeth komme. Trotz ihrer präzisen Beschreibung verlaufe ich mich, denn durch die Bombenangriffe sind viele Straßen gesperrt und ich muß einen anderen Weg einschlagen. Erst gegen Mittag erreiche ich endlich das Heim. »Sankt Elisabeth« steht in Großbuchstaben am Hauseingang über der schweren Eichentür. Schüchtern drücke ich auf den Klingelknopf und warte.

Eine Nonne im weißen Schleier und schwarzen Habit öffnet die Tür. »Was wünschen Sie?« fragt sie mich. »Ich möchte die ehemalige Nachrichtenhelferin Magdalena Arentz besuchen, darf ich eintreten?« »Natürlich, bitte schön. Frau Arentz wird sich über Ihren Besuch freuen. Nur muß ich Ihnen vorher sagen, daß sie völlig erblindet ist. Machen Sie sich darauf gefaßt. Ich werde Sie anmelden.«

Unsicher betrete ich das Krankenzimmer. Mein Blick fällt auf ein schneeweißes Bett, in dem eine Gestalt liegt, die ich nicht mehr kenne. Es ist das von grauen Haaren umrahmte Gesicht einer alten Frau, die Backenknochen treten stark hervor.

»Frau Arentz, Sie haben Besuch«, spricht die Nonne diese Frau an. Ich beiße meine Zähne zusammen, um jeden Entsetzenslaut zu ersticken. Magdalenas Anblick hat mich tief getroffen. Unendlich müde bewegt sie sich und hält mir ihre Hand zum Gruß entgegen. Ob sie sich freut? Ihre schmalen Lippen formen Worte, geduldig warte ich auf eine Antwort. Tränen rinnen mir über die Wangen, das Sprechen fällt mir schwer.

»Magdalena«, flüstere ich und erfasse ihre Hände. Ich will sie drücken und küssen, sie tut mir so leid. Tröstende Worte habe ich für sie bereitgehalten, und nun stehe ich vor ihr und bin nicht mehr fähig, zu sprechen. Da lösen sich plötzlich ihre Lippen, aber ich kann sie nicht verstehen, sie spricht polnisch.

»Wie geht es dir, Magdalena? Nach der Operation wirst du wieder gesund werden und mich sehen können?« Ich hoffe, daß sie mir auf diese Worte eine Antwort gibt, doch sie spricht weiterhin nur ihre Muttersprache. Jetzt redet auch die Nonne auf sie ein und bittet sie, wenigstens ein paar deutsche

Worte zu sagen: »Fräulein Himmelstoß ist doch Ihre beste Freundin, Ihretwegen ist sie extra nach München gekommen, Frau Arentz!« Aber auch die Worte der Nonne nützen nichts.
So habe ich mir das Wiedersehen mit Magdalena nicht vorgestellt, es ist schrecklich. Ich bin erschüttert und verabschiede mich bald. Was tut der Krieg den Menschen nur an?

Ein unerwartetes Wiedersehen

Trotz meiner Freizeit helfe ich Schwester Sofie beim Austeilen des Essens an die Ausgebombten. Ich kümmere mich um die kleinen Kinder, und nehme einer Mutter den kleinen Säugling ab. Mit etwas Grießbrei versuche ich, den kleinen Schreihals zu sättigen. Ich habe meinen Spaß an dem süßen Kerlchen. Jetzt, wo er satt ist, fängt er an zu lachen, und seine Augen leuchten. Herzen und küssen möchte ich dieses kleine Wesen, und plötzlich überkommt mich die Sehnsucht nach Frank. Für einen Augenblick sehe ich mich selbst mit einem Kind auf dem Arm neben Frank. Wie schön müßte das alles sein, doch die graue Wirklichkeit holt mich in die Gegenwart zurück.
Schwester Sofie ruft mir zu: »Sie haben heute abend im Falle eines Fliegeralarms mit mir im Bunker Dienst.« »Ist gut, Schwester, dann werde ich jetzt auf mein Zimmer gehen und vorschlafen.«
»Das werde ich auch«, meint sie lachend und zwinkert mir vergnügt zu, weil ich so zärtlich mit dem kleinen Erdenbürger umgehe.
»Gute Nacht, mein Engelchen.« Ich drücke dem Kind einen Kuß auf die Stirn und lege es in sein Bettchen. Hoffentlich wird es heute nacht ruhig bleiben.
Die Nacht ist herrlich hell und klar, der Himmel mit Sternen übersät. Eine gefährliche Nacht für die schlafenden Menschen. Wir haben noch nicht lange geschlafen, als wir das Surren der todbringenden Vögel in der Luft hören. Schwester Sofie und ich stürzen beim Voralarm aus den Betten.
Als wir am Bunker ankommen, drängen sich schon Menschenmassen, beladen mit ihrem wenigen Hab und Gut, zur Tür herein.
An diesem Abend bin ich sehr nervös. Die heftigen Detonationen, das Krachen und Bersten in der Luft flößten mir furchtbare Angst ein. Schwester Sofie weist jedem einen Platz zu. Ich muß mich von ihr trennen, da ich am anderen Ende des Bunkers Dienst habe.

Ein markerschütternder Schrei erschallt und jemand ruft: »Schwester, kommen Sie sofort hierher.« Eine Frau zeigt auf einen Mann, dessen jämmerliches Stöhnen zu mir dringt. Zwei glasige Augen stieren mich an. Seine Kleidung ist mit Blut besudelt, und aus seinem Mund quillt dunkles Blut. Ein junger Soldat kommt unaufgefordert zu dem Kranken und ist mir behilflich, ihn auf eine Bahre zu legen. Da kein Arzt anwesend ist, blicke ich mich ratsuchend nach Schwester Sofie um. Es muß Hilfe geholt werden, bevor der Kranke in seinem Blut erstickt.
Auf der gegenüberstehenden Bank sitzen einige SA-Männer in ihrer Uniform. Verzweifelt bitte ich sie: »Bitte, helfen Sie mir, es muß so schnell wie möglich ein Arzt hierher.« Die Männer sehen mich verwundert an und einer meint: »Sie müssen warten, bis der Alarm zu Ende ist. Wir wollen unser Leben nicht gefährden.« Ich gehe zu dem Kranken zurück und lege ihm unentwegt kalte Tücher auf die Stirn. Sein schwerer Körper bäumt sich vor Schmerzen auf; der Anblick ist furchtbar.
Endlich wird Vorentwarnung gegeben, und ich bitte nochmals einen der SA-Männer, mich mit seinem Kastenwagen in ein Krankenhaus zu bringen. »Ich warte, bis die endgültige Entwarnung gegeben wird«, gibt dieser barsch zurück. »Glauben Sie, ich will mir vom Ami eine Bombe auf den Kopf werfen lassen?« »Dann ist es aber zu spät, der Mann wird sterben!« Widerwillig wendet er sich von mir ab, und auch die anderen SA-Männer blicken weg.
Da tritt wieder der junge Soldat neben mich und sagt: »Wenn die Herren bereit sind, mir ihren Kastenwagen zu überlassen, dann bringe ich Sie mit dem Schwerkranken in ein Krankenhaus. Ich habe keine Angst vor dem bißchen Alarm. Komme von der vordersten Front und habe wochenlang im Dreck gelegen.«
Der verächtliche Blick des Soldaten entgeht diesen SA-Männern nicht. »Auch wir haben unsere Pflichten in der Heimat«, meint einer und fügt noch hinzu: »Ohne weiteres können wir unseren Parteiwagen nicht der Vernichtung preisgeben.« »Wohl aber diesen armen Mann sterben lassen!« mische ich mich aufgeregt in das Gespräch ein.
Ein wütender Blick trifft mich, aber dann reicht einer von ihnen dem jungen Soldaten den Autoschlüssel und erklärt ihm kurz, wo er das Auto abzuliefern hat. »Für das, was Sie tun, Schwester, müssen Sie die Verantwortung übernehmen!« »Das werde ich auch. Ihr Gesicht vergesse ich bestimmt nie.«
Es ist geisterhaft still, als wir den Kranken auf einer Bahre zum Kastenwagen tragen. »Vielleicht kommt gleich die Entwarnung«, rufe ich dem jungen Sol-

daten zu. Er hat den Motor schon angelassen, meine Worte gehen in dem Lärm unter. Langsam und sicher fährt er durch die vom Bombenschutt verschütteten Straßen. Die Luft ist angefüllt von Dunst und Rauch.
Es ist nicht schwer, durch die vielen Umleitungen den richtigen Weg zum Krankenhaus Rechts der Isar zu finden, denn die Nacht ist hell erleuchtet, die Stadt ein einziges Flammenmeer. Jeden Augenblick warten wir auf die Entwarnung, um dieses unsichere Gefühl loszuwerden. Krampfhaft halte ich den Kopf des Kranken fest, um ihn vor den Erschütterungen in diesem primitiven Wagen zu bewahren. Nur noch ein paar Meter haben wir zu fahren, besorgt sehe ich noch einmal zum Himmel.
Mit Entsetzen sehe ich ein Flugzeug auf uns zukommen. Ich kann gerade noch meinen Arm schützend über die Augen des Kranken legen, als es schon kracht. Ein stechender Schmerz zieht durch meinen Arm, fest muß ich meine Lippen aufeinanderpressen, um nicht laut aufzuschreien.
Schwankend steige ich aus dem Wagen, mit letzter Kraft greife ich nach der Klinke an der großen schweren Eingangstür zum Krankenhaus. Dann verlassen mich meine Kräfte, ich breche zusammen.
Als ich wieder zu mir komme, dringt der Morgen mit seinen ersten Sonnenstrahlen durch die Fenster. Erstaunt sehe ich mich nach allen Seiten um. Was ist nur geschehen? Wo bin ich nur?
Plötzlich höre ich Schritte, die Tür geht auf und vor mir steht eine Nonne. Sie wünscht mir einen guten Morgen und fühlt nach meinem Arm. »Sie waren heute Nacht sehr tapfer«, lächelt sie mir gütig zu. Jetzt begreife ich allmählich mehr, ich liege in einem Krankenhaus. »Was ist geschehen, Schwester? Habe ich eine schwere Verletzung am Arm?« stottere ich verlegen.
»Bombensplitter waren es«, sagt sie. »Wir haben sie heute nacht gleich entfernt. In ein paar Tagen ist alles wieder in Ordnung, und Sie können zu Ihrer Rot-Kreuz-Station zurückkehren.«
»Dann wird ja alles gut! Wie geht es meinem Kranken? Ich bin besorgt um ihn.« Das Gesicht der Nonne verdüstert sich, sie sieht mich ernst an und sagt: »Sie haben viel gewagt, der junge Soldat war sehr mutig, als Sie uns gestern abend den Parteifunktionär Elmar Johannsen brachten. Ihr Mut hat sich gelohnt, wir konnten Herrn Johannsen das Leben retten. Wären Sie einige Minuten später gekommen, hätten wir ihm nicht mehr helfen können. Herr Johannsen hat schon öfter bei uns gelegen, wir kennen seine Krankheit. Es ist ein schweres Leiden, das er aus dem Ersten Weltkrieg mitgebracht hat.«

Einen Tag bleibe ich im Krankenhaus und kehre mit dem Arm in der Schlinge und einem schlechten Gewissen zur Rot-Kreuz-Station zurück. Was wird die Oberschwester zu meinem eigenmächtigen Handeln sagen? Ohne ihre Genehmigung durfte ich das nicht tun, auch nicht, wenn es um einen todkranken Menschen geht. Mit starkem Herzklopfen betrete ich die Station und gehe sofort zur Oberschwester. Als ich anklopfe, wird die Tür schon geöffnet. »Es ist schon gut«, sagt sie, noch bevor ich meine Entschuldigung hervorbringen kann. »Beim nächsten Mal möchte ich Sie bitten, erst mich zu benachrichtigen. Es kann Schwierigkeiten mit der Partei geben. Ist der Wagen wieder ordnungsgemäß abgeliefert worden?«
Ich bejahe, mehr kann ich nicht sagen. Voller Zorn denke ich an die Männer von der Partei. Sie sind bereit, einen ihrer Kameraden sterben zu lassen, nicht aber ein Auto zu verlieren. Das ist bestimmt nicht im Sinne ihres Führers – oder doch? Bedeutet der Mensch in dieser Zeit nichts mehr?
Bedrückt verlasse ich das Zimmer der Oberschwester. Auf dem Flur begegnet mir Schwester Sofie. »Haben Sie eine Rüge bekommen?« fragt sie mich gleich. »Ja und nein«, antworte ich ihr.
»Kann ich mir denken«, gibt sie lächelnd zurück. »Heute morgen war nämlich schon ganz früh ein SA-Mann hier und hat sich über Sie beschwert. Sie wären sehr frech zu ihm gewesen und hätten ihn herausgefordert, sich Ihrem Willen zu fügen. Auch sein Auto sei beschädigt worden. Die Oberschwester hat sich alles sehr ruhig angehört und dann gleich im Krankenhaus angerufen, ob dieses alles den Tatsachen entspricht. Sie können sich bestimmt denken, was man ihr erzählt hat. Nur Gutes hat man von Ihnen gesagt. Noch dazu ist Herr Johannsen ein guter Bekannter der Oberschwester.«
Ich liege noch im Bett, als Schwester Sofie vom Nachtdienst zurückkehrt. »Sie sollen zur Oberschwester kommen«, sagt sie aufgeregt und sieht mich dabei mitleidig an. »Was ist geschehen?« frage ich sie bestürzt.
»Ich weiß es nicht. Lassen Sie sich überraschen; vielleicht ist alles gar nicht so schlimm.« Ängstlich sehe ich Schwester Sofie an und beeile mich mit dem Ankleiden. Im Spiegel überprüfe ich noch schnell, ob ich einen ordentlichen Eindruck mache und begebe mich zur Oberschwester.
»Ich habe eine gute Nachricht für Sie. Die Gattin des Parteifunktionärs Elmar Johannsen möchte gerne die Lebensretterin ihres Mannes kennenlernen und ihr danken.«
Ich bin überrascht. »Es war doch meine Pflicht, so zu handeln, und bei jedem anderen hätte ich es auch getan. Selbstverständlich, wenn Sie es wünschen,

werde ich Herrn Johannsen und seine Gattin besuchen.« Mit einem herzlichen Händedruck verabschiedete mich die Oberschwester mit der Bestätigung, daß ich am kommenden Tag dienstfrei habe.
Die Sonne steht hoch am Himmel und scheint warm durch die Fenster, als ich am späten Vormittag wach werde.
Eine Stunde später mache ich mich auf den Weg zum Krankenhaus Rechts der Isar. Ich bitte den Pförtner um Auskunft, in welchem Zimmer Herr Johannsen liegt. Nach langem Suchen finde ich endlich die richtige Tür. Ich klopfe an und öffne zaghaft.
Sechs Augen sehen mich fragend an. Langsam gehe ich auf das Bett des Kranken zu und begrüße die Dame und das Kind in der Jungmädchen-Uniform an seinem Bett. »Ich bin sehr glücklich, daß es Ihnen besser geht, Herr Johannsen«, sage ich und reiche ihm die Hand.
Der Kranke nickt leicht mit dem Kopf, seine Augen sehen mich dankbar an. »Sie haben mich gerettet, Schwester. Ihnen habe ich es zu verdanken, daß meine Augen noch sehen können.« Er sieht meinen Arm in der Schlinge und sagt: »Die Granatsplitter waren für mich bestimmt. Nun möchte ich Ihnen meine Frau und meine Tochter vorstellen«, und so ganz nebenbei erwähnt Herr Johannsen in einigen herzlichen Worten meine gute Tat.
Für Minuten sehen wir uns erstaunt und überrascht an. Ich habe das Gesicht dieser Frau schon einmal in meinem Leben gesehen. Auch ihre Stimme habe ich schon gehört. Ich kann nicht mehr auf die Worte des Kranken achten, sondern sehe immer nur in das Gesicht seiner Frau.
Auch diese Dame sieht mich lange durchdringend an und fragt mich nach meinem Namen. »Elisabeth Himmelstoß«, sage ich. »Eigentlich bin ich Nachrichtenhelferin des Heeres. Ich arbeite nur als Aushilfe beim Roten Kreuz«, und in wenigen Worten erzähle ich meine Geschichte. Aufmerksam hören sie mir alle drei zu.
Je länger ich spreche, desto bleicher wird das Gesicht der Frau. »Elisabeth Himmelstoß«, sagt sie. »Ihre Heimat ist ein Bauerndorf in Rahstorf?« »Jawohl«, gebe ich ihr zur Antwort. Langsam erhebt sie sich.
»Lisl, mein Kind!« »Mutter«, schreie ich laut und werfe mich schluchzend in ihre ausgebreiteten Arme. »Wie glücklich bin ich, daß du noch am Leben bist, mein Kind.«
Ich möchte jubeln und jauchzen vor Freude, doch wir weinen beide, die reichlichen Tränen lösen die Verkrampfungen in unseren Herzen. Da fühle ich ein Streicheln an meinem Arm, es ist das kleine Mädchen, das mich trösten

will. Es sieht mich mit großen verwunderten Augen an. Ich weiß nicht, was ich sagen soll, ein Lächeln unter Tränen ist meine Antwort.
Schweratmend hebt Herr Johannsen seinen Kopf. Er ist überrascht und mit halbgeschlossenen Augen sieht er auf dieses Wiedersehen.
»Ist das deine Tochter, Maria?« fragt er Mutter und sie nickt. Noch kann er alles nicht begreifen. Warum hat seine Frau nie von dieser Tochter erzählt? So weiß er noch nicht alles aus ihrem unglücklichen Leben, meine Mutter hat geschwiegen, und als er in ihr trauriges Leben trat, hat er ihr geholfen, alles zu vergessen, was hinter ihr lag. Sie begann ein neues Leben mit ihm, in einer anderen Zeit. Arme Maria, sein Blick gleitet mitleidig über die Gestalt seiner Frau.
Mutter wischt sich viele Tränen fort, für Minuten bleiben ihre Augen an mir haften. Angst spiegelt sich in ihnen. Ihr Mund ist halb geöffnet. »Du bist zurückgekommen!« In abgebrochenen Sätzen preßt sie diese wenigen Worte hervor. »Aus dieser Vergangenheit bist du lebend zurückgekehrt, ich dachte, du wärst schon lange tot. Ich wollte alles vergessen, und nun ist sie wieder da, jene schreckliche Zeit.« Mutter weint bitterlich.
Ohne ein Wort zu sagen, verlasse ich den Raum. Wie ein Echo klingen mir Mutters Worte nach. ›Ich dachte, du wärst schon lange tot!‹
Ich kann ihr darauf keine Antwort geben, nein, ich kann ihr nicht sagen, daß ich viel lieber ein ganzes Leben lang hinter den Mauern des Klosters geblieben wäre, daß meine Rückkehr aus dieser anderen Welt ein Befehl war, dem ich folgen mußte.
Ziellos laufe ich durch die Straßen der Stadt, nur nicht mehr an Mutters Stimme denken. Erschöpft setze ich mich unter einen Baum und kralle meine Fingernägel in die harte Erde. Ich möchte weinen, doch meine Tränen sind versiegt. So schließe ich meine Augen, um zu vergessen, und schlafe ein.

Seit zehn Tagen bin ich nun in Deutschland. Fast erscheint mir die restliche Zeit meines Heimaturlaubs wie eine Ewigkeit. Den ganzen Tag hat es schon geregnet, die Station ist von Ausgebombten überfüllt. Ich betreue ein junges Mädchen und lege ihr am verletzten Bein einen Notverband an, als mein Name gerufen wird. Langsam drehe ich mich um und sehe in das Gesicht meiner Mutter. Zögernd kommt sie auf mich zu, ein schmerzliches Lächeln gleitet über ihre Züge.
»Ich wollte dich wiedersehen, ich hatte Sehnsucht nach dir, Elisabeth.« Zweifelnd schaue ich Mutter an. Erst ist sie glücklich über ein Wiedersehen mit

ihrer Tochter, dann klagt sie mich an, und nun bittet sie mich um Verzeihung. »Ich komme soeben von der Oberschwester, wir kennen uns persönlich sehr gut.« Sie zögert einen Augenblick, bevor sie weiterspricht. »Ich wäre sehr glücklich, wenn du zu mir kommen würdest; einen Tag oder auch mehrere, ganz wie du es möchtest.«
Aufmerksam höre ich Mutter zu, meine Lippen sind stumm aufeinandergepreßt.
»Ich muß dir doch alles erklären. Du mußt es doch wissen, mein Kind.« Ja, ich verstehe sie. Vielleicht hat sie sogar recht. Ich muß Mutter anhören, ich darf ihr nicht mit dem Haß in meinem Herzen ein Leben lang Adieu sagen.
Schweigsam gehen Mutter, Linda und ich nebeneinander her. Erst im letzten Augenblick habe ich das Kind gesehen, sie hatte mit anderen Kindern in der Station gespielt.
»Mutti, wer ist denn diese Schwester neben dir?« unterbricht unerwartet das feine verlegene Stimmchen des Kindes unser bedrückendes Schweigen.
»Wenn wir zu Hause sind, wirst du alles erfahren.« Überrascht sieht mich das kleine Mädchen an, als würde es ihre Mutter nicht ganz verstehen.
»Dort wohnen wir!« Fröhlich zeigt es auf ein großes Mietshaus. Wie ausgestorben liegt dieses Gebäude vor uns. »Das Haus meines Mannes ist total ausgebombt, und wir wohnen erst einige Wochen in dieser Notwohnung. Aber sobald es meinem Mann bessergeht, fahre ich mit Linda nach Österreich zurück, dort hat Elmar auf dem Land ein Haus gemietet. Die meisten Mieter sind auch hier schon evakuiert worden. Nur eine Frau und wir wohnen noch hier.« Mutter wirft mir einen wehmütigen Blick zu und seufzt: »Mein Mann ist sehr oft krank, er braucht meine Pflege. Deswegen komme ich auch immer wieder hierher zurück.«
Mutter öffnet eine Korridortür und läßt mich eintreten. Für einen Augenblick fühle ich mich in eine andere Welt versetzt. Lautlos gehe ich über dicke persische Teppiche durch einen breiten Gang. Große Gemälde an den Wänden versetzen mich in Erstaunen. Das erste Porträt ist der Führer in SA-Uniform, daneben hängt ein ebenso großes Bild eines Japaners in der Uniform eines Generals. Seltsam, wenn ich nicht genau wüßte, daß es die Wirklichkeit ist, dann würde ich glauben zu träumen.
Mutter entschuldigt sich für einen Moment, da sie das Abendbrot für mich zubereiten möchte, und für wenige Minuten bin ich allein in diesem Raum. Bewundernd bleibt mein Blick an den schweren, golddurchwirkten Fenstervorhängen haften. Sie sind halb zugezogen, und nur einen Spalt breit kann

man den feinen weißen Tüll der Gardine erblicken. Ich stehe auf, ziehe die Vorhänge zurück und sehe nachdenklich im Halbdunkeln durch das Fenster. Da höre ich hinter mir eine Stimme. Das kleine Mädel steht vor mir und fragt zaghaft: »Willst du mir beim Tischdecken helfen?« Ich lache ihr zu und nicke: »Natürlich, kleines Schwesterchen.« Wieder sehe ich in ein erstauntes Gesicht, doch dann beginnt das Kind allmählich zu begreifen. »Wirst du immer hierbleiben, große Schwester? Dann bin ich nicht mehr so allein.«
Sie reicht mir das Besteck. »Wie heißt du eigentlich mit Vornamen?« beginnt sie mich wieder zu fragen.
»Elisabeth.« »Was für ein altmodischer Name«, bekomme ich zur Antwort. »Ich heiße Sieglinda, es ist ein germanischer Name, ein echt germanischer Name«, sagt sie voller Stolz. »Meine Vorfahren sind Germanen gewesen. Ja, das hat mir mein Vati gesagt und auch Mutti! Wir sind echte Germanen und stammen aus dem Norden Europas. Ich bin erst acht Jahre alt, und wenn ich 13 bin, dann komme ich zum BDM und werde einmal Ringführerin und noch viel mehr.«
Mutter betritt mit einem Tablett in der Hand das Zimmer. Sie hat die letzten Worte noch gehört und sagt: »Rede nicht so einen Unsinn, Linda. Es gibt andere Dinge zu erzählen, die deine Schwester mehr interessieren.«
Bei Tisch sitze ich Linda gegenüber und mir entgeht nicht, daß sie mich in einem fort ansieht und jede meiner Bewegungen genau verfolgt.
Nach dem Abendbrot setzen wir uns zusammen, und Mutter bittet Linda, zum Spielen in ihr Zimmer zu gehen.
»Linda ist ein liebes Mädchen«, sage ich zu Mutter, um ein Gespräch einzuleiten.
»Sie ist ganz anders, als du es warst, und ich mache mir manchmal sogar Sorgen um Sieglinda. Sie ist ein kleiner Trotzkopf und will immer in allem recht haben«, fügt Mutter hinzu. »Nun ja, Fehler hat jedes Kind.«
Licht fällt durch das Fenster auf Mutters Gesicht, ich sehe in ihren Augen einen traurigen Glanz.
»Es ist alles so unglaublich, daß ich erst einige Zeit brauche, um mich diesen Tatsachen anzupassen, die so unerwartet auf mein Leben eingestürmt sind«, beginnt Mutter zu sprechen. »Ich wundere mich nicht, daß du nach München gefahren bist. Sicher hast du dich an meine Geschwister hier in dieser Stadt erinnert?« Ich nicke stumm und Mutter fährt fort: »Ja, damit habe ich gerechnet und darauf auch gehofft, daß wir uns in dieser Stadt wiedersehen.

Neun Jahre sind vergangen, seit ich dich zum letzten Mal gesehen habe, in jener Nacht, als ich von der Gestapo verhaftet wurde und einen fast aussichtslosen Weg gehen sollte. Vielleicht wirst du mich heute verurteilen, weil ich an der Seite eines Mannes lebe, den du in deinem Herzen ablehnst. Auch ich habe es einmal getan, bis zu dem Tag, als plötzlich im Herbst 1934 jener Mann, mit dem ich nun verheiratet bin, in SA-Uniform in meiner Gefängniszelle vor mir stand und mir den Mut gab, an das schon längst aufgegebene Leben zu glauben. Er war mein alter Jugendfreund.«

Im Zimmer ist es dunkel geworden. Mutter erhebt sich nach einer Weile des Schweigens und holt von einem der breiten Barockschränke einen Kerzenleuchter herunter. Sie zündet eine Kerze an und eilt danach mit raschen Schritten in Lindas Zimmer. Als sie zurückkommt, sagt sie: »Linda ist auf ihrem Bettchen eingeschlafen. Ich habe sie ausgezogen und hineingelegt.« Mutter nimmt ihren Platz in dem schweren Sessel wieder ein.
»Wie lange bist du schon hier?« fragt sie mich, und ich erzähle ihr meine Geschichte. Mutter hört aufmerksam zu, ihre Augen zucken, als ich sie einiges über Linda frage.
»Ich habe in Linda immer nur dich gesehen, und ich liebe dieses Kind genauso wie ich dich liebe, denn meine Ehe mit deinem Vater war ebenso gut wie die Ehe mit Lindas Vater. Ich habe deinem Vater über seinen Tod hinaus die Treue gehalten, obwohl man mich mit grausamen Methoden zum Reden zwingen wollte. Ich habe immer geschwiegen. So konnte ich vielen Freunden deines Vaters das Leben retten, sie alle konnten fliehen, sie haben die rettenden Linien erreicht.«
Ein verzweifelter Ausdruck liegt in ihren Augen, sie schweigt. Ich dringe nicht mehr in sie, sondern warte geduldig, bis sie weiterspricht.
»Meine beiden Brüder gehörten schon lange einer SA-Gruppe an, in der auch Elmar Johannsen seinen Dienst versah, und so kam es, daß sie ihn baten, mir zu helfen. Es war im November, ich lag in einer Einzelzelle, auf eine Bahre gebettet. Die vielen Verhöre Tag und Nacht hatten meinen Körper so ausgemergelt, daß ich nicht mehr fähig war, zu stehen oder zu gehen. An dem Tag, an dem Elmar vor mir stand, um mir die Nachricht zu überbringen, daß ich in ein Sanatorium eingeliefert werden würde, da begriff ich nichts mehr. Das Leben war mir gleichgültig geworden, ich hatte die Hoffnung aufgegeben, denn schon monatelang bemühten sich meine beiden Brüder um meine Entlassung. Trotz ihrer guten Verbindungen konnten sie nichts erreichen, denn

ihre Schwester galt als Frau eines Hochverräters, die auch der Führer nicht verschonte. Elmar hat mich von den furchtbaren Qualen erlöst und meine Dankbarkeit ist die große Liebe zu ihm.«
Mutter macht einen tiefen Atemzug, Tränen rollen über ihre Wangen. »Warum mußten wir nur alle so leiden?« Ich stehe auf und knie mich vor Mutter nieder. Sie hat einen Weinkrampf, und ich bitte sie, nicht mehr weiter zu sprechen. Es reicht mir, mehr will ich nicht wissen.

Die Stunden sind dahingegangen, dunkle Schatten drängen sich durch das Fenster. »Mutter, ich muß aufbrechen, mein Weg zum Roten Kreuz dauert über eine Stunde.«
»Ich habe mit deiner Oberschwester besprochen, daß du selbstverständlich in nächster Zeit bei mir bleiben kannst, ich bin doch deine Mutter.« Über Mutters Einladung bin ich nicht überrascht, ich habe damit gerechnet, aber glücklich macht sie mich nicht. Ich fühle, daß es für Mutter eine seelische Belastung ist, wenn ich in ihrer Nähe bin. Noch lange sitzen wir an diesem Abend zusammen.

Zum Glück werden wir in dieser Nacht von den Bomben verschont und können die wenigen Stunden bis zum nächsten Morgen schlafen.
Als ich am anderen Morgen die Augen öffne, ist es schon Mittagszeit. Die kleine Linda steht vor meinem Bett und sagt: »Heil Hitler, hast du gut geschlafen?«
Fröhlich nicke ich ihr zu, bei meinem Gutenmorgengruß schüttelt das kleine Mädchen den Kopf und sagt: »Wir begrüßen uns nur mit Heil Hitler. So will es mein Papi, und du mußt es auch tun«, verweist sie mich energisch.
Nachdem ich angezogen bin, gehe ich in das Eßzimmer, doch Mutter ruft mich aus der Küche. Ich gehe zu ihr und drücke ihr als Morgengruß einen Kuß auf die Wange. Erschrocken sehe ich sie an. Mutter hat tiefumränderte Augen und sieht blaß und übernächtigt aus.
»Hast du schlecht geschlafen?« frage ich Mutter besorgt. Lächelnd sieht sie mich an. Doch als ich näherkomme, sehe ich Tränen in ihren Augen glänzen. In diesem Moment wird mir bewußt, daß ich auf keinen Fall hierbleiben kann, so schön der Gedanke an einen Urlaub auch ist. Mutter quält sich zu sehr mit der Vergangenheit, alles, was schon lange hinter ihr liegt, lebt nun wieder von neuem in ihr auf.

Nach dem Frühstück verabschiede ich mich von Mutter. Sie bittet mich, noch heute mit meinem ganzen Gepäck zurückzukommen. Auch von Linda verabschiede ich mich, die Blicke des kleinen Mädchens verfolgen mich, bis ich die Tür hinter mir zugeschlagen habe. Ohne es zu wollen, höre ich Lindas klingendes Stimmchen: »Mutti, wirst du jetzt immer weinen, wenn die große Schwester bei uns wohnt?« Wieder werde ich in meinem Herzen einen Kampf ausfechten müssen, denn ich darf nicht bei Mutter wohnen, ich muß eine Ausrede finden. Nur einige Tage will ich bei ihr verbringen, es ist für uns beide zu schmerzlich.
Ich packe in der Rot-Kreuz-Station meine wenigen Habseligkeiten zusammen und verabschiede mich von den Schwestern und der Oberschwester. Sie wünschen mir alle viel Glück und noch gute Erholung in den letzten 14 Tagen meines Urlaubs.
Ich danke der Oberschwester vor allem für ihre Bereitwilligkeit, mit der sie mich hier aufgenommen und nicht in meinen Einsatzort nach Rußland zurückgeschickt hat.
»Das ganze Leben ist eine Fügung des Schicksals«, meint die Oberschwester noch, »besonders bei Ihnen, Elisabeth Himmelstoß!«

Auf der halben Wegstrecke erreiche ich zu meinem Glück eine instand gesetzte Straßenbahn und kann das letzte Stück des Weges mitfahren. Sicher erwartet mich meine Mutter schon, denn kaum habe ich auf die Klingel gedrückt, wird die Tür geöffnet, und Linda steht freudestrahlend vor mir. Als ich zu Mutters Wohnung zurückkehre, ist alles für mich hergerichtet, sogar Blumen stehen auf dem großen Eichentisch im Eßzimmer. Auch an diesem Abend bleiben wir noch lange zusammen sitzen und erzählen uns sehr viel. Linda darf ausnahmsweise etwas länger aufbleiben und hört uns bisweilen aufmerksam zu. Manchmal entgeht mir ein erstaunter Blick nicht. Sie will mich etwas fragen, aber dann verläßt sie der Mut und sie schweigt. Als das kleine Mädchen zu Bett geht, wünscht sie uns eine gute Nacht und ein »Heil Hitler«. »Der deutsche Gruß gehört überall dazu«, meint sie. »Ich habe unseren Führer sehr lieb, weil er Deutschland so glücklich macht und wir einmal die ganze Welt besitzen werden.«
Ihr Gesicht wirkt sehr ernsthaft. Als ich Linda frage, ob sie des Abends im Bett auch betet, meint sie: »Natürlich, für den Führer bete ich jeden Abend. Daß er Rußland besiegt und wir die englischen Kolonien wieder bekommen, die uns von den Engländern gestohlen wurden.«

So also wird Deutschlands Jugend erzogen, und diese Kinder glauben alles, was man ihnen sagt. Das ist meine Stiefschwester, schon acht Jahre alt, nicht getauft, sondern nur im Glauben an den Führer erzogen. Für mich ist dieser Gedanke entsetzlich.
Ich verstehe Mutter nicht, habe aber nicht den Mut, sie zu fragen. Oftmals gibt sie mir nur ausweichende Antworten. Ich spüre, daß sie nicht mehr die Kraft hat, frei zu denken und zu sprechen. Ihre Worte sind Worte, die ich viel zu oft auch von anderen Menschen gehört habe, der Glaube an den Sieg, an Deutschland, an den Untergang des Bolschewismus und an den Sieg über England. Mutter klammert sich daran, und doch schwingen immer Bitterkeit, Verzweiflung und Angst in ihrer Stimme mit.

Seit zwei Tagen bin ich bei Mutter und sehr froh, als Besuch kommt, der sie von ihren traurigen Gedanken etwas ablenkt.
Überrascht stehe ich vor einer schlichten, einfachen Dame in einem netten Dirndl, der Frau Gräfin von Thurn und Taxis. »Darf ich Ihnen meine Tochter Elisabeth aus erster Ehe vorstellen, Frau Gräfin?« stellt mich Mutter vor.
Lächelnd gibt mir die Frau Gräfin die Hand und sagt: »Grüß Gott, ich freue mich, Sie kennenzulernen. Ihre Mutter hat mir vor ein paar Tagen viel von Ihnen erzählt.«
Herr Johannsen, mein Stiefvater, wie ich ihn wohl nennen muß, ist als Hausmeister bei der gräflichen Familie beschäftigt gewesen. Nun weiß ich auch, warum Mutter so gute Beziehungen hat.
Die Frau Gräfin betrachtet mich lange, bevor sie fortfährt zu sprechen. »Sie sehen Ihrer Frau Mutter sehr ähnlich. Wenn Sie möchten, dürfen Sie mich gern besuchen. Ich habe keinen Menschen mehr, der mir ein wenig hilft in meinem großen Haus. Leider bin ich nicht mehr jung genug, um alles allein schaffen zu können«, seufzt sie. »Ich habe noch Urlaub«, ergänze ich die Unterhaltung. »Wenn Sie es wünschen, Frau Gräfin, dann komme ich noch einige Tage zu Ihnen?«
»Das ist sehr nett«, gibt sie zurück. »Wissen Sie, früher hatte ich eine Hilfe im Haushalt und auch eine Sekretärin. Aber beide wurden zur Wehrmacht verpflichtet. Sie sollen aber nicht nur bei mir arbeiten, Sie sollen Ihren kurzen Urlaub noch genießen. Jedenfalls werde ich mich dankbar zeigen«, fügt sie hinzu und gibt mir ihre Adresse.
Ich danke der Frau Gräfin für die Einladung in ihr Haus und reiche ihr die Hand zum Abschied. Scherzhaft sagt die Frau Gräfin: »Heil Hitler will ich

mal nicht sagen, diesen Burschen kann ich nicht verehren!« Mutter blickt verlegen zu Boden, sie sieht die Frau nicht an. Wahrscheinlich ist dies die übliche Redensart der Dame.
Wir begleiten die Frau Gräfin zur Tür und winken ihr noch nach. Als wir in das Wohnzimmer zurückkommen, sagt Mutter: »Die Frau Gräfin ist ein wundervoller Mensch. Ich brauche sie, denn wie du ja weißt, ist mein Mann sehr oft krank, und dieses Leiden bedarf vieler Medikamente. Sie hat wieder etwas für meinen Mann mitgebracht. Die Frau Gräfin hat Beziehungen, aber ich frage sie nicht, woher sie alles bekommt. Für mich ist die Hauptsache, sie kann meinem Mann helfen.«
Mutters Augen sind feucht als sie weiterspricht. »Ich würde mich freuen, wenn du es wahrmachst und die Frau Gräfin besuchst, sie hat ein gutes Herz.«

Die Geschichte vom Bürgerbräukeller

Als ich am anderen Morgen aufstehe, liegt Mutter noch im Bett. Ich stehe besorgt vor ihr, an ihrem blassen Gesicht sehe ich, daß Mutter krank ist. »Mir geht es heute morgen nicht gut«, sagt sie gleich zu ihrer Entschuldigung. »Bleibe ruhig liegen Mutter, ich werde alles besorgen, kochen kann ich auch.« Mutter dankt mir, und als Linda aufsteht, hilft sie auch mit bei der Arbeit. Am späten Nachmittag brechen wir auf, um Mutters Bruder, Onkel Otto, und seine Frau zu besuchen.
Sie wohnen außerhalb der Stadt, und wir sind froh, als wir endlich nach einem langen Fußmarsch ihr Haus erreichen. Die Begrüßung ist sehr herzlich; es ist das erste Mal, daß ich diese Verwandten sehe.
Im Gegensatz zu Tante Brunhilde, die klein und zierlich ist, ist Onkel Otto eine große stattliche Erscheinung. Er ist Parteifunktionär bei der NSDAP und trägt stolz die braune Uniform. Tante Brunhilde führt uns in ein schlichtes Wohnzimmer. Auch hier sehe ich an den Wänden überall nur Hitlerbilder in verschiedenen Größen. Nachdem wir Platz genommen haben, werde ich von beiden viel bestaunt, und sie bitten mich, ihnen von mir zu erzählen. Ich berichte von meinen Erlebnissen als Nachrichtenhelferin in Litauen und Rußland, von Frank, Sascha, Josef und meinen Kameradinnen, doch über meine Kindheit schweige ich mich aus. Deshalb bemerkt Onkel Otto einmal kurz, daß ich etwas von unserem Bauernhof erzählen soll, aber ich vertröste

ihn auf später. »Der Abend ist noch lang, und wenn es euch recht ist, schlafen Linda und ich bei euch heute nacht, weil der Heimweg sehr weit ist.«

Nun erzählt Onkel Otto voller Stolz, was mir auch Mutter schon erzählt hat, daß er und sein Bruder Georg Hitler im Bürgerbräukeller das Leben gerettet haben und daß sie Duzfreunde von Hitler sind. Onkel Otto ist über sich selbst voll des Lobes und ein Nationalsozialist durch und durch. Er will nichts wissen von den Morden, die Tag für Tag und Nacht für Nacht an unschuldigen Menschen begangen werden, alles im Namen des deutschen Volkes.

Tante Brunhilde gehört der Frauenschaft an, und auch sie berichtet mir, wie wichtig es ist, alles für den Führer zu tun, um den Sieg in aller Welt zu erringen. Ihr Blick bleibt an einem großen Hitlerbild haften, und sie schweigt voller Verehrung eine Weile. Ich ahne die Worte, die nun kommen werden. »Ich will dir keine Schuld aufbürden, vielleicht ist es sogar besser, von deinem Vater, dem Vaterlandsverräter, nicht zu sprechen und eure Vergangenheit zu vergessen. Deiner armen Mutter wäre viel Leid erspart geblieben, hätte es für sie einen anderen Ausweg aus dieser unglücklichen Situation gegeben.«

Allmählich wird mir dieses Gerede über meinen schlechten Vater, so wie sie ihn nennen, zuwider. Ich gebe überhaupt keine Antwort. Als sie mich fragen, ob ich nicht auch ihrer Meinung bin, da muß ich reden, bevor mein Herz vor Wut überschäumt. Vorsichtig fange ich ein Gespräch an, ich sehe Onkel Otto und Tante Brunhilde dabei zurückhaltend an.

»Mutter hat mir etwas anvertraut, es war ein Schock für mich, ich sollte aber darüber schweigen, sie gab mir viele Ermahnungen mit. Aber ihr müßt wissen, daß ich den Mut habe, alles zu sagen, weil ihr mich anklagt. Die Wahrheit müßt ihr euch jetzt anhören:

Unsere Großmutter mütterlicherseits, sie ist deine Mutter, ist jüdischer Abstammung. So sind wir es alle. Du und dein Bruder Georg, ihr beide habt Hitler im Bürgerbräukeller das Leben gerettet. Höchstpersönlich hat euch der Führer den Blutorden angeheftet. Jedes Jahr am 9. November marschiert Hitler in eurer Mitte mit seinen alten Kämpfern zur Feldherrnhalle. Weißt du noch, wie ich am Straßenrand gestanden und euch zugewinkt habe? Ihr beide und Hitler habt zu mir hingeschaut, da war ich stolz. Ich weiß auch, daß ihr jüdische Namen in unseren Papieren durch arische ersetzt habt. Sicherlich werden wir alle so diese Zeit überstehen. Weißt du überhaupt, was mit den Juden geschieht?«

»Sie kommen in ein Arbeitslager, mehr weiß ich auch nicht«, sagt Onkel Otto halblaut. Hastig wendet Onkel Otto sich mir zu, sein Gesicht ist verfärbt, er sprudelt die Worte nur so hervor. »Deine Mutter hat uns allen versprochen, dieses Geheimnis niemals preiszugeben, warum hat sie ihr Schweigen gebrochen?«
»Weil ich ihre Tochter bin, und sollte etwas mit uns geschehen, dann weiß ich, daß ich den gleichen Weg gehen muß wie alle Juden! Ich weiß auch, wer meine Mutter in das Gefängnis brachte und wer meinen Vater verraten hat, es war der Rothaarige, der Stiefbruder meines Vaters. Durch seinen Verrat hat er unser ganzes Vermögen an sich reißen können, die Partei hat ihn als Erbhofbauer eingesetzt!«
Ich muß tief Luft holen, bevor ich weitersprechen kann; die Wahrheit hat mich angestrengt, innerlich bebe ich vor Angst. »Sei froh, Onkel Otto, daß ihr beide die braune Uniform tragen dürft, dahinter könnt ihr euer jüdisches Blut verbergen. Sie wissen alle nicht, die braunen Herren, wie viele Juden sie in ihren Familien haben, sie können nur über Unschuldige richten, über die zu richten sie kein Recht haben!«
Onkel Otto ist im Gesicht rot angelaufen, seine Augen blitzen bitterböse. »Du hast viel Mut, das alles zu sagen. Denkst du nicht daran, daß es gefährlich für dich werden kann? Daß ich tatsächlich die Macht habe, dich für dein Mitwissen für immer zum Schweigen zu bringen?«
»Vor dir habe ich keine Angst, denn auch du wirst schweigen, wir werden alle schweigen, weil wir leben wollen!« Trotzdem habe ich Angst vor Onkel Otto. Ja, er kann mich zum Schweigen bringen. Der Führer weiß alles über ihn, er weiß auch, daß er jüdischer Abstammung ist.
Onkel Otto lebt in diesem Rausch, der Liebe und Treue heißt für seinen Führer, und so wie Millionen Deutsche an diesen Mann glauben, so tun es auch Onkel Otto und Tante Brunhilde.

Die kleine Linda schaut mit weitaufgerissenen Augen zu mir auf, sie hat alles mit angehört. Mutter hat es immer vermieden, daß Linda bei unseren Unterhaltungen zugegen war, und hier bei Onkel und Tante mußte es nun geschehen. Ich könnte weinen vor Ärger, aber jetzt ist es zu spät. Linda weiß nun alles, das kleine Mädchen ist klüger, als wir annehmen. Was es verstehen will, versteht es.
In bedrückter Stimmung klingt dieser Abend aus. Linda sagt mir kaum noch eine gute Nacht, sie sieht mich mit fragenden Augen fremd an.

Am anderen Morgen ist die Begrüßung sehr kühl. Onkel und Tante versuchen, mir gegenüber höflich zu sein. Ich fühle aber ihren Haß, für sie bin ich eine Fremde, die nicht mehr zur Familie gehört, schließlich war mein Vater ein Vaterlandsverräter. Beim Abschied spricht niemand von einem Wiedersehen, sie wünschen mir nur alles Gute und winken mir und Linda nach.
Mutter erzähle ich nach unserer Rückkehr nichts von den Geschehnissen. Auch Linda erwähnt meine Auseinandersetzung mit Onkel Otto und Tante Brunhilde mit keinem Wort. Wie erstaunlich, daß das kleine Mädchen so schweigen kann.
Ich packe meine Koffer und sage Mutter, daß ich bei der Frau Gräfin die letzten Tage meines Urlaubs verbringen möchte, um ihr im Haushalt zu helfen, ich habe es ihr ja versprochen.

Im Haus Thurn und Taxis

Bei der Gräfin und ihrem Mann verbringe ich glückliche Tage. Sogar von Frank, der die Offiziersschule in Berlin erfolgreich abgeschlossen hat, erhalte ich Nachricht: Er will mich in München besuchen! »Ihr Verlobter kommt nach München? Selbstverständlich darf er hier übernachten, Elisabeth.« Ich danke der Gräfin herzlich und gebe die Nachricht gleich an Frank weiter. Nun warte ich auf seine Antwort: Wann kommt er, wann werden wir uns endlich wiedersehen?
Am anderen Morgen bringt mir die Hausmeisterin zwei Briefe von Frank. Blitzschnell reiße ich die Kuverts auf, und in jedem Brief fühle ich seine Sehnsucht.

Wie im Flug gehen auch meine letzten Urlaubstage dahin, und voller Unruhe warte ich auf ein Telegramm von Frank, unentwegt starre ich aus dem Fenster.
Am vorletzten Tag erhalte ich endlich das so heiß ersehnte Telegramm. Die Frau Gräfin öffnet es für mich, weil mir selbst vor lauter Aufregung die Hände zittern. »Von Frank ist es, er kommt«, stottere ich ununterbrochen. Doch als ich in das enttäuschte Gesicht der Gräfin sehe, begreife ich, daß es nicht so ist.
»Es ist aus Gießen, von Ihrer Heeresschule«, sagt sie. »Sie werden nach Frankreich, nach Bordeaux versetzt. Hier, lesen Sie selbst!« »Nach Frankreich!« Das

ist auch ein Grund zur Freude, jetzt brauche ich wenigstens nicht mehr zurück nach Rußland. Ich möchte jubeln, aber die Gedanken an Frank dämpfen meine Freude. Es sind nur noch wenige Stunden, dann muß ich abreisen, und ich habe ihn immer noch nicht wiedergesehen.
»Geben Sie die Hoffnung nicht auf, vielleicht werden Sie ihn doch noch sehen. Der Abend ist lang, und die letzte Nacht liegt noch vor Ihnen«, tröstet mich die Frau Gräfin. »Gehen Sie noch einmal zu Ihrer Mutter und verabschieden Sie sich das letzte Mal. Sie werden sehen, wenn Sie zurückkommen, ist bestimmt eine Nachricht von Ihrem Verlobten da!«
Mein Herz hämmert, als ich in Gedanken versunken noch einmal den Weg zur Mutter gehe. Stürmisch drücke ich auf die Klingel in der Hoffnung, daß Mutter vielleicht eine Nachricht für mich hat. Ich höre Schritte auf dem Gang und gleich darauf steht Linda vor mir.
»Ich gehe bald für immer fort, dann wirst du mich nie mehr wiedersehen, ich will mich nur ein allerletztes Mal von euch verabschieden.«
Eine halbe Stunde bleibe ich bei Mutter, und als ich Linda noch einmal die Hände entgegenstrecke für ein Lebewohl, da wirft sie trotzig ihren Kopf in den Nacken, sie übersieht meine Hand.
»Du bist nicht meine Schwester, dein Vater war ein schlechter Mensch, er hat Deutschland und unseren Führer verraten, ich will dich nie mehr wiedersehen!«
»Linda!« Mutter schreit ihren Namen laut und zornig. »Wie kannst du nur so etwas sagen, du solltest dich schämen. Elisabeth ist deine Schwester, und sie hat dich sehr lieb.«
»Sie braucht mich nicht liebzuhaben, ich habe keine Schwester!«, und ohne eine Antwort abzuwarten, stürzt Linda aus den Raum. Der Abschied fällt Mutter und mir schwer, weinend umarmt sie mich und wünscht mir alles Gute. Für den Rückweg zur gräflichen Villa benötige ich kaum eine Stunde.

Der Abendbrottisch ist schon gedeckt. Es gibt ausnahmsweise eine Milchsuppe, für die heutige Zeit eine fürstliche Mahlzeit. Trotzdem kann ich mich nicht darüber freuen, weil ich zu aufgeregt bin. Jedes kleine Geräusch läßt mich aufschrecken, und fiebernd horche ich auf das Glockenzeichen an der Tür.
Nach dem Abendbrot möchte ich mich sofort in mein Zimmer begeben, um meine Koffer zu packen. Doch die Frau Gräfin hält mich zurück: »Noch einen Augenblick bitte, Fräulein Himmelstoß. Bitte, setzen Sie sich noch einmal.«

Die Gräfin scheint zu überlegen, sie geht auf ein Bild zu, rückt es von seinem Platz und öffnet eine kleine Tapetentür. Ich beherrsche meine Neugierde und achte nicht weiter auf ihr Tun, denn ich möchte kein Mißfallen bei ihr erregen. Sie kommt auf mich zu und reicht mir ein Stück Papier.
»Wenn Sie nach Bordeaux kommen sollten, können Sie gern von dieser Adresse Gebrauch machen.« Die Gräfin setzt sich an ihren Sekretär und schreibt noch ein paar Zeilen, die sie in ein Kuvert steckt. Ich sehe mir den Brief an und lese: Madame de Sutter, Bordeaux, Rue de Florentin.
»Es sind Freunde von Herrn Grafen und von mir«, sagt die Gräfin. »Wenn Sie Madame alleine antreffen, dann fragen Sie nach ihrer Tochter Madeleine. Ich weiß, daß die Tochter der Frau Generalin die deutsche Sprache perfekt beherrscht. Sie können diesen guten Menschen ruhig Ihr Schicksal anvertrauen, sie werden gut zu Ihnen sein. Wer weiß, was noch alles auf Sie zukommt. Falls Sie das Ende des Krieges in Frankreich erleben sollten, so werden Sie in dem Haus der Generalin Schutz finden. Sie dürfen nur eines nicht: Sprechen Sie mit niemandem über Ihre Bekanntschaft. Es könnte nicht nur Ihnen, sondern auch Madame de Sutter und ihrer Tochter schaden.« Die Gräfin blickt zu Boden, ihre Worte sind nur noch ein Flüstern: »General de Sutter kämpft gegen die Deutschen, er haßt Hitler ebenso wie wir.«

Ich danke der Frau Gräfin mit einem herzlichen Händedruck und verspreche ihr, mich so zu verhalten, wie sie es mir gesagt hat. Auch die herzlichen Grüße der Frau Gräfin an Madame de Sutter werde ich ausrichten.
Mit einem Herzen voller Wehmut und Sehnsucht gehe ich nun auf mein Zimmer und packe die Koffer. Ein letztes Mal höre ich die große Glockenuhr in der Empfangshalle, sie kündigt mir die restlichen acht Stunden meines Hierseins an.
Diese Nacht verbringe ich fast schlaflos. Mit offenen Augen träume ich von Frank, ich sehe ihn lebendig vor mir, stolz in seiner Offiziers-Uniform.
Wir werden ein schönes Leben haben, du und ich. Mit unserer Liebe und der Kraft unserer Herzen werden wir ein gemeinsames Ziel erreichen, ein Heim und Kinder haben, die uns glücklich machen. Wie schön ist doch das Leben, wenn sich alle Wünsche erfüllen.

Als die Morgendämmerung hereinbricht, springe ich aus dem Bett und starre im Halbdunkeln durch das Fenster auf die Straße. Es ist unheimlich still, nichts ist zu hören als das gleichmäßige Rauschen der Bäume und Sträucher.

War das nicht ein Klingelzeichen an der Tür? Gespannt horche ich auf. Schnell werfe ich mir den Morgenmantel über und husche an das Treppengeländer. Unten im Empfangsraum wechselt die Frau Gräfin einige Worte, dann ist es wieder still. Sicher war es der Milchmann.
Bedrückt sitze ich am Frühstückstisch. Mit Mühe erzwinge ich ein kleines Lächeln, um zu zeigen, daß ich mich wenigstens über den hübsch gedeckten Frühstückstisch freue. Mitleidig bleibt der Blick der Frau Gräfin an mir hängen, als sie das Eßzimmer betritt. Sie geht auf mich zu und wischt mir eine Träne von der Wange.
»Als hätte ich es gefühlt, daß sich auch Ihr letzter Wunsch nicht erfüllen sollte, armes Mädchen. Ich gebe Ihnen ein guten Rat, schreiben Sie ein paar herzliche Worte auf ein Stück Papier. Es könnte sein, daß Ihr Verlobter Ihren Gruß hier in Empfang nimmt.«
Reisefertig stehe ich mit meinen beiden Koffern vor der Haustür. Noch einmal bedanke ich mich bei der gräflichen Familie für die herzliche Aufnahme und die wunderschönen Tage, die sie mir bereitet hat.
Innig drückt Frau Gräfin meine Hände, ihre Augen blicken mich liebevoll an. »Sollten Sie nicht wissen, wohin Sie nach diesem Krieg gehen sollen, in unserem Hause sind Sie immer herzlich willkommen, Fräulein Himmelstoß.«
Schon einmal hat mir die Frau Gräfin angeboten, daß ich Ende des Krieges zu ihr kommen darf, deswegen habe ich meine beiden Kofferschilder mit der Adresse der gräflichen Familie beschriftet. Sollte ich einen davon verlieren, würde ich postwendend von der Frau Gräfin Nachricht bekommen.
Es ist neun Uhr, als ich den Zug besteige, der mich nach Gießen bringen wird. Schon am nächsten Tag muß ich nach Bordeaux abreisen. Meine Gedanken aber sind bei Frank. Wo mag er jetzt sein, mein Frank?

Um die Mittagszeit kommt allmählich Leben in die Fahrgäste. Ein Landser erzählt mir, daß er schon drei Tage unterwegs ist und mit Sehnsucht auf das Wiedersehen mit seiner Frau und seinen Kindern wartet. Er hat Sonderurlaub wegen Tapferkeit vor dem Feind erhalten.
»Ein schönes Gefühl ist es«, gesteht er mir, »wenn man kein feiger Hund ist und seine Pflicht erfüllt, so, wie sie einem aufgetragen wird.« Welche Pflicht meint er wohl? Sicher würde es mir grauen, wenn ich es wüßte. Heißt nicht alles, was mit Krieg zu tun hat, Morden?

Erst später soll ich erfahren, was Frank zugestoßen ist. Nachdem er mich in München nicht angetroffen hat, reist er weiter zu seiner Familie. Hier muß er mit ansehen, wie sein Onkel von Gestapo-Männern geschlagen und gequält wird. Und Frank, mein tapferer Frank, lehnt sich gegen die Gestapo-Männer auf, greift sie an, um seinem Onkel zu helfen. Er wird verhaftet, sein Schicksal ist besiegelt.
»Widerstand gegen die Staatsgewalt«, lautet das Urteil. Zwei Tage später muß er die Heimat verlassen. Er muß zurück an die Front. Dort gibt es keine Zukunft mehr, sondern nur die Gegenwart zwischen Leben und Tod.

Der Herbst in Frankreich

Neue Kameradinnen

Am 1. September 1943 um 14.20 Uhr läuft der Zug in Bordeaux ein. Ein herbstlicher, wunderschöner Tag empfängt mich an meinem neuen Einsatzort.
Da mich hier niemand vom Bahnhof abholt, führt mein Weg zuerst zur Wehrmachtskommandantur. Zum Glück begegnen mir viele Soldaten, und es fällt mir nicht schwer, mich durchzufragen. Einer der Soldaten hilft mir sogar, meine Koffer zu tragen und begleitet mich bis zur Straßenbahnhaltestelle.
Es ist gut, daß ich die Flüche und Schimpfworte nicht verstehen kann, denn viele Augen sehen haßerfüllt auf die Uniform, die ich trage.
Müde von der Fahrt setze ich mich auf einen meiner Koffer. Wie soll ich mein neues Heim finden?
»Heil Hitler, Kameradin!« Zwei lachende Gesichter in Uniform begrüßen mich von weitem. »Bist du die Neue?« Statt zu antworten, fange ich an zu weinen, ich bin zu erschöpft.
»Vor knapp einer halben Stunde traf dein Telegramm aus Gießen hier ein«, sagt die Oberhelferin. Sie gibt mir die Hand zum Gruß und überreicht mir das Telegramm. Tatsächlich, meine Ankunft ist verspätet gemeldet worden. Die beiden Helferinnen nehmen mir die Koffer ab, und ich bin froh, daß mein Weg in Richtung Heim führt, alles andere ist vergessen.
Der Weg zum Heim ist nicht sehr weit. Die Führerin heißt mich herzlich willkommen. Das Heim ist eine elegante Villa. Erstaunt sehe ich mich nach allen Seiten um und bin verwundert, als mir eine Helferin in einem kostbaren Nerzmantel auf der Treppe entgegenkommt.
Die Führerin weist mir ein Zimmer zu, und die beiden Helferinnen setzen meine Koffer ab und sehen verstohlen auf mein Anhängerschild. Ironisch betrachten sie mich eine Weile, denn die Adresse der Gräfin steht auf meinem Schild.
»Ach so!« Ich verstehe und hoffe, nun die richtigen Worte zu finden. »Die Gräfin von Thurn und Taxis hat mir in München Obdach gewährt«, sage ich, »denn meine Eltern sind völlig ausgebombt. Sie hat mir auch gestattet, mei-

nen nächsten Urlaub bei ihr zu verbringen. Verliere ich einen Koffer, dann habe ich wenigstens eine Adresse und erhalte ihn wieder!«

Zwei Tage später muß ich meinen Dienst in der Transportkommandantur antreten. Als wir morgens zum Dienst marschieren, sondern sich die Kameradinnen von mir ab, denn schließlich bin ich die Neue aus Rußland, die sich mit dem Namen einer Gräfin schmückt.
Ich liege mit drei Helferinnen auf einem Zimmer. Nach dem Abendessen beginnt der eigentliche Teil des Abends. Es wird nur von Männern gesprochen und von der Liebe. Der Brustumfang wird gemessen, der ganze Körper auf Hochform gebracht. Ich komme mir vor wie ein Mauerblümchen, schüchtern sitze ich in meiner Ecke auf dem untersten Bett und staune nur, wie sich die Kameradinnen benehmen. An dieses neue Leben muß ich mich erst gewöhnen.
14 Tage später erhalte ich von der Gräfin aus München einen Brief. Eine Helferin, die mich verwundert ansieht, übergibt ihn mir. So habe ich meine Kameradinnen davon überzeugt, daß es wirklich eine Gräfin gibt.
Trotzdem bleibe ich die Neue aus Rußland, die Dumme und Naive. Allmählich gewöhne ich mich an die unfreundliche Art meiner Kameradinnen, aber richtigen Anschluß finde ich nicht.
»Hättest in Rußland bleiben sollen«, flüstert mir eines Abends eine Kameradin zu. »Du paßt nicht hierher, glaube es mir!« Sie hat recht, in Rußland war die Kameradschaft gut, wir haben zusammen gehungert und gefroren, wir waren glücklich oder verzweifelt, wir haben aber immer alle zusammengehalten, gleichgültig, was geschah.
Die freien Tage verbringe ich damit, Briefe zu schreiben. Ich bin noch immer ohne Nachricht von Frank. Schon überall habe ich hingeschrieben, zur Offiziersschule nach Berlin, zu seiner alten Einheit nach Rußland, zur Gräfin nach München, alles ist umsonst.

Meine Freundin Madeleine

Ich ordne meine Papiere und ganz überraschend fällt mir ein Zettel in die Hände. Das ist ja der Brief von der Gräfin an Madame de Sutter in der Rue de Florentin! Ich ziehe den Brief aus dem Kuvert, kann aber diese französischen Worte nicht lesen. Ganz plötzlich bin ich wieder ein wenig glücklich.

Es ist verboten, zu den Franzosen zu gehen, aber so vieles ist verboten und wird doch getan. Lange genug bin ich schon allein und von allen anderen Kameradinnen ausgestoßen.
Als ich an einem Mittag vom Frühdienst zurückkomme, entschließe ich mich, diese Madame de Sutter zu besuchen. Ich ziehe meine weiße Bluse an und mache mich hübsch; den Brief der Gräfin nehme ich mit.
Unterwegs frage ich oftmals Passanten und halte ihnen meinen Zettel mit der Adresse hin. Erstaunte Blicke treffen mich, entweder sprechen sie nur französisch und deuten mit den Händen, oder sie vermeiden es, mich anzusehen und gehen stumm an mir vorüber. Es dauert lange, bis ich die richtige Straße finde.
Nun stehe ich vor dem Haus in der Rue de Florentin, ein imposantes Gebäude aus einer großen Vergangenheit. Mit Herzklopfen steige ich die wenigen Stufen zur Tür empor. Ein Namensschild kann ich nirgends erblicken, so drücke ich auf den Klingelknopf. Angestrengt horche ich in die Stille, nichts rührt sich. Ein unsicheres Gefühl beschleicht mich, hoffentlich kommen keine deutschen Soldaten hier vorüber, solange ich an dieser Tür stehe. Ich drücke noch einmal auf die Klingel, dieses Mal anhaltender und länger. Schon will ich wieder die Treppen hinuntergehen, da wird die schwere Eichentür einen kleinen Spalt breit geöffnet.
»Bonjour, Madame«, sage ich und reiche ihr den Brief. Madame liest den Absender und öffnet weit die Tür. Sie bittet mich, einzutreten, während sie den Brief wieder und wieder liest. Temperamentvoll spricht sie mich auf französisch an und ergreift meine Hände in einer liebenswerten Geste. Wie ein Wasserfall sprudeln die vielen französischen Worte über ihre Lippen, zitternd gleiten ihre Hände noch einmal über dieses Stück Papier.
Madame geht voran und führt mich eine Treppe hinauf, die mit kostbaren Teppichen belegt ist. An den Wänden hängen große Bilder, in breite Goldrahmen gefaßt; majestätisch schauen Feldherren und Generale auf mich herab. Wir sind in der ersten Etage angelangt. Zartes Parfüm flutet mir entgegen, als Madame eine Tür öffnet. Sie spricht eine junge Dame an, die gerade am Frisiertisch sitzt und sich kämmt. Bis jetzt habe ich nur den Rücken dieser Dame gesehen, die ihre glänzenden schwarzen Haare mühevoll zu einem kunstvollen Gebilde hochkämmt. Als Madame sie anspricht, wendet sie sich mir zu.
»Herzlich willkommen im Haus meiner Eltern!« Diese bezaubernde junge Dame spricht ja perfekt deutsch! Ich freue mich sehr, fasziniert betrachte ich

sie eine Weile und lache sie an. Sie ist sehr schön. Ihr sonnengebräuntes, feingliedriges Gesicht mit den großen schwarzen Augen leuchtet. So also sieht eine echte Französin aus, denke ich mir, zaghaft reiche ich ihr meine Hand zum Gruß und nenne meinen Namen.
»Sie sind Deutsche«, spricht mich Mademoiselle an und lacht mir herzlich zu. »Meine Mutter freut sich sehr, daß Sie ihr Grüße von der Gräfin aus Deutschland gebracht haben. Schon seit Jahren verbindet sie innige Freundschaft, nur der Krieg hat momentan die Verbindung unterbrochen; Sie sind eine Verwandte der Gräfin?«
»Nein, Mademoiselle, ich habe nur meinen Urlaub bei ihr in München verbracht. Meine Mutter ist mit der ehrenwerten Frau Gräfin durch besondere Umstände befreundet.«
Wir nehmen an einem runden Tisch Platz. Madame serviert Kaffee, Gebäck und echten französischen Cognac; wir stoßen auf unsere Freundschaft an. Für Stunden vergesse ich, daß ich an einem verbotenen Platz sitze und erzähle ebenso temperamentvoll wie Madame. Mademoiselle Madeleine, so stellt sich die Tochter des Hauses mir vor, übersetzt Madame meine ganzen Berichte. Aufmerksam lauschen sie meinen Geschichten aus Polen und Rußland, sie sind betroffen, ich spüre ihr Mitgefühl.
Durch die hohen großen Fenster sehe ich, daß es schon zu dämmern beginnt, und ich muß mich von meinen reizenden Gastgeberinnen verabschieden, denn ich darf den Zapfenstreich nicht übertreten.

Eintönig vergeht ein Tag nach dem anderen, ich bin aber zufrieden mit meiner Arbeit und habe es mir zum Vorsatz gemacht, diensteifrig und korrekt meiner Arbeit nachzugehen. Trotzdem leide ich sehr unter der unkameradschaftlichen Art meiner Genossinnen. Für sie bleibe ich die Neue aus Rußland, die Fremde, an der sie sich auslassen können. Besonders, wenn Post ausgeteilt wird und nichts für mich dabei ist, lösen sich die spitzen Zungen, und sie lachen mich aus. Ich bin für sie die Angeberin, die Lügnerin, die mit einem Leutnant der Infanterie verlobt ist und nie Post von ihm bekommt. So schweige ich und spreche nur dann, wenn ich gefragt werde. Die Schmach, die mir Frank angetan hat mit seinem immerwährenden Schweigen, ist hart genug.

Der einzige Trost sind meine neuen französischen Freunde. Hat nicht Madeleine gesagt, daß auch sie in der Transportkommandantur arbeitet?

An einem Vormittag, als die Fernschreiber stillstehen, entschuldige ich mich für einen Augenblick bei meinen Kameradinnen. Ich beeile mich, Madeleine in dem großen Bau zu finden und frage jeden Soldaten, der mir begegnet. Es dauert lange, bis ich eine korrekte Auskunft erhalte. Als ich endlich die richtige Tür geöffnet habe, empfängt mich ein freudiger Schrei.
»Elisabeth, Sie haben mich gefunden?« Ich nicke und lache ihr zu mit der Bemerkung: »Ich muß sofort wieder zurück, sonst falle ich auf. Heute nachmittag kann ich Sie besuchen, ich habe frei!« So gelingt es mir wieder, diesen Nachmittag unbehelligt das Heim zu verlassen. Als ich Madeleine von Frank erzähle und bitterlich weine, tröstet sie mich und meint: »Es gibt noch schlimmere Dinge, du bist noch zu jung, um jetzt schon zu resignieren.« So werden Madeleine und ich Freundinnen. Ich fühle mich sehr wohl im Haus ihrer Eltern.

Inzwischen ist es Frühling, und den Versuch, unter den Helferinnen eine Freundin zu finden, habe ich aufgegeben, ich brauche sie nicht mehr.
Wie immer freue ich mich auch heute wieder auf einen Nachmittag in der Rue de Florentin. Es ist ein wunderschöner Maitag, und ich beeile mich, fertig zu werden. Noch am Abend zuvor habe ich mir die Haare eingedreht, damit die Innenrolle richtig hält, ich möchte heute besonders gut aussehen.
»Erwartest du einen besonderen Freund, einen neuen Verehrer, vielleicht wieder einen Leutnant oder sogar einen U-Bootkommandanten, Himmelstoß? Um 16.00 Uhr läuft ja ein U-Boot ein, die Blumen für den Kapitän sind schon gekauft. Na, was meinst du, eine vollbusige Blumenmaid wäre doch etwas für einen Kapitän. Wenn der dich in den Armen hält, dann fällt er um«, ruft eine Kameradin.
Als ich die Tür öffnen und verschwinden will, nimmt mir eine andere Helferin die Klinke aus der Hand und schlägt die Tür wieder zu.
»Heute gehst du mit uns, Himmelstoß, verstanden! Heute wird es nichts mit deinem Alleingang, wir wollen dich heute einmal saufen und lachen sehen.«
Ohne ein Wort zu sagen, gehe ich wieder zurück auf mein Zimmer und setze mich auf mein Bett. Als wenige Minuten später eine der Helferinnen eintritt, sage ich zu ihr: »Zwingen kann mich niemand, sonst wollt ihr mich auch nicht dabei haben, warum gerade heute?« »Ach was, hau doch ab«, bekomme ich zur Antwort.
Als ich eine Stunde später das Heim verlasse, folgen mir vier Helferinnen. Erschrocken bleibe ich stehen, aber sie grinsen mich nur an und rufen mir

zu: »Auf geht's in dein Liebesnest Himmelstoß, geh nur weiter!« Enttäuscht über soviel Gemeinheit wende ich mich um und kehre endgültig zurück ins Heim. Die vier Helferinnen gehen an mir vorbei und lachen, sie wollen doch noch weiter zum Hafen. »Bist 'ne komische Nudel, Braut eines Leutnants der Infanterie, den es gar nicht gibt«, spottet eine Helferin im Vorbeigehen.
So bleibe ich am freien Tag im Heim. Am späten Nachmittag gestattet mir die HvD einen Anruf. Ich wähle die Nummer von Madame de Sutter. Als sich Madame meldet, flüstere ich ängstlich ein ›Bonjour, Madame‹ und frage nach Madeleine.
Die HvD hört aufmerksam zu, sie sieht mich prüfend an. Ich kann Madeleine nur sagen, daß ich an diesem Tag verhindert bin, verstohlen huscht mein Blick noch einmal zur HvD. Es ist einfach nicht möglich, mehr zu sagen. »Komme morgen in der Tansportkommandantur bei dir vorbei«, flüstere ich ganz leise in die Muschel und muß dann auflegen.
»Du weißt doch, daß wir mit den Franzosen keine Verbindung aufnehmen dürfen«, zischt mich die HvD an. »Das weiß ich«, erwidere ich, »ist ja alles ganz harmlos.« Etwas Angst aber habe ich doch, hoffentlich verrät mich die HvD nicht.
Am anderen Morgen, als ich für ein paar Minuten vom Fernschreiber aufstehen kann, laufe ich sofort zu Madeleine; in kurzen Worten erzähle ich ihr alles.

Nachricht von daheim

Eines Tages, als ich vom Dienst zurückkomme, tritt mir die Posthelferin entgegen. »Auch für dich habe ich einen Brief, Himmelstoß«, sagt sie. Sie dreht ihn noch einmal um, der Brief ist ohne Absender. Erstaunt und überrascht reiße ich sofort das Kuvert auf.

> *»Liebe Elisabeth! Ganz durch Zufall habe ich Deine Adresse in Erfahrung gebracht, ich bin sehr glücklich darüber. Auf einem Offiziersfest wurden wir Künstler vom Fronttheater eingeladen. Da lernte ich eine Nachrichtenhelferin Anna Wimmer kennen; sie ist eine Base von uns beiden.«*

Erstaunt wende ich den Brief um, ich muß erst die Unterschrift sehen: *Dein Cousin Seppl Huber.* Von Sepp ist der Brief also!

»Du wirst Dich wundern, daß ich als Bauernsohn nicht den Bauernhof meiner Eltern übernommen habe, ich wollte Künstler werden.
Meine Eltern zeigten kein Verständnis. Es kam zu vielen Schwierigkeiten, ich wurde enterbt. Daraufhin verließ ich dann Heimat und Elternhaus. Bei einem Professor Rodek in München habe ich eine Eignungsprüfung als Schauspieler und Tänzer abgelegt, und ich erhielt ein Stipendium. Nun habe ich es geschafft und gastiere zur Zeit mit einer Theatergruppe in Holland, ich bin sehr glücklich mit meinem neuen Leben.
Wie geht es Dir, liebe Elisabeth? Unsere Base hat mir sehr viel von Deinen Eltern erzählt. Weißt Du, die Briefe gehen sehr oft durch die Zensur. Vielleicht sprichst Du schon etwas Französisch? Ihr habt doch die Möglichkeit, in Bordeaux kostenlos auf der Universität Französisch zu lernen, das weiß ich von guten Freunden.
Sicher wirst Du die nun folgenden Zeilen meines Briefes in französischer Sprache verstehen.«

Etwas enttäuscht, daß Seppl eine ganze Seite nur in Französisch geschrieben hat, lege ich den Brief vor mich hin und überlege. Madeleine kann mir den Brief übersetzen, das ist ein guter Gedanke! Sicher schreibt mir Seppl etwas Verbotenes und hat Angst vor der Zensur. Am anderen Morgen rufe ich im Frühdienst Madeleine an und frage sie, ob ich an diesem Tag zu ihr kommen kann. Gleich nach dem Mittagessen verlasse ich das Heim.
»Gehst du schon wieder allein aus«, schreit mich die HvD an. »Ja«, lüge ich, »ich muß zum Zahnarzt.« »Ach so, dann tschüß!«
Als mir Madeleine die Tür öffnet, drückt sie mir einen Kuß auf die Wange. »Mein blonder Engel ist wieder da«, sagt sie mit einem strahlenden Lächeln. Ich habe Herzklopfen und kann es kaum erwarten, so gespannt bin ich, als ich Madeleine den Brief überreiche und sie bitte, ihn mir zu übersetzen. Welche Neuigkeiten wird mir Seppl schreiben?
Madeleine hält das Stück Papier in ihren Händen: »Gute französische Sprache«, lobt sie Seppl und beginnt zu übersetzen:

»Liebe Elisabeth! Unsere Base Anna Wimmer erzählte mir, daß ein deutscher Bauer in einem Wald, nahe an der tschechischen Grenze in Eggenfelden, einen Toten gefunden hat. Der Tote wurde von hinten erschossen. Sein Rücken war voller Blut, so hat es der Bauer bei der

Polizei zu Protokoll gegeben. Es war im April 1934, in der Zeit, als Dein Vater zum wiederholten Mal politische Freunde über die Grenze brachte. Von dieser Reise kehrte er nicht mehr zurück. Im ›Völkischen Beobachter‹ *wurde berichtet, daß ein Volksschädling seinen Verrat mit dem Leben habe bezahlen müssen. Kurze Zeit nach diesem Vorfall kam eine Nachricht von Deiner Mutter aus dem Gefängnis.«*

»Jetzt schreibt dein Cousin Adressen von Freunden aus Toulouse, Dijon und Paris«, sagt Madeleine weiter.

»Hier kannst Du bleiben, bis der Krieg zu Ende ist, wenn wir ihn gewinnen, dann mußt Du Dir, liebe Lisl, eine neue Heimat in einem fremden Land suchen. Vielleicht können wir beide in Frankreich bleiben, ich liebe dieses Land!«

Seppl schmiedet jetzt schon Pläne für eine Zukunft, an die ich nicht glaube. Meine Vergangenheit liegt im dunkeln, die Zukunft kann schrecklich sein! Madeleines Augen ruhen verständnisvoll auf mir. »Warum hast du das nicht erzählt von dir?« Ich weine nur, meine Tränen rühren Madeleine zutiefst.

In der kommenden Nacht kann ich kaum schlafen, unentwegt denke ich an den Toten von Eggenfelden, der mein Vater war.
Ich höre noch immer das helle Lachen meines Vaters, wie er sich freute, wenn es ihm gelungen war, politische Freunde in Sicherheit zu bringen. Er führte die Gestapo lange Zeit an der Nase herum. Als Landarbeiter, verkleidet mit Rechen und Sensen auf den Schultern, verließen sie Deutschland, und niemand erkannte sie, nur der Rothaarige wußte davon. Vater war ein Mann ohne Furcht, seine Freunde hatten Vertrauen zu ihm.

Fred und das Kaufhaus im Keller

In dieser Woche habe ich Nachmittagsdienst. Als ich um 13.00 Uhr meinen Dienst wieder antrete, werde ich an das Telefon gerufen, es ist Madeleine! Ich antworte nur ja und nein, damit keine Helferin merkt, daß ich mit einer Französin spreche. Wegen des Nachmittagsdienstes können wir uns die ganze Woche nicht sehen, ich bin sehr unglücklich darüber.
Endlich ist die lange Woche vorbei, mein Nachtdienst beginnt, und ich habe wieder jeden Nachmittag frei.

Die Helferinnen haben sich schon daran gewöhnt, daß ich oft allein ausgehe, die HvD schreit mich dieses Mal nicht an. Als ich den Raum verlasse, schnäuzt sie sich so laut, daß ich mich erschrecke. Sie lacht nur und sagt: »Hau ab, Himmelstoß, du Alleingängerin!«
Madeleine erwartet mich schon in einer stillen Ecke und kommt mir entgegen. Sie begleitet mich zur Universität, damit ich mich für den Französisch-Kursus anmelden kann. Madeleine klopft an eine Tür, ein Unteroffizier des Heeres öffnet und begrüßt uns. Ich bin erstaunt, daß sie diesen Unteroffizier duzt und ihn Bertram nennt. »Ich nehme hier Unterricht in deutscher Sprache«, sagt sie, »schon ein ganzes Jahr, und Bertram spricht sehr gut französisch!«
Ich muß ein Anmeldeformular ausfüllen und die Kursus-Gebühr im voraus entrichten. »Es läuft ein Anfängerkursus, er hat gerade angefangen«, sagt der Unteroffizier, »Sie können sofort beginnen, gleich morgen um 17.00 Uhr.« Ich bin damit einverstanden und freue mich schon auf den nächsten Tag.

Madeleine lädt mich noch zu einem Glas Wein in das Hotel Bristol ein. »Weißt du, ich erwarte noch einen deutschen Freund, du mußt ihn kennenlernen, du wirst alle meine Freunde kennenlernen.«
Als sich die großen Flügeltüren des Hotels öffnen, bin ich überrascht. Es ist sehr schön hier, einfach wundervoll, eine kleine Welt der Reichen, denke ich. Einen solchen Prunk habe ich noch nie in meinem Leben gesehen.
»Hier passe ich nicht hin«, bemerke ich schüchtern, aber Madeleine überhört es. An einem runden Tisch nehmen wir Platz. »Garçon«, ruft Madeleine. Ein Ober kommt an unseren Tisch, und sie bestellt ein Menü für drei Personen. Es dauert nur wenige Minuten, da betritt ein gutaussehender Feldwebel des Heeres den Raum. Gelassen kommt er auf unseren Tisch zu.
»Elisabeth Himmelstoß, eine deutsche Nachrichtenhelferin«, stellt mich Madeleine diesem Feldwebel vor, »und das ist Fred, mein deutscher Freund!«
Wir begrüßen uns kurz, denn gleich darauf kommt der Ober und bringt uns eine Vorspeise, eine Muschel, die ich noch nie gesehen habe. Ob ich das wohl essen soll? Madeleine begreift sofort meine Situation und sagt: »Es sind Austern, eine französische Delikatesse, ich zeige dir, wie du sie essen mußt!«
Mit einem kleinen Löffel löst sie vorsichtig an den Seiten den Inhalt, dabei gießt sie etwas Essig an den Rand, dann setzt sie die Muschel an den Mund und schlürft die Auster hinunter. Nach den Austern folgt eine Suppe, dann ein Hauptgericht mit Nachspeise und zuletzt eine Tasse Mocca mit Cognac.

Soviel habe ich schon lange nicht mehr gegessen. »Wie ist es nur möglich, daß die französischen Frauen so schlank sind, wo sie doch soviel essen?« frage ich Madeleine. Der Feldwebel lacht. »Die Liebe macht hungrig«, sagt er, »darum essen die französischen Frauen so viel.«
»Rede nicht soviel Unsinn, Fred«, schimpft Madeleine. Sie beginnen eine Unterhaltung in Französisch, sehr lebhaft und temperamentvoll. Nur schade, daß ich nichts verstehen kann.
Nach einer Stunde winkt der Feldwebel dem Ober und bezahlt mit einem großen Schein. »Wir werden noch Besorgungen machen!« »Es ist schon 19.00 Uhr, und alle Geschäfte sind zu«, bemerke ich und sehe Madeleine fragend an. »Du sollst mitkommen und schweigen«, antwortet sie kurz und faßt mich an der Hand wie eine kleine Schwester. Ich schlage meinen Mantelkragen hoch, denn die Luft wird feuchter, je näher wir zum Hafen kommen. Eine halbe Stunde müssen wir gehen, dann biegen wir ab in eine Seitenstraße.

Jämmerlich sieht das Haus von außen aus, halb zerfallen. Der Feldwebel klopft dreimal an die Tür. Es dauert nur einige Minuten, da höre ich Schritte, langsam wird diese Tür geöffnet. Ein kleiner schwarzhaariger Franzose steht vor uns, in der Dunkelheit kann ich sein Gesicht nicht sehen.
Er bietet uns einen Stuhl an in diesem kleinen schmutzigen Raum, überall liegt Stroh. Der Franzose gießt uns Wein ein und schenkt mir ein Fläschchen Parfüm. Die Unterhaltung ist nur in französischer Sprache. Als wir den Wein ausgetrunken haben, geht der Franzose auf einen Schrank zu, wir folgen ihm. Er schiebt den Schrank zur Seite, und zum Vorschein kommt eine große eiserne Tür. Mir verschlägt es die Sprache. Das ist doch raffiniert, wer käme schon auf so einen Gedanken!
Madeleine, der Feldwebel und ich verschwinden hinter dieser Tür, der Franzose folgt uns nicht. Wir müssen viele dunkle Treppen steigen, ängstlich gehe ich Schritt für Schritt hinter den beiden her. Als wir die vielen Treppen hinuntergestiegen sind, dringt helles Licht auf die letzten Stufen.
Ich bin sprachlos und kann es kaum begreifen, was ich hier alles zu sehen bekomme: es ist ein riesiges Warenlager!
»Deutsche wissen nichts von diesem Lager, mein blonder Engel, du bist die einzige und mußt es auch bleiben, niemand darf davon erfahren. Wir Franzosen wollen auch leben und nicht durch Deutsche verhungern.« Ein großer, gutaussehender Mann tritt uns entgegen.

»Hello Fred, hello Madeleine«, begrüßt er die beiden. »Das ist Mister Brown«, sagt Madeleine, »er ist Amerikaner, hat einen amerikanischen Vater und eine französische Mutter. Mister Brown verwaltet hier das ganze Lager, viele Franzosen helfen ihm!« Ich brauche Zeit, um mich von dieser Überraschung erst einmal zu erholen, so etwas erlebt man nicht alle Tage!
Im Lager gibt es alles, was man sich nur wünschen kann, angefangen bei den Stoffen und Kleidern bis zu den Lebensmitteln. »Die Amerikaner helfen uns, es sind unsere besten Freunde«, sagt Madeleine beim Vorbeigehen.
Das Lager ist so groß, daß man es kaum übersehen kann, wir gehen an vielen kleinen Türen vorbei. Madeleine wirft ab und zu einen prüfenden Blick auf die Türen. »Wir gehen dort nicht hinein«, sagt sie, »das ist nur für Franzosen.« Unwillkürlich muß ich denken: Waffen für den Widerstand, ich wage es nicht zu sagen. Es wäre mir lieber gewesen, ich hätte dieses Geheimnis niemals erfahren.
»Suche dir aus, was du brauchst, ich werde es für dich bezahlen.« »Du bist lieb, Madeleine, vielen Dank!« Ich suche mir vor allem Nylonstrümpfe aus, aber kann ich die überhaupt zur Uniform anziehen? Wird die Führerin dann nicht sagen, so etwas trägt eine deutsche Frau nicht?
Ich verzichte darauf und suche mir dafür Unterwäsche aus: wunderbare Hemdchen, Höschen und Unterröcke, auch herrliche Spitzentaschentücher. Fred und Madeleine wühlen überall, sie kaufen sehr viel. Fred bezahlt alles, und die Franzosen verpacken die Pakete.
Als wir wieder nach oben gehen, sehe ich besorgt auf die Uhr. Es ist allerhöchste Zeit für mich zu gehen, und so nehmen wir den kürzesten Weg zurück ins Heim.

»Extra wegen dir bin ich noch im HvD-Raum geblieben, du schwarzes Schaf, ich wollte nicht, daß du wieder bestraft wirst!« Die HvD sieht mich von der Seite an. »Dafür sollst du morgen etwas Wunderschönes von mir haben«, sage ich, »danke!«
Ich habe etwas Unterwäsche in Seidenpapier eingewickelt, als ich nach dem Frühstück zur HvD des Vortages in das Zimmer gehe. Die HvD ist allein, ich habe Glück. Als ich ihr das Päckchen in die Hand drücke, öffnet sie es sofort. »Du bist ein Engel, ein wirklicher Engel«, sagt sie, »Himmelstoß, von heute an sind wir Freundinnen! Wo hast du das her?«
»Gekauft in irgendeinem Kaufhaus in Bodeaux«, lüge ich, »weiß nicht mehr, in welchem, bin überall herumgelaufen, sogar auf dem Flohmarkt war ich,

ich habe nur jetzt kein Geld mehr!« Da will sie mir Geld in die Hand drücken, aber ich gebe ihr das Geld zurück mit der Bemerkung: »Das ist für deinen Kameradschaftsdienst!« Endlich habe ich eine Freundin gefunden, sie heißt Annette Krug und ist ein netter Kerl.
Am anderen Morgen nach dem Frühdienst freue ich mich wieder auf den Nachmittag. Ich bin gerade dabei, mich zum Ausgehen fertig zu machen, als mir eine Helferin zuruft: »Himmelstoß, du bist zum HvD-Dienst eingeteilt worden!« Ich bin wütend über diese Nachricht, es läßt sich aber nicht ändern.

Als erstes rufe ich Madeleine zu Hause an und sage ihr Bescheid, daß ich an diesem Tag nicht kommen kann. Madeleine tröstet mich mit einer großen Überraschung.
»Wir sind morgen in Ducon eingeladen, du wirst staunen. Es sind Deutsche, drei SS-Offiziere mit einer besonderen Funktion; alle sehr nette Menschen!« Auf diese Überraschung bin ich wirklich gespannt, und obwohl ich SS-Männer nicht leiden mag, sage ich zu.
An diesem Abend habe ich im HvD-Raum nicht viel zu tun. Fast jedes der Mädel hat einen Freund, es ist ein Kommen und Gehen. In meiner Traurigkeit, daß ich von Frank noch keine Antwort erhalten habe, nehme ich ein Buch zur Hand und lese. Dieses ewige Schweigen hat eine tiefe Wunde in mein Herz gerissen, ich kann Frank nicht vergessen.

Ein Abenteuer mit mysteriösen Offizieren

Am anderen Tag, pünktlich um 14.00 Uhr, fährt ein kleiner Kastenwagen vor Madeleines Haus. Am Steuer sitzt ein Unteroffizier und neben ihm der Feldwebel Fred. Nach der Begrüßung müssen wir uns beide auf die hinteren Sitze begeben. So ganz nebenbei sagt der Unteroffizier: »Meine Damen, Sie müssen sich auf dem Rücksitz ganz klein machen und herunterrutschen, wir dürfen keine Frauen befördern, sonst werden wir bestraft.«
Nach fast einer Stunde haben wir Ducon erreicht, neugierig sehe ich mich in dieser gottverlassenen Gegend um. Kaum Häuser, nur eine kleine Villa, ringsherum von Ranken und Gewächsen umwuchert.
»Hier wohnt der Chef«, sagt Madeleine. »Welcher Chef?« frage ich sie. Auf meine Frage gibt sie mir keine Antwort. Als wir auf der Veranda durch

eine Glastür treten, kommt uns ein großer, schlanker Mann entgegen. Er trägt einen weißen Rock und die schwarze Uniformhose der SS. Erstaunt sehe ich ihn an, er bewegt seinen Mund, aber ich kann ihn nicht verstehen.

»Pierre ist stumm, er ist Franzose!« Madeleine wendet sich ihm zu und spricht mit ihm. Seltsam, wie kommt er hierher? »Er arbeitet für die SS-Offiziere, er ist Diener und Koch zugleich. Pierre kocht sehr gut«, prahlt Madeleine, »laß dich überraschen.« Der Franzose geht uns voraus. Beißender Qualm kommt uns entgegen, als Pierre eine Tür öffnet. Drei Männer sitzen in dem Raum, alle drei tragen sie SS-Uniformen, und keiner von ihnen ist älter als 28 oder 30 Jahre. »Bonjour, Messieurs«, ruft ihnen Madeleine zu, ich grüße mit ›Heil Hitler‹; sie grüßen zackig zurück.

Madeleine fällt erst jedem der drei um den Hals und drückt ihnen einen Kuß auf die Wange, dann wendet sie sich mir zu und stellt mir jeden einzeln vor: »Das ist Walter«, sie zeigt auf den ersten, »der Papa mit drei Söhnen, leider ist seine Frau sehr krank. Das ist Kurt, der immer lustige Kurt, und das ist Chef, hm, er ist wirklich Chef von Dienststelle«, lacht sie, aber seinen Namen nennt sie nicht. Nun bin ich an der Reihe, ich werde von Madeleine als ›blonder Engel Elisabeth‹ vorgestellt. »Ich sage immer ›blonder Engel‹, weil sie so wunderschöne blonde Haare und blaue Augen hat, sie ist meine deutsche Freundin.«

Inzwischen bringt Pierre auch etwas zu trinken. Eine weiße Tischdecke wird über den Tisch gestreift, und Pierre benimmt sich genauso vornehm wie der Ober im Hotel Bristol. Er stellt fünf Gläser auf den Tisch. »Wir sind doch sieben Personen mit dem Unteroffizier.« Ich sehe Madeleine fragend an, sie aber zupft mich am Ärmel und sagt: »Die beiden sind zurückgefahren, sie haben Dienst, sie holen uns heute abend wieder von hier ab.«

Es wird ein vergnügter Nachmittag, es wird viel gelacht und auch viel Wein getrunken. Ich bin schon etwas beschwipst, als Pierre das Abendbrot aufträgt, allmählich wird es auch Zeit, aufzubrechen.

Als ich zur Haustür gehe, steht der Kastenwagen schon bereit. Fred sitzt am Steuer und der Unteroffizier daneben.

Madeleine und ich verabschieden uns von unseren freundlichen Gastgebern und steigen in das Auto. Auf der Fahrt sagt keiner ein Wort, auch ich bleibe stumm. Wir sind noch nicht weit von der Villa entfernt, da umgeben uns grelle Lichter, und eine Stimmt ruft laut: »Wehrmachtsstreife!«

Im selben Augenblick wird eine Decke über uns geworfen, und der Wagen hält. »Alles in Ordnung, weiterfahren!« Als uns Fred zuruft: »Hochrutschen«, sagt er: »Wir haben Glück gehabt, ich habe den einen von der Streife gekannt, er hat nicht kontrolliert. Die Kerle machen die Gegend hier immer unsicher!«
Das Auto fährt bis zu unserem Heim, ich kann meinen Zapfenstreich pünktlich einhalten. Dieses Mal bin ich nicht die letzte, hinter mir kommen noch drei Helferinnen, etwas betrunken und ausgelassen. Sie waren auf einem U-Boot eingeladen und haben dort gefeiert.
»Himmelstoß, das nächste Mal kannst du auch mitkommen«, ruft mir eine Helferin zu. »Ach was«, meint eine andere, »der ist das doch nicht vornehm genug. Die hat doch einen Leutnant der Infanterie als Verlobten.« Da lachen sie alle drei ganz laut.

Beim nächsten Mal fahren wir in einem offenen Wagen nach Ducon, das ist herrlich. Fred fährt wie ein Wilder durch Bordeaux, Madeleine und ich, wir sind allerbester Laune.
An diesem Tag kann ich mich richtig umsehen, denn als ich das erste Mal nach Ducon kam, war es schon dunkel. Ich finde diese einsame Gegend herrlich, es ist kein Haus in der Nähe. Die drei Offiziere empfangen uns freundlich.
Als uns von der Terrasse her eine hübsche, brünette Dame entgegenkommt, sind wir überrascht; sie sieht vorteilhaft in ihrem Badeanzug aus.
»Mein Name ist Inge Lange von Haus Irmengard!« »Und ich bin von Haus Dora«, stelle ich mich vor. »Hat Ihnen Kurt noch nicht von mir erzählt?« fragt Inge.
Wir necken Kurt, weil ihm die Überraschung gelungen ist. Nach einem Begrüßungstrunk ziehen auch Madeleine und ich den Badeanzug an, die Luft ist so herrlich warm.
»Ist es nicht wunderbar hier?« fängt der Chef ein Gespräch an. Ich bin erstaunt, er spricht mit leichtem Akzent, so mache ich mir meine Gedanken. Er spricht von dem schönen Frankreich, wie schön dieses Land im Frieden sein müßte, er schwärmt, als wäre Frankreich seine Heimat. Alles ist so sonderbar hier.

Es ist schon dunkel, als wir die Villa verlassen. Inge Lange ist mit Kurt in einem französischen Wagen vorausgefahren. Da plötzlich krachen Zweige.

Ich sehe mich in der Dunkelheit noch einmal um, und blicke in Mündungen von Gewehren. Sind sie auf uns gerichtet?
Erst glaube ich zu träumen, doch dann tauchen Gestalten in Uniformen auf, Helme blitzen. Ich will schreien, aber die Angst hat meine Stimme gelähmt. Da fällt ein Schuß, dann noch einer, ich laufe zum Auto. Madeleine sitzt schon im Auto und Fred am Steuer. Kaum, daß ich Platz genommen habe, fährt Fred los. Es wird eine rasende Fahrt nach Bordeaux, ein Wagen verfolgt uns, und immer wieder fallen Schüsse. Ich bin so aufgeregt, daß ich nur weinen kann. Es ist alles so unheimlich. Ich bitte Madeleine zitternd, mir die Wahrheit zu sagen.
Madeleine zögert erst, doch dann löst sich ihre Zunge und sie sagt: »Die drei SS-Offiziere sind französische Widerstandskämpfer, sie dienen einer gerechten Sache, der Krieg der deutschen Mörder muß zu Ende gehen!«
Habe ich es doch geahnt, daß der Chef kein Deutscher ist!
Madeleine erfaßt im Dunkeln meine Hände, ich zucke nervös zusammen. »Du und Inge, ihr habt dem Widerstand geholfen mit den wichtigen Nachrichten, von denen ihr geglaubt habt, sie an die SS weitergegeben zu haben.« Madeleine schweigt einen Augenblick, dann sagt sie: »Inge ist noch davongekommen, sage ihr nichts von dem heutigen Abend!« Sie flüstert leise, ich kann sie kaum verstehen, der Wagen rauscht so laut.
»Mache dir keinen Vorwurf, Elisabeth. Was du getan hast, hast du für Frankreich getan.« Wir haben Bordeaux bereits erreicht, da fallen wieder Schüsse, und plötzlich bleibt der Wagen stehen. Ich schreie nur: »Fred!« Als ich ihn berühre, sind meine Hände voller Blut. Fred liegt über das Lenkrad gebeugt, er ist verletzt.
In panischer Angst reißen Madeleine und ich die Türen auf und rennen durch die Stadt, sie ist menschenleer. Madeleine eilt mit mir zum Heim, die Tür ist noch offen.

Als ich schlotternd eintrete, sieht mich die HvD erstaunt an, ich kann kaum sprechen. Ich stammele nur, daß ich den Zapfenstreich übertreten habe und meine Strafe dafür erwarte.
»Du bist schon lange fällig, Himmelstoß«, spricht mich die HvD an, »deine Wege sind gefährlich.« »Ich schenke dir einen Pelzkragen, den wünschst du dir doch schon so lange, ich kann ihn wirklich organisieren.« Flehentlich sehe ich die HvD an. Sie glaubt mir und sagt: »Himmelstoß, du kannst auch den Teufel besorgen, woher hast du deine Beziehungen?«

Die HvD starrt mich noch immer an, aber ich bin nicht mehr fähig zu sprechen. »Du wirst deine Strafe bekommen«, sagt die HvD, »fast eine halbe Stunde hast du überschritten.« Ich nicke nur, mir ist alles egal.

Als mich Madeleine am nächsten Tag anruft, sagt sie mir, daß Fred nur leicht verletzt ist, er hat eine Wunde an der Schläfe. Eines aber weiß ich, die Gestapo ist hinter uns her. Noch kann sie uns nichts beweisen, Fred hat sich trotz seiner Verletzung allein weitergeschleppt in seine Unterkunft. Der französische Widerstand ist überall.
Auch ich bin fähig zu hassen, den Krieg und das Morden in der Welt. Wenn ich meine arische Abstammung mütterlicherseits erbringen muß, so kann ich mich nur auf Onkel Otto berufen, sonst komme ich in ein Lager. Die Angst läßt mich nicht mehr los.

Die HvD hat mich nicht verraten, sie bekommt von mir auch einen wunderschönen Pelzkragen, den Madeleine besorgt hat. Ich bin noch einmal davongekommen.
In der kommenden Woche habe ich Frühdienst. Mittags ruft mich Madeleine im Dienst an. »Wenn du Lust hast, machen wir heute einen Bummel durch Bordeaux, ich erwarte Fred, er will auch mitkommen.«
»Himmelstoß, sieh dich bloß vor mit deiner Franzosenfreundlichkeit, die Wände haben Ohren, immer gehst du mit dieser Französin aus!« mahnt mich eine Helferin. »Ich tue nichts Unrechtes, Madeleine arbeitet in der Reichsbahnkommandantur, was soll ich hier im Heim? Ihr versprecht mir immer, daß ihr mich mitnehmen wollt, doch keine nimmt mich mit. Immer allein bleiben will ich auch nicht«, spiele ich die Beleidigte.

Die Aktentasche

Es ist ein herrlicher Nachmittag, als ich mich mit Madeleine treffe. »Wir müssen zum Café de Paris, Fred erwartet uns.« So gehe ich neben Madeleine her, die Passanten schauen uns nach, als wären wir beide ein Wunder. »So etwas bekommen deine Landsleute nicht jeden Tag zu sehen?« »Kein Franzose mag es, wenn wir mit Deutschen gehen, denn die Deutschen sind unsere Feinde, sie wissen nicht, wer du und ich sind!« Madeleine lächelt mir zu.

Laute Musik erschallt aus dem Café de Paris, als wir eintreten. An einem leeren Tisch nehmen wir beide Platz. Als ich mich umsehe, muß ich feststellen, daß sich kein einziger Deutscher in diesem Lokal befindet.
»Dieses Café ist für Deutsche verboten, trotzdem suchen sie hier, was sie wollen; es ist nicht immer gut, was Deutsche tun!«
Da tritt ein Mann in einem Ledermantel durch die Tür. Es ist Fred, ich erkenne ihn sofort. Wie immer trägt er eine Aktenmappe unter dem Arm.
»Bonjour Madeleine, guten Abend, Elisabeth, habt ihr schon lange auf mich gewartet?«
Fred setzt sich zu uns, und der Kellner bringt drei Aperitifs an unseren Tisch. Fred unterhält sich mit Madeleine wieder auf französisch. Ich freue mich, denn beide wissen noch nicht, daß ich schon gute Fortschritte in der französischen Sprache gemacht habe. Fred fuchtelt aufgeregt mit den Händen und sagt zu Madeleine: »J'ai l'argent, deux million francs!«
Plötzlich reißt Madeleine ihre Augen weit auf und ihr Mund ist halb offen.
»Ce n'est pas assez, cela devrait être quatre million francs!« Wort für Wort habe ich verstanden, die Unterhaltung der beiden macht mich nachdenklich. Was hat Fred mit zwei Millionen Franc vor? Und warum sagt Madeleine, das sei zu wenig, sie bräuchte vier Millionen? »Wollen wir diesen Nachmittag nur in diesem Café verbringen?« spreche ich die beiden an, um sie von ihrem gefährlichen Gedanken abzulenken. »Ich dachte, es ist ein Bummel durch Bordeaux vorgesehen?«
»Natürlich werden wir das nachholen.« Fred hat meiner Bitte nur mit halbem Ohr zugehört.
Nach fast zwei Stunden verlassen wir dieses schreckliche Café und schlendern am Hafen entlang. Der Abschluß des Tages ist bei Mister Brown im Lager vorgesehen.

Zu meiner Überraschung wird auch bei Mister Brown französisch gesprochen. Stumm bleibe ich auf meinem Stuhl sitzen und höre angestrengt ihrem Gespräch zu. Einigen Wortfetzen kann ich entnehmen, daß Mister Brown von einem deutschen U-Bootkommandanten spricht, dessen Mutter Engländerin ist. Er hegt heute noch Sympathien für England und ist bereit, den vorbereiteten Plan auszuführen. Welchen Plan?
Fred nickt nur und hört weiterhin den Erzählungen Mister Browns zu. Als würde er ahnen, daß ich einiges verstehe, streift mich plötzlich ein mißtrauischer Blick.

Später faßt mich Madeleine am Arm. »Ach, mein blonder Engel, du hattest sicher viel Langeweile, wir mußten wichtige Dinge besprechen, und du hast nichts verstanden.«
»Der blonde Engel hat viel verstanden, aber ich kann schweigen.«
Madeleine ist sprachlos, sie starrt mich an, ohne etwas zu sagen. So unterbreche ich ihr Schweigen. »Ich habe Angst um euch. Es ist dieselbe Menschenpflicht, für die mein Vater sterben mußte, weil er verraten wurde.« Ich wische mir die Tränen von den Augen, und Madeleine übersetzt Mister Brown meine Worte.
Als wir uns verabschieden, küßt Mister Brown meine Hände und bittet mich, einen Augenblick zu warten. Als er zurückkommt, übergibt er mir ein großes Paket mit den Worten: »For you, my Darling!« Ich bedanke mich herzlich. Schweigend gehen wir nebeneinander her. Es wäre mir lieber gewesen, wenn ich vieles nicht verstanden hätte, weil ich den kommenden Dingen so ängstlich entgegensehe.
Am anderen Morgen ruft mich Inge Lange an und lädt mich zu sich in das Heim ein. »Ich habe einen sehr guten Wein von Kurt mitgebracht«, sagt sie, »den mußt du unbedingt probieren.« Gerne folge ich der Einladung. Es ist ein lustiger Nachmittag, wir sind beide fröhlich und ausgelassen. »Ich mag Kurt sehr gern«, sagt sie, »und doch möchte ich diese Freundschaft einstellen. Ich habe Angst, auf der Fahrt nach Ducon von der Wehrmachtsstreife erwischt zu werden.« Ich bin nicht überrascht über Inges Geständnis, ich weiß ja alles, und sie ahnt vielleicht schon, daß es dort nicht mit rechten Dingen zugeht. »Weißt du«, spricht Inge weiter, »bei einem gefährlichen Abenteuer erwischt zu werden, heißt Strafversetzung in die Heimat, und dann, in der Heimat, kommt das dicke Ende. Ich habe Angst, Elisabeth«, sagt Inge. »Manchmal glaube ich, die SS-Offiziere sind gar keine Offiziere, wir kennen sie ja nicht. Wir reden nur zuviel, viel zuviel. Wir erzählen vom Dienst, von den geheimen KR-GKDOS, von den SSD und SD und von der Partisanenbekämpfung. Wir können uns nicht einmal erkundigen, wer diese Männer überhaupt sind, weil wir Bordeaux nicht verlassen dürfen ohne eine außerordentliche Genehmigung der Kommandantur. Du wirst sehen, wir werden beide noch eine böse Überraschung erleben, und wir merken das alles nicht einmal.«

Ein altes Sprichwort sagt: ›Wer sich in die Gefahr begibt, kommt darin um!‹ Mittlerweile ist die Angst mein Freund geworden, denn seit ich die Uniform trage, habe ich immer Angst.

Inge bestätigt mir noch, daß sie für mich eine Versetzung in ihr Heim angestrebt hat, weil noch ein freies Bett für mich da ist. Wir möchten gern zusammenkommen, hoffentlich geht die Führerin auf unsere Bitte ein.

Ich bin wieder auf mein Zimmer gegangen und lerne eifrig in meinem Vokabelbuch. Plötzlich reißt die HvD die Tür auf und ruft mir zu: »Himmelstoß, du hast Besuch, du mußt sofort nach unten in den HvD-Raum kommen! Dein Freund ist da, vielleicht ist es ja dein Verlobter«, bemerkt sie spöttisch.
Ich bin sprachlos, »mein Freund«, »mein Verlobter«, was redet die nur für einen Unsinn. Unwillkürlich muß ich an den Chef von Ducon denken, mir ist bei diesem Gedanken nicht wohl zumute. So verlasse ich mein Zimmer mit gemischten Gefühlen und gehe nach unten in den Aufenthaltsraum. Da steht Fred, ich sehe ihn groß an.
»So eine Überraschung, du kommst mich besuchen?«
»Ja und nein, ich muß zu dir kommen, ich habe eine Bitte an dich!«
»Was hast du, Fred, willst du mir nicht sagen, weshalb du mich so unverhofft mit deinem Besuch hier überraschst? Daß du den Weg zu mir in das Heim gefunden hast, darüber bin ich wirklich erstaunt.«
Fred schweigt einen Augenblick. »Ich habe eine Bitte an dich, Elisabeth!«
»Eine Bitte, natürlich, wenn ich sie erfüllen kann?« »Sicher kannst du das, es handelt sich nur um diese Aktentasche!« Fred zeigt sie mir. »In dieser Tasche sind vier Millionen Francs, sie darf in meiner Unterkunft nicht gefunden werden. Ich muß von hier aus noch für meine Truppe Besorgungen machen und komme vorerst nicht mehr auf meine Dienststelle.«
»Ist sie auch gut abgeschlossen? Ich habe neugierige Kameradinnen und möchte nicht, daß eine davon herumschnüffeln kann. Du weißt auch, was das für mich bedeutet.« »Bestimmt, ich habe sie abgeschlossen, sieh doch mal nach!« »Ich stelle deine Tasche in meinen Spind in die hinterste Ecke, da findet sie hoffentlich niemand.«
Fred überreicht mir die Aktentasche, und als ich sie unter den Arm nehme und nach oben auf mein Zimmer bringe, ruft er mir noch nach: »Ist nur bis übermorgen, dann hole ich sie wieder ab.«
Ich habe ein ungutes Gefühl, als Fred sich von mir verabschiedet.

Am anderen Morgen ist Kleiderappell angesetzt. Ich habe meine Sachen in Ordnung. Die Führerin inspiziert auch die Spinde und Betten, sie sieht Gott sei Dank alles nur flüchtig nach. So ist auch diese Prozedur überstanden.

Ich habe Nachmittagsdienst und muß mich beeilen, die Kameradinnen warten schon auf mich. Als ich auf die Straße trete, fängt es leicht an zu regnen. Die Luft ist dunstig und kalt, und der Himmel zeigt ein unfreundliches Grau. »Heute ist ein Sauwetter«, meint eine Kameradin; sie wirft mir einen scheelen Blick zu. »Nicht schön«, antworte ich. »Ist gut, daß du Dienst hast, nicht wahr?« »Wieso?« »Nun ja, weil du dann heute nicht gut eine Spritzfahrt machen kannst mit dem Auto. Man hört so allerhand von dir, allmählich wirst du Tagesgespräch! Jemand hat dich gesehen.«
»Interessiert mich nicht, was andere sehen. Wenn du schon so neugierig bist, dann kann ich dir sagen, daß ich eine Versetzung nach Haus Irmengard wünsche. Dort hat meine Freundin Inge noch ein Bett für mich frei, dann seid ihr mich los.«

Frohgelaunt kehre ich diesen Abend vom Dienst zurück. Nach dem Abendessen lasse ich mich durch die Oberhelferin bei der Führerin anmelden, um wegen der Verlegung nach Haus Irmengard zu fragen.
Als ich nach oben gehe, hält mich eine Kameradin an. »Du mußt zur Führerin kommen, Himmelstoß, wir haben dich schon überall gesucht!«
»Das trifft sich prima, ich wollte selbst zur Führerin gehen und mit ihr sprechen.« Die Kameradin sieht mich argwöhnisch von der Seite an. »So prima ist das gar nicht, glaube ich!«
Ich werfe ihr einen spöttischen Blick zu, was will die nur? Ich habe keinem etwas getan, und im Dienst bin ich mir auch keiner Schuld bewußt. Ich grüße die Führerin laut und vorschriftsmäßig. »Sie wünschen mich zu sprechen?«
»Jawohl, Helferin Himmelstoß, Sie wünsche ich zu sprechen. Sie ahnen doch sicher, um was es geht?«
»Eigentlich ahne ich nichts, oder hat eine Helferin schon darüber gesprochen, daß ich eine Verlegung nach Haus Irmengard wünsche?«
Mißbilligend schüttelt die Führerin den Kopf. »Sie sprechen von Verlegung, besser gesagt, Versetzung. Jawohl, Sie haben recht, Sie werden versetzt, aber nicht nach Haus Irmengard, sondern nach Deutschland!«
»Deutschland? Führerin, ich verstehe Sie nicht, was habe ich getan?« »Das fragen Sie noch, Sie wagen wirklich, noch zu fragen?« Die Führerin holt unter ihrem Schreibtisch etwas hervor.
Die Aktentasche von Fred! Blitzschnell muß ich überlegen, ich bin voller Angst. »Mein Freund ist Feldwebel, er muß für seine Truppe einkaufen«, lüge ich, ohne die Führerin anzusehen. »Nur für eine Nacht hat er mir diese

Aktentasche anvertraut, um sie morgen wieder zu holen, weil er heute dienstlich verhindert ist.«
»Ausgerechnet Sie sollen diese Tasche aufbewahren?« Die Führerin stößt einen höhnischen Laut von sich. »Also Ihnen kann man so viel Geld anvertrauen?« »Warum denn nicht, Führerin, außerdem wußte ich nicht, daß Geld in der Tasche ist, sie ist doch abgeschlossen. Hat man sie gewaltsam geöffnet? Sie können mir glauben, schon morgen werde ich Sie von der Tatsache überzeugen, daß mein Freund ...«
»Ihr Freund wird von mir die Tasche in Empfang nehmen und nicht von Ihnen, Helferin Himmelstoß! Auch ist es mir aufgefallen, daß Sie in der kurzen Zeit hier in Frankreich einen anderen Weg eingeschlagen haben als Ihre Kameradinnen. Sie sind eine Einzelgängerin und Ihre Pfade scheinen undurchsichtig zu sein!«

Es ist schon später Nachmittag, als Fred durch die Tür in unser Heim kommt. Erstaunt sieht er sich um, und erst nach einer Weile bemerkt er mich ganz vorn am Tisch sitzen. Wortlos blicke ich ihm entgegen. Ich bin sehr aufgeregt. Sofort steht ich auf und gehe auf ihn zu, leise flüstere ich ihm ins Ohr: »Meine Kameradinnen haben deine Tasche mit dem Geld gefunden, du mußt Einkäufe für deine Truppe machen!«
Ich sage alles sehr schnell, jeden Augenblick kann jemand zur Tür hereinkommen und dann ist es aus. Fred wendet sich sofort an die Oberhelferin. »Ich möchte Ihre Führerin sprechen!« »Selbstverständlich«, die Oberhelferin öffnet die Tür und Fred folgt ihr.
Eine Viertelstunde sitze ich schon auf meinem Stuhl und glaube, vor Angst ersticken zu müssen.
Als Fred dann endlich wieder vor mir steht, atme ich befreit auf. »Es tut mir leid«, sagt er und hebt den Kopf hoch, als wolle er sagen, es hat keinen Sinn, dir alles zu erklären, es wird mitgehorcht, trotzdem hast du es richtiggemacht. Den Mut, ihn zu fragen, habe ich nicht, wir reichen uns stumm die Hände, nicht einmal einen Gruß an Madeleine wage ich auszurichten.
Als Fred mit der Aktentasche das Heim verläßt, ist mir etwas wohler, doch so richtig traue ich dem Frieden nicht. Ich ahne Furchtbares. So verbringe ich die kommende Nacht weinend im Bett.

Zwei Tage vergehen, bis ich endlich einen Anruf erhalte, es ist Fred. Ich freue mich, doch kaum habe ich einige Worte gesprochen, spricht eine Helferin dazwischen und sagt: »Es tut mir leid, ich muß dein Gespräch trennen, laut Anordnung der Führerin.« Alles geschieht laut Anordnung der Führerin.

Wieder eine Strafversetzung

Fünf Tage später muß ich meine Koffer packen und Frankreich verlassen. »Strafversetzt« steht auf meinem Versetzungsbefehl. Zwei Helferinnen werden mir als Begleitung mitgegeben, damit ich nicht ausreißen kann. Ich werde behandelt, als hätte ich ein Verbrechen begangen, von niemandem darf ich mich verabschieden. Als der Zug durch Frankreich rollt, stehe ich am Abteilfenster und meine Augen wandern über den blauen Himmel.
Nein, ich will nicht mehr weinen, ich denke an die Soldaten an der Front, die sterben müssen für den Wahnsinn des Krieges, die morden müssen, weil ihnen der Befehl dazu gegeben wird.

Wir haben noch eine Stunde Fahrt und dann sind wir in Gießen angelangt. Es ist nicht angenehm, mit zwei Begleiterinnen durch das große Kasernentor zu marschieren.
Noch am selben Abend werden alle Formalitäten erledigt, und mir und den beiden Helferinnen wird eine Stube zugewiesen. Ich muß auf meine Strafe warten, und wenn wir des Morgens im Gleichschritt marschieren, dann führen wir stumm unsere Befehle aus. Für mich sind es immer die gleichen Befehle, ich muß Toiletten reinigen und Keller putzen von morgens bis abends, und wenn ich damit fertig bin, dann muß ich alle Bunker putzen und immer nur putzen. Nur die schmutzigste Arbeit bekomme ich, und meine Hände sind so rauh und blutig, daß ich nichts mehr damit anfassen kann.
Unwillkürlich muß ich an Onkel Otto denken. Wer weiß, welche Informationen über mich eingeholt wurden? Ich habe furchtbare Angst um mein Leben.

Drei Wochen bin ich jetzt schon in der Kaserne, ich bin kraftlos und mürbe geworden. Ich kann kaum noch gehen, so schwach bin ich, und nun erwarte ich eine weitere Strafe. Die Ungewißheit ist furchtbar.
Ich muß wie jeden Tag die Toiletten, die Keller und die Bunker putzen. »Bist du die Helferin Himmelstoß?« Ganz unverhofft werde ich von einer Helferin laut gerufen. Aufgeregt stürzt sie durch die Bunkertür.

»Du sollst zur Hauptführerin nach Haus V kommen!« Die Helferin bringt mich zu ihr.
Wie eine Statue stehe ich vor der Hauptführerin und wage kaum, mich zu bewegen, ich erwarte mein Urteil.
Ich bebe so vor Angst, daß die Hauptführerin meine Furcht bemerkt, und so stottere ich: »Verzeihung, Hauptführerin, ich bin mir keiner Schuld bewußt«, doch da fange ich an zu weinen, ich kann einfach nicht mehr.
Die Hauptführerin läßt mich weinen, sie unterbricht mich nicht, sie sieht mich nur prüfend an. »Sie wissen, weshalb Sie nach Gießen versetzt wurden?«
»Jawohl, Hauptführerin, weil ich Franzosen als Freunde hatte. Es ist aber alles ein großer Irrtum, der einer Aufklärung bedarf. Die Französin, mit der ich befreundet war, war eine Angestellte in der Reichsbahnkommandantur in Bordeaux. Sie arbeitete für die Deutschen, sie war Dolmetscherin, ich habe mir wirklich nichts dabei gedacht.«
Ich versuche mich zu verteidigen, da unterbricht mich die Hauptführerin.
»Sie sollen jetzt schweigen, ich habe Sie nicht danach gefragt, antworten Sie nur, wenn Sie gefragt werden!« »Entschuldigen Sie bitte.« Ich erschrecke bei dem energischen Ton.

»Haben Sie nicht einen Eid auf unseren Führer geschworen, die Treue zu halten?« Die Hauptführerin sieht mich ernst an und belehrt mich, damit ich mir meiner unvorsichtigen Handlungsweise bewußt werde. Viele Ermahnungen muß ich über mich ergehen lassen.
Ich habe Angst, was mit mir nun geschehen wird und weine bitterlich. Lange sagt die Hauptführerin nichts mehr. Es dauert eine ganze Weile, bis sie wieder anfängt zu sprechen.
»Diese Belehrungen hatten Sie nötig, doch was ich Ihnen nun zu sagen habe, ist beruhigend. Nachforschungen über Ihre Person haben in München für Sie ein gutes Ergebnis gebracht. Ihrem Stiefvater und noch einigen Personlichkeiten haben Sie es zu verdanken, daß Ihre Angelegenheit ein gutes Ende findet. Sie haben in München eine sehr gute Tat vollbracht, da Sie freiwillig in Ihrem Urlaub beim Roten Kreuz gearbeitet haben. Warum bleiben Sie nicht so, wie Sie dort waren und halten sich von falschen Ideen fern? Mit Rücksicht auf Ihre Unerfahrenheit und die Jahre, die Sie in einem Kloster verbracht haben, haben wir folgende Stellung eingenommen: Wir haben Sie hiermit einem neuen Einsatz nach Dänemark zugeteilt.«

Ich glaube, nicht richtig zu hören, ich bin sprachlos. Vor Freude hätte ich die Hauptführerin am liebsten umarmt, aber ich muß mich beherrschen.
Nun kann ich wieder Mut fassen und mit Hoffnung dem Kommenden entgegensehen. Ich brauche von nun an keine schmutzige Arbeit mehr zu verrichten, sondern darf mich die letzten Tage vor meinem neuen Einsatz erholen.

Der Einsatz in Dänemark 1944/45

Meine Mutti Jenssen

Nach der Unterredung mit der Hauptführerin sind bereits sechs Tage vergangen, als ich zur Einsatzführerin gerufen werde. Ich erhalte die Nachricht, daß ich einem Einsatz nach Silkebourg zugeteilt werde, meine Abreise soll in zwei Tagen erfolgen.
Als ich wieder draußen vor der Tür stehe, mit dem Einsatzbefehl in der Hand, sehe ich den Namen dieser Stadt vor meinen Augen tanzen.
Silkebourg, das ist die Stadt, in der meine Großmutter geboren wurde, es ist ihr Heimatland. Dieses Land, das sie ein Leben lang nicht vergessen konnte. Nicht einmal ihr letzter Wunsch ging in Erfüllung, in dänischer Erde begraben zu werden. Die Reichsregierung verweigerte die Überführung gemäß gesetzlicher Bestimmungen irgendeines Paragraphen.
Diesen Abend verbringe ich viele Stunden damit, Mutter die freudige Nachricht mitzuteilen. Immer wieder muß ich den Brief zerreißen, denn die Tränen rollen mir über die Wangen und benetzen das Papier. Ich bin so glücklich, daß ich zu einem Einsatz nach Dänemark komme, anstatt in ein Lager gesteckt zu werden!

Zwei Tage später ist es dann endlich soweit. Wieder stehen wir mit Koffern am Kasernentor und sagen Lebewohl.
Singend marschieren wir zum Bahnhof und sind voller Fröhlichkeit. Im Zug erhalten wir Mädel ein leeres Abteil zugeteilt. Wir sind ein lustiger Verein, und mit unserem Humor stecken wir einige Fahrgäste an. Andere schutteln nur den Kopf, sie verzeihen uns nur unserer Jugend wegen, daß wir noch lachen können. Als der Zug in Flensburg einläuft, stürmen wir alle zusammen an die Fenster. »Hurra, bald sind wir im Land, wo Milch und Honig fließen«, scherzt eine Kameradin.
Gegen Abend treffen wir in Silkebourg ein. Wir hoffen sehr, daß uns Kameradinnen vom Bahnhof abholen werden, aber niemand ist zu sehen. So schlendern wir alleine weiter mit unserem vielen Gepäck.

Argwöhnisch werden wir von vielen Passanten angestarrt. Wir suchen unser Heim und fragen einige Male nach dem Namen dieser Straße. Niemand gibt uns darauf eine Antwort, und so bleibt uns nichts anderes übrig, als Soldaten anzusprechen, die uns begegnen. »Ich kann meine Koffer nicht mehr tragen«, sagt eine Kameradin völlig außer Atem. In der nächsten Straße erblicken wir ein Café. Nichts wie hinein! Wir sind begeistert, als wir den gemütlichen kleinen Raum betreten.
»Kaffee mit Kuchen und Schlagsahne«, ruft eine Kameradin der Serviererin entgegen, die gerade auf unseren Tisch zukommt. Sie nickt nur und hat uns verstanden. Es dauert eine Weile, bis die ersten Portionen serviert werden. Heißhungrig fallen wir über den Kuchen mit Schlagsahne her. Wir sind enttäuscht, die Schlagsahne schmeckt wie Fischpulver, und eine Kameradin muß sich erbrechen. Spöttisch bemerkt eine andere Helferin: »Nieder mit den Deutschen! Wir vergessen, daß wir Feinde in diesem Land sind! Was erwarten wir eigentlich, Menschen, die uns lieben sollen?« Uns tun die Kronen leid, die wir für diese Enttäuschung bezahlen mußten.

Es geht dem Abend zu, die Luft wird kalt. Endlich haben wir Glück, ein Soldat beschreibt uns den Weg genau bis zum Heim der Nachrichtenhelferinnen. Wir atmen erleichtert auf, bald haben wir es geschafft!
Vor einem großen Gebäude bleiben wir stehen, Frauen in Uniform bewegen sich hinter den Fenstern hin und her.
»Das muß richtig sein«, meint eine Kameradin, »sieh doch, es sind Nachrichtenhelferinnen.«
Eine Kameradin eilt einige Schritte voraus und geht durch die Gartentür in das Haus. Wir brauchen nicht lange zu warten, bis sie wieder zurückkommt. Sie macht nicht gerade einen fröhlichen Eindruck.
»Eine Oberhelferin hat mich empfangen und gesagt, daß sie nichts von unserem Eintreffen gewußt hätte, wir sollen aber doch hereinkommen!«
So gehen wir mit gemischten Gefühlen mit unseren schweren Koffern den Gartenweg entlang, ohne daß uns eine Helferin entgegenkommt, um uns beim Tragen zu helfen. Die Oberhelferin begrüßt uns, als wir durch die Tür hineinstolpern. »Es überrascht uns, daß Gießen neue Helferinnen schickt, wir haben niemand angefordert!« Wortlos hören wir der Oberhelferin zu. Sie tröstet uns mit vielen netten Worten und meint: »Wartet erst mal ab, was die Führerin zu eurem Kommen sagt, vielleicht wird doch noch alles gut!«

Es wird uns ein Zimmer mit sechs Betten zugewiesen. Nach dem Abendbrot erhalten wir von der Oberhelferin die Aufforderung, zur Führerin zu kommen. Wir werden sehr nett und freundlich empfangen. Lange überlegt die Führerin, was mit uns sechs Helferinnen geschehen soll, bis sie sich an die Strippe hängt, um Kopenhagen anzurufen. In Kopenhagen ist der Sitz der Hauptführerin für den Bereich Dänemark, sie muß als erste Vorgesetzte die Entscheidung fällen.
Mit viel Herzklopfen warten wir einige Stunden auf die Antwort. Erst gegen Mitternacht, als wir schon längst im Bett liegen und uns unruhig hin- und herwälzen, hören wir unten im Zimmer der Führerin das Telefon schellen. Am nächsten Tag wissen wir, wohin wir unsere nächste Reise antreten werden. Es ist eine kleine Stadt in Dänemark, die uns als Einsatzort zugeteilt wird.

Noch am selben Tag reisen wir sechs wieder ab und treffen abends in dieser kleinen Stadt ein. Wir sind begeistert von diesem Ort mit den schönen hohen Häusern und den breiten Straßen. »Hier werden wir uns bestimmt wohl fühlen«, meint eine Kameradin. »Wenn wir unser Heim bald finden, ist alles gut.« Ein freundlicher Däne führt uns ein Stück des Weges und zeigt uns dann ein sehr großes Haus mit vielen hohen Fenstern, das fast nach einem Hotel aussieht. Diesmal gehen wir alle zusammen hinein.
Eine gepflegte ältere Dame empfängt uns. Sie grüßt uns nicht mit ›Heil Hitler‹, sondern sagt nur: »Meine Damen, Sie sind herzlich willkommen! Ich bin Frau Jenssen, in Deutschland geboren und in Dänemark verheiratet.«
Als wir nach der Führerin fragen, sagt Frau Jenssen: »Im Augenblick haben Sie hier noch keine Führerin, sondern nur eine sehr liebe Oberhelferin, und diese ist jetzt leider im Dienst, begnügen Sie sich bitte mit mir!«
Es werden uns Zweibettzimmer zugeteilt, die Betten sind weich, das habe ich sofort festgestellt, als ich mich darauf fallenlasse.
»Hurra«, rufen wir sechs, »hier ist alles prima!«

Am anderen Morgen können wir die Oberhelferin sprechen. Sie teilt mich als Fernschreiberin dem Nachrichtenlager zu. Meine anderen Kameradinnen sind Fernsprecherinnen, sie werden der Vermittlung zugeteilt.
Das Essen bei Frau Jenssen ist ausgezeichnet, sie gibt sich viel Mühe. Wir sechs Helferinnen verstehen uns sehr gut. Mir kommt es vor, als hätte ich das große Los gezogen, so glücklich bin ich. Meine Ablösung am Fernschrei-

ber und im Geschäftszimmer ist eine Stabshelferin. Sie ist eine lustige Österreicherin, und wir haben bald Freundschaft miteinander geschlossen.

Neben mir am Arbeitsplatz sitzt ein junger Gefreiter, er heißt Ralf Cordes. Ralf ist ein liebenswerter und freundlicher Mensch, er hilft mir bei der Einarbeitung, so gut er kann. Weiter nehme ich von ihm keine Notiz, er ist mir zu hübsch. Schöne Männer gehören vielen Frauen, weshalb soll Ralf eine Ausnahme sein?
Zusätzlich zu den Arbeiten am Fernschreiber darf ich auch Briefe für den Chef schreiben. Anfangs mache ich noch viele Fehler, doch allmählich gewöhne ich mich an den Stil der Briefe.
So vergeht ein Tag nach dem anderen, und unsere Oberhelferin im Hotel spricht von einem Nachschub neuer Helferinnen aus Gießen. Darüber freuen wir uns nicht, uns sind die Stabshelferinnen lieber, denn die Zusammenarbeit mit ihnen ist sehr gut.

Drei Wochen später treffen die ersten neuen Helferinnen aus Gießen ein. Die Stabshelferinnen müssen aus unserem Hotel ausziehen, sie bekommen eine Unterkunft in einer Villa. Der dänische Besitzer wurde gezwungen, sein Haus den Deutschen zur Verfügung zu stellen.
Frau Jenssen hat jetzt sehr viel Arbeit durch die Neuankömmlinge. Wenn ich manchmal später vom Dienst zurückkomme und mir mein Essen aus der Küche hole, sieht mich Frau Jenssen oft freundlich an.
»Darf ich Sie für ein paar gemütliche Stunden in meine Wohnung einladen? Sie sind mir sehr sympathisch!« Selbstverständlich nehme ich die Einladung an. Frau Jenssen bewohnt in der ersten Etage eine Sechs-Zimmer-Wohnung mit ihrem Mann. Als ich mich am kommenden Tag schon frühzeitig für den Abend anmelde, freut sich Frau Jenssen.
»Herzlich willkommen«, empfängt mich Frau Jenssen. Sie hält mich mit beiden Händen fest und zieht mich förmlich in ein Zimmer. Es ist ein großes Wohnzimmer mit vielen Clubmöbeln und antiken Schränken; ein riesiges Blumenfenster gleicht einem richtigen Wintergarten mit all seinen tropischen Gewächsen.
Wir haben uns beide an einen Tisch gesetzt, und Herr Jenssen serviert uns Wein und Likör. »Prost auf unsere lieben deutschen Mädchen hier im Hotel«, ruft mir Frau Jenssen zu, »und nun, Fräulein Himmelstoß, erzählen Sie etwas von sich. Eines verwundert mich, Sie lachen nie, warum sind Sie immer so ernst?«

»Wie soll ich Ihnen darauf antworten? Frau Jenssen, Sie haben recht, ich kann nicht mehr lachen. In einem Krieg haben viele Menschen das Lachen verlernt.«
»Sie haben recht, Fräulein Himmelstoß, ich weiß auch noch nicht, was noch alles auf mich zukommen wird. Manchmal glaube ich selbst nicht mehr daran, daß die Ruhe in meinem Haus ein Dauerzustand bleiben wird, die Deutschen sind unberechenbar. Ja, ich wollte es Ihnen eigentlich nicht sagen, aber eines Tages werden es die Mädchen ja doch erfahren. Ich bin eine deutsche Jüdin, mein Mann ist Reichsdäne, so ohne weiteres kann man mir nichts anhaben, so lange ich mit meinem Mann zusammenlebe. Alle meine Vorfahren stammen aus Deutschland, aus Köln, Hamburg, Flensburg und Württemberg. Daß meine Sympathie zu euch Mädchen so groß ist, das können Sie doch sicher jetzt verstehen?«
Dieses wahrhaft ehrliche Geständnis dieser Dame rührt mich zutiefst. So trinken wir auf das Wohl der Deutschen und auf ein baldiges Ende des Krieges. Herr Jenssen füllt unsere Gläser nach, und ich starre in den perlklaren Wein und muß an so vieles denken.
»Halten Sie nicht zuviel von den Deutschen«, sage ich, ohne sie dabei anzusehen, »sie sind nicht alle gut.«
Es sind schöne und gemütliche Stunden, die ich bei Familie Jenssen an diesem Abend verbringen darf.

Ein Abend mit Ralf

Über die plötzliche Veränderung im Heim sind wir nicht sehr glücklich, die Gemütlichkeit wird uns genommen. Je mehr Helferinnen, desto mehr Kasernendrill wird wieder aufgezogen, das ist uns jetzt schon klar. Auch eine Führerin soll in den nächsten Tagen hier eintreffen, das steigert unsere Unzufriedenheit noch mehr; wir sind mit der Oberhelferin voll und ganz zufrieden. Aber die Heeresschule bestimmt, und die Befehle werden ausgeführt, ganz gleich, welcher Art sie auch sind.
Manche der Mädel benehmen sich nicht so korrekt, wie es Frau Jenssen von uns sechs gewohnt ist, sie sind arrogant und fühlen sich als Sieger obenauf. Die dänische Bevölkerung beginnt, uns gegenüber kühler zu werden. Wenn wir Einkäufe tätigen, werden wir manchmal unfreundlich oder gar nicht bedient. So schätze ich es um so mehr, daß Ralf die Möglichkeit hat, dieses oder jenes durch seine dänischen Freunde zu bekommen.

Die erste Überraschung, die ich erlebe, ist, daß jeden Morgen an meinem Schreibtisch eine kleine Flasche Sahne und ein Teller voller Süßigkeiten stehen. Es vergehen einige Tage, bis ich den liebenswerten Spender eines Morgens ertappe.

Ausgerechnet Ralf ist es, dieser Frauenheld! Sein Gesicht läuft rot an und verlegen sagt er: »Was ist das schon für ein Mädel, das man gern hat!«

»Das mußt ausgerechnet du mir sagen!« Ich wende mich kühl von Ralf ab und gebe ihm alles, was er mir hingestellt hat, wieder zurück. »Ein Casanova hat mehr Frauen als nur eine, und was der einen zusteht, muß er der anderen auch geben!« »Was redest du für einen Quatsch, kann ich etwas dafür, daß mir die Frauen nachlaufen?« Zornig schiebt mir Ralf den Kuchen und die Sahne wieder zu. »Wenn du das nicht ißt, dann haben wir beide uns nichts mehr zu sagen, das Ganze ist doch harmlos!«

So gebe ich nach und nehme alles wieder von Ralf zurück. Warum wirbt er ausgerechnet um mich? Ich bin nicht hübscher als die anderen Helferinnen auch.

Ralf begegnet mir immer als Kamerad, er ist nett und freundlich. Als er mich fragt, ob ich Lust habe mit ihm auszugehen – zu seinen dänischen Freunden in das Palais – sage ich ja. Warum auch nicht? Er bittet mich, die Aktenmappe mit dem Zivilanzug durch die Ausgangskontrolle mitzunehmen. Minuten später folgt mir Ralf und zieht sich in einem Gebüsch um, die Uniform verschwindet in der Tasche.

Ich nehme die Mappe mit in das Hotel, und nach dem Abendbrot ziehe ich mich um. Auch ich will heute eine Zivilistin sein, und so trenne ich die Hoheitsadler ab. Das weite Cape verbirgt meine halbzivile Kleidung.

Als ich eine Viertelstunde später vor dem Palais stehe, schiebt Ralf mich schnell durch die Tür und sagt: »Sprich mit niemandem ein Wort. Es braucht niemand zu wissen, daß du eine Deutsche bist, dieses Lokal ist für Deutsche verboten!« »Hast du keine Angst vor der Wehrmachtsstreife?« frage ich ihn. »Ach was, die kontrolliert hier nie, und in unserem Lager wissen es alle, daß ich im Palais spiele. Keiner hat was dagegen, auch du brauchst keine Angst zu haben.«

Ralf ist sehr selbstsicher, und als er mich in einen kleinen Raum führt, stellt er mich einigen seiner dänischen Freunde vor. Er spricht nur dänisch, und so höre ich ihnen zu und schweige.

Wir setzen uns an einen gedeckten Tisch. Drei riesige Wurstplatten werden angerichtet und mehrere Flaschen Wein hinzugestellt. Ich esse, trinke und

spreche kein Wort, so wie Ralf es will. Nach dem Essen gehen wir zusammen in das große Lokal. Ein großer Konzertflügel steht am Ende des Raumes, und Ralf geht darauf zu.
Ich sehe mich neugierig um, die Tische und Stühle stehen dicht nebeneinander, und jeder Platz ist besetzt. Einen Deutschen kann ich nirgends erblicken, es sind tatsächlich nur Dänen anwesend. Als ich mich Ralf zuwende, sitzt er schon am Klavier und blättert in den Noten.
»Du spielst hier?« frage ich ihn erstaunt. »Hm, schon ein ganzes Jahr, ich heiße für die Dänen ›Jacques‹ und bin Franzose. Sei still und frage nicht mehr – du kannst mit meinen Freunden tanzen!« »Ach was, ich bin schon still, ich rede kein Wort.«
Da ich nun endlich meinen Mund halte, fängt Ralf an zu spielen. Das erste ist ein dänischer Swing, dem folgt ein englischer und danach ein französischer Tanz. Ralf singt in allen Sprachen, ein dänischer Freund begleitet ihn auf der Geige. Die Dänen spenden begeistert Beifall, immer wieder muß Ralf singen.

So vergeht Stunde um Stunde, wir müssen allmählich aufbrechen, um den Zapfenstreich nicht zu versäumen. Pünktlich um 22.30 Uhr klappt Ralf den Klavierdeckel zu und verabschiedet sich. Er zieht sich eilig um, und ich knöpfe meine Hoheitsadler wieder auf meine Uniform.
»Was kann das Leben doch schön sein«, seufzt Ralf, »hat es dir gefallen heute abend?« »Natürlich, es war wundervoll. Man braucht Abwechslung, denn dieser schreckliche Krieg hängt einem zum Hals heraus.« »Übrigens, wenn du morgen wieder Nachtdienst hast, dann kannst du die ›Stimme Amerikas‹ hören, ich löse dich solange am Fernschreiber ab. Wir kommen alle hinunter, auch Obergefreiter Brehm. Er hört sich diese Sendung regelmäßig an, um für uns einen besseren Lagebericht geben zu können.« »Was ist das für eine Sendung?« frage ich neugierig. Ralf wird ungeduldig. »Es ist ein Amerikaner, was sonst?«
»Das sagst du so selbstverständlich, als wäre alles erlaubt!« Ich bin entsetzt! »Daß ihr keine Angst habt, hoffentlich geht es auch immer gut?« »Geht es auch«, sagt Ralf, »bis auf den Unteroffizier Kindchen und den Chef denken wir alle gleich.«
Ralf begleitet mich nicht mehr zum Hotel, es soll uns niemand sehen, warum, weiß ich nicht. So eile ich die wenigen Meter allein zurück.

Die »Stimme Amerikas«

Des Nachmittags bin ich für einige Stunden als Helferin vom Dienst beschäftigt. Ich sitze alleine im HvD-Zimmer, als ich draußen Schritte vernehme, und gleich darauf höre ich ein furchtbares Schluchzen.
Wer weint denn da so? Ich bin neugierig geworden und öffne meine Tür einen kleinen Spalt. Frau Jenssen steht plötzlich vor mir und hält ihr Taschentuch vor das Gesicht.
»Sie weinen ja so bitterlich, was ist nur geschehen?« »Ist?« Langsam schüttelt sie den Kopf, dann sieht sie mich mit ihren rotunterlaufenen Augen an. »Mein Gott, man wird Sie doch nicht...?«
Ich kann das furchtbare, was ich denke, nicht aussprechen, sondern bleibe vor ihr stehen. Frau Jenssen schluchzt krampfhaft und holt dann tief Luft. »Mein Hotel wird von den Soldaten beschlagnahmt, weil eure Führerin gesagt hat, von einer Judensau ließe sie sich ihr Essen nicht mehr zubereiten. Oh, was sind die Deutschen doch für böse Menschen, und ihr wollt Christen sein? Alles habe ich für euch Mädel getan, bis in die späte Nacht hinein für euch gearbeitet, damit ihr es gut bei mir habt! Ich habe es wirklich nicht verdient, daß man mich so schändlich beschimpft und bedroht!« Frau Jenssen schluchzt immer noch.

Ich habe es fast so kommen sehen. Eine Führerin wird vieles ändern, sie hat die Befugnisse und die Gewalt über uns; wir sind alle nur ihre Untergebenen. Ich tröste Frau Jenssen. »Es sind nicht alle Deutschen schlecht, Frau Jenssen, verlieren Sie nicht den Mut. Wenn Sie das Hotel verlassen müssen, dann werde ich Sie über alles, was im Hotel vorgeht, unterrichten. Aber auch wir sollen Ihr Haus verlassen. Auch wir dürfen nicht mehr länger im Hotel bleiben. Unser neues Heim ist eine hübsche Villa, sie wurde ebenfalls für uns von der Wehrmacht beschlagnahmt.«
Frau Jenssen gibt mir darauf keine Antwort, völlig gebrochen sinkt sie in einen Sessel. »Wenn dieser schreckliche Krieg nur endlich einmal zu Ende ginge«, jammert sie. Ich wische Frau Jenssen die Tränen von den Augen und verabschiede mich, ich kann nicht mehr länger von meinem Dienst fernbleiben.

Nach dem Abendbrot bin ich froh, daß meine Zeit zum Nachtdienst angebrochen ist, denn dieser Tag war wirklich voll tragischer Ereignisse. Als ich das

Gerätelager betrete, höre ich schon von weitem wilde Klaviermusik mit Gesang. Ich eile durch das Lager. Überall sind Geräte hoch aufgestapelt, und es dauert eine Weile, bis ich endlich die Stube gefunden habe, wo die Soldaten untergebracht sind. Gleich neben der Tür steht ein Klavier, Ralf sitzt davor, spielt und singt.
»Du bist verrückt«, schreie ich ihn an, »hier englische und französische Lieder zu singen.« Überall liegen leere Weinflaschen; Ralf ist völlig betrunken. Er starrt mich mit glasigen Augen an. Als er mich erkennt, steht er auf und will mich umarmen.
Er wimmert nur, dann spricht er wieder Englisch. Ich halte ihm den Mund zu, das ist ja schrecklich. Ausgerechnet heute habe ich Nachtdienst, wo ich Ralf in diesem Zustand antreffe! Was ist nur in diesen Menschen gefahren? Hastig ziehe ich Ralf in sein Zimmer, zum Glück ist keiner seiner Kameraden anwesend. Schnell ziehe ich ihm die Schuhe aus und lege ihn auf sein Bett. Meine Kameradin, die ich ablösen muß, ist zornig, weil ich mich fast um eine halbe Stunde verspätet habe. Ich verspreche ihr, dieses Versäumnis wieder gutzumachen und ihr eine ganze Stunde dafür zu schenken. Sie brummt noch, als sie den Dienstraum verläßt.

So vergeht Stunde um Stunde bis Mitternacht. Die Fernschreiber sind für einen Augenblick ruhig, ich gehe zum Radio und suche diesen Sender. Karl Anders soll der Sprecher heißen. Es dauert lange, bis ich ihn endlich gefunden habe. Tatsächlich, Ralf hat recht gehabt, diese »Stimme Amerikas« bringt alle Neuigkeiten über Deutschland. Ich vergesse darüber meine Fernschreiber.
Als ich ein leises Geräusch vernehme, stelle ich den Sender sofort ab.
»Lassen Sie ihn nur an«, sagt eine Stimme im Dunkeln. »Ich bin es, Obergefreiter Brehm, ich möchte auch die ›Stimme Amerikas‹ hören. Ralf kommt gleich, er hat gut geschlafen und ist wieder wach.«
Karl Anders ist mit seinen vielen Neuigkeiten noch nicht zu Ende gekommen, da klingeln gleich beide Fernschreiber.
»KR-GKDOS«, sage ich zu Brehm, »jetzt muß ich arbeiten, aber erzählt mir bitte noch das Ende vom Anders.«

Ich habe gerade angefangen, mein geheimes KR-GKDOS aufzukleben, da steht plötzlich Ralf hinter mir. »Leg dich schlafen«, sagt er, »ich mache schon alles weiter.« »Hast du deinen Rausch ausgeschlafen?« frage ich ihn.

»Entschuldige bitte«, erwidert Ralf, »ich will dich nicht kränken, aber es überkam mich einfach wieder. Weißt du, man kann aus seinem Leben nicht alles verdrängen. Die Vergangenheit verfolgt mich, und so kann ich sie für eine Weile vergessen.«

Ich sehe Ralf prüfend an. Als ich bemerke, daß mein Streifen schon ein paar Meter lang ist, muß ich weiterkleben. »Steh auf, ich mache das schon«, sagt Ralf, und ich lasse ihn gewähren. Ralf setzt sich auf meinen Platz und klebt weiter. »Dann kann ich noch eine Stunde schlafen, wenn du mich hier vertrittst. Gib acht, von Mitternacht bis 01.00 Uhr kommen hauptsächlich Geheimschreiben. Daß alles korrekt eingetragen wird, und bei jedem dieser Schreiben muß mein vollständiger Name auf die Quittung geschrieben werden!« »Weiß ich, warum so viele Belehrungen?« Ralf sieht auf die Uhr. »Geh jetzt endlich schlafen!«

»Gute Nacht, ich danke dir«, erwidere ich, »und wenn du keine Lust mehr hast, dann wecke mich bitte!« »Ist in Ordnung!«

Ich gehe nach nebenan in einen Geräteraum, wo ein Strohsack mit einigen Decken liegt. Hier kann ich gut schlafen und bin ungestört. Erst um 05.00 Uhr weckt mich Ralf mit einem herzlichen Kuß. »Warum habe ich dich nur so lieb?« neckt er mich.

»Ich weiß es, lieber Ralf! Alle Frauen, die dir gefallen, hast du lieb. Glaub bloß nicht, daß ich dir deine Märchen abnehme.« Ralf lacht und verschwindet auf seine Stube.

Nächtlicher Besuch

In dieser Nacht ist es zwischen 24.00 Uhr und 01.00 Uhr, als bei Familie Jenssen an die Tür geklopft wird. Herr und Frau Jenssen nehmen das Schlimmste an. Als erster geht Herr Jenssen an die Tür, sein Herz schlägt ihm bis zum Hals. Er sieht die Deutschen auf sich zukommen, die seine Frau abholen werden. Er öffnet, die Gestalten vor der Tür sind in die Dunkelheit gehüllt. Einzeln treten sie ein.

Da erscheint Frau Jenssen in ihrem Bademantel. Einer der Männer geht auf sie zu und begrüßt sie. »Vi er deres vennerer, wir sind Ihre Freunde«, küßt ihre Hand, und dann ist es eine Weile still im Raum.

»Wir sind gekommen, um Ihnen zu helfen. Sie müssen fortgehen aus dieser Stadt, weil die Deutschen ...!« »Wir wissen Bescheid«, unterbricht ihn Herr

Jenssen. »Die Deutschen haben uns versprochen, daß sie uns in Ruhe lassen werden, wenn wir ihnen unser Hotel zur Verfügung stellen!«
»Und Sie glauben alles, was Ihnen die Deutschen erzählen?« Einer der Männer ist so erregt, daß er rot im Gesicht anläuft.
»Die Deutschen sind Mörder, wir müssen Gleiches mit Gleichem vergelten. Herr Jenssen, wir sind dänische Bürger, wir lieben und verehren unseren König und halten ihm die Treue. So befiehlt es das Gesetz und auch die Stimme unserer Herzen. Wir Freunde der dänischen Widerstandsbewegung sind bereit, allen unseren bedrängten und von den Deutschen verfolgten Bürgern zu helfen.«

Frau Jenssen steht noch immer an einen schweren Polstersessel gelehnt, sie ahnt Furchtbares. Was werden ihre Freunde vom Widerstand tun, wie wird diese Hilfe aussehen? Diese Männer, die sich Widerstandskämpfer nennen, geben ihr darauf eine kurze Antwort.
Einer von ihnen steht auf und geht in die Mitte des Zimmers, er sieht sich um in diesem Raum und nickt zufrieden; dann geht er an das Fenster und sieht hinunter in den Hof. Der Himmel ist voller Sterne, und der Mond scheint hell über das Haus.

»Es ist ein schönes Hotel«, bemerkt er, »eines Tages aber wird es noch schöner sein, wenn wir es wieder neu aufbauen, so, wie Sie es wünschen!« Entsetzen spiegelt sich in dem Gesicht von Frau Jenssen wider.
»Was habt ihr vor, was wollt ihr tun?« Heiser haucht sie die wenigen Worte und sieht dann von einem zum anderen.
»Wir haben es uns gut überlegt, bis wir zu diesem Entschluß gekommen sind«, sagt einer von ihnen. »Diese Frauen in Ihrem Hotel, wie viele sind es?«
»20 junge Mädchen, was wollt ihr mit ihnen?« Jetzt wird Frau Jenssen lebendig, ihre heisere Stimme lauter und ihre großen dunklen Augen blitzen.
»Die Mädchen werdet ihr in Ruhe lassen, das sage ich euch, die haben uns und euch nichts getan. Ihr könnt nicht Unschuldige richten!«
»Aber die Deutschen!« Einer der Männer schnellt von seinem Sitz hoch. »Ich hasse die Deutschen, sie sind Mörder, Mörder an Millionen Menschen.« Er wandte sich aufs äußerste erregt Frau Jenssen zu und spricht sie direkt an. »Sie, Frau Jenssen, sind durch die Heirat mit Ihrem Mann eine dänische Staatsbürgerin geworden, Sie sind aber eine Jüdin! Wissen Sie überhaupt, wie viele Juden täglich von den Deutschen ermordet werden?«

Frau Jenssen will ihm antworten, aber dann schüttelt sie nur den Kopf.
»Wir wollen Sie vor den Deutschen schützen, sie sind Ihre und unsere Feinde, und morgen schon können sie Ihre Mörder sein! Noch heute Nacht müssen Sie Ihr Haus verlassen. Um Mitternacht werden alliierte Flugzeuge das von uns markierte Hotel bombardieren. Wir Dänen können nicht immer nur zusehen und alles Leid ertragen!«
»Das ist mein Haus, unser Haus!« Frau Jenssen ringt nach Atem, als müßte sie ersticken in dieser haßerfüllten Atmosphäre.
»Immer nur wird gehaßt, immer nur gehaßt, warum nimmt dieser ewige Haß nicht einmal ein Ende? Auch wenn ich eine deutsche Jüdin bin und mein Volk von Hitler gequält wird, ich kann nicht hassen!«
Frau Jenssen schluckt ihre Tränen hinunter, ihre Stimme wird schwächer, keuchend schleppt sie sich zu einem Stuhl. »Geht fort, laßt mich mit meinem Mann allein, ich brauche Zeit zum Nachdenken»!
Einer der Männer tritt einige Schritte vor und sagt: »Zwei Tage noch, so lange haben Sie Zeit. Wir können warten, bis Sie es sich überlegt haben, zwei Tage noch!« Die Männer verschwinden in der Dunkelheit der Nacht.

Abschied von den Jenssens

Nach Dienstende nehme ich im Eßzimmer mein Frühstück ein. Ich sitze kaum ein paar Minuten, als zwei Kameradinnen eilig auf mich zukommen.
»Hör mal, Himmelstoß, wir ziehen in drei Tagen aus diesem Hotel aus!«
»Das weiß ich bereits, hängt ja an der Schwarzen Tafel«, erwidere ich. »Denkst du gar nicht daran, daß wir ein Abschiedsgeschenk für die Familie Jenssen haben müssen? Allerdings nur wir sechs«, sagt die Kameradin.
»Wir sind die Alten und waren von Anfang an in diesem Hotel einquartiert. Die Neuen, die nach uns gekommen sind, schenken Frau Jenssen bestimmt nichts, die befolgen eher den Befehl der Führerin und lassen sich zu boshaften Äußerungen hinreißen.«
Ich bin überrascht und finde diese freundliche Geste großartig. Nach langem Hin und Her kommen wir auf den Gedanken, Frau Jenssen eine Blume zu schenken, irgendeine schöne Pflanze. Ob die Dänen uns eine besondere Blume verkaufen? Sie enthalten uns Deutschen vieles vor und sagen dann einfach: »Vi beklager, det har vi ikke, wir bedauern, das haben wir nicht.«

Sofort machen wir sechs Mädel uns auf den Weg und laufen von Blumenladen zu Blumenladen. Endlich haben wir die richtige Pflanze gefunden. Da kommt die dänische Verkäuferin auf uns zu und reißt uns die Blume direkt aus den Händen, sie sagt: »Har vi ikke!«
Wir sind wütend. »Nicht einmal Frau Jenssen, die selbst eine Dänin ist, gönnen Sie diese Blume. Sie sollten sich schämen, pfui«, sagen wir und verlassen den Laden. Da kommt uns die Verkäuferin nach und sagt: »Entschuldigung, ich dachte ..., natürlich können Sie sie mitnehmen!«
Wir sechs sehen uns fragend an, wir haben begriffen, was diese Verkäuferin meint. Sehr gut hat sie jedes deutsche Wort verstanden. Der Name Jenssen ist ihr ein Begriff.

Nach dem Abendbrot ziehen wir unsere weißen Blusen an, um festlich auszusehen. Froh gelaunt halten wir unsere Verabredung ein und treffen uns vor der Wohnungstür der Jenssens. Herr Jenssen begrüßt uns sehr herzlich. Müde lächelnd über unsere frohen Gesichter fragt er nach unserem Wunsch. »Heute ist der vorletzte Tag, Herr Jenssen, wir sechs Mädel waren die ersten hier in Ihrem Hotel, und es gehört sich doch, daß man so lieben und netten Quartiersleuten, wie Ihre Frau und Sie es waren, ein kleines Geschenk überreicht, das sind wir Ihnen schuldig!«
Diese Worte unserer Kameradin bekräftigen wir alle zusammen. »Es ist nicht viel, nur dieses Gewächs – wir möchten es Ihnen gerne überreichen!«
Herr Jenssen ist gerührt, er bittet uns einzutreten und führt uns in das große Wohnzimmer. »Meine Frau liegt krank im Bett«, sagt er.
Wir nehmen inzwischen Platz. Herr Jenssen sieht nach seiner Frau. Als er zurückkommt, sagt er gleich bei seinem Eintreten:
»Das ist recht so, daß Sie es sich gemütlich machen, meine Frau steht auf, sie kommt zu Ihnen und will noch persönlich ein paar Worte mit Ihnen reden!« »Hoffentlich strengt es Ihre Frau nicht zu sehr an!« Ich sehe vorwurfsvoll zu Herrn Jenssen, und auch meine Kameradinnen teilen meine Meinung.
Als Frau Jenssen das Wohnzimmer betritt, erschrecken wir alle. Ein aschgraues, fahles Gesicht sieht uns entgegen. Frau Jenssen sieht ganz anders aus, als wir sie kennen. Die Veränderung in ihrem Aussehen gibt uns zu denken, wir werfen uns gegenseitig fragende Blicke zu.
Frau Jenssen sagt: »Ich habe gewußt, daß ihr noch einmal kommt, bevor ihr geht! Ihr seid gute Mädel, ihr macht mir eine ganz große Freude.« Sie will

weitersprechen, aber Tränen hemmen ihre Stimme, und sie sinkt in einen Sessel. Wir sechs stehen auf und umringen sie, trocknen ihre Tränen und geben ihr einen Kuß auf die Wange.
»Meine lieben Mädel! Es ist nicht nur allein das Geschenk, das ihr mir zum Abschied gebracht habt, worüber ich mich so freue. Es ist vielmehr eure Anhänglichkeit, die Dankbarkeit, die aus eurem Herzen kommt. Das ist es, was mich so glücklich macht. Nun möchte ich euch auch eine Freude bereiten!«
Frau Jenssens Stimme ist herzlich, erwartungsvoll sehen wir ihr nach, als sie den Raum verläßt, um schon nach ein paar Minuten wieder zurückzukommen. Sie hält eine dicke Flasche im Arm. »Holt mir doch die kleinen Likörgläser aus dem Schrank«, bittet sie uns. Ich öffne die rechte Schranktür, doch Frau Jenssen sagt: »Links, ganz oben, stehen sie alle!«
Entzückt bestaunen wir die kleinen Gläser. Es sind kleine runde Kelche, die eine zierliche, nackte Frauengestalt schwebend über den Kopf tragen; sie sind in schimmernden Farben bunt bemalt. »Seid vorsichtig, Mädel«, scherzt Herr Jenssen, »Frauen sind zerbrechlich, auch diese hier!«
»Sind sie nicht hübsch?« Wir nicken nur, doch dann gießt Herr Jenssen die Gläser voll mit dem köstlichen Likör. Wir prosten uns zu, und dieser Abend fängt an, gemütlich zu werden. So vergeht Stunde um Stunde, und wir werden immer fröhlicher, der Likör hat seine Wirkung nicht verfehlt. Frau Jenssen serviert uns noch eine Platte mit belegten Broten.
Da komme ich auf einen guten Gedanken. »Was meint ihr, Kameradinnen, sollen wir die Führerin anrufen, ob sie unseren Zapfenstreich heute verlängert? Wenn wir ihr die Wahrheit sagen, daß es eine Abschiedsfeier ist, vielleicht sagt sie ja?« »Kein schlechter Gedanke«, meinen sie da alle, »ruf an, Himmelstoß!«
Frau Jenssen wählt die Nummer über die Wehrmachtsleitung. Es dauert nur ein paar Minuten, und wir haben Glück, die Führerin ist selbst am Apparat. Erst will sie uns nicht verstehen und unser kleines Fest mit vielen Ermahnungen an unser Pflichtbewußtsein durchkreuzen. Wir deutschen Mädel feiern zusammen mit einer Jüdin und ihrem Gatten, eine ›undeutsche‹ Auffassung, doch nach einer Weile genehmigt sie uns noch zwei Stunden. Wir hängen schnell den Hörer wieder ein, als wir die Erlaubnis haben, damit sie nicht im letzten Moment noch ihre Meinung ändert.

Eine gefährliche Liebe

Zwei Tage später müssen wir umziehen in unser neues Haus. Frau Jenssen sieht den scheidenden Mädchen nach, sie wischt sich die Tränen von den Augen. Es wurde ihr nicht gestattet, sich von ihnen zu verabschieden.
Ich bin sichtlich enttäuscht über mein neues Zimmer, weil ich mit sechs Helferinnen auf eine Stube komme. Ich habe so sehr gehofft, einmal genügend Ruhe zu bekommen und mich nach dem Nachtdienst ausschlafen zu können, ohne diesen ständigen Krach meiner Mitbewohnerinnen.
Beim Abendbrot erwähnt die Führerin so nebenbei, daß nicht alle Mädel glückliche Gesichter zeigen, obwohl man uns doch so eine herrliche Villa zur Verfügung gestellt hat. Wir diskutieren diesen Abend nicht mehr lange, weil wir müde und abgespannt sind von der zusätzlichen Arbeit nach dem Dienst, schließlich mußten die dienstfreien Helferinnen beim Umzug helfen. Noch einmal äußert sich die Führerin abfällig über Frau Jenssen, weil sie eine deutsche Jüdin ist. Da werde ich zornig und sage so ganz beiläufig: »Ob Jude oder Nichtjude – ich glaube, Führerin, es kommt doch auf den Menschen an, ob er gut ist oder schlecht. Man kann nicht über gute Menschen den Stab brechen, nur weil einem die Abstammung nicht paßt!«
»Schweigen Sie, Himmelstoß, reden Sie nicht so einen Unsinn, Sie wissen ja gar nicht, was Sie sagen. Kümmern Sie sich um Ihren Dienst, Sie sind nicht die Beste und lassen im Dienst zu wünschen übrig!«

Es ist Appell am Schwarzen Brett angeschlagen, und wir ahnen richtig, daß dieser Appell hauptsächlich die Reinigung des Hauses betrifft. Jede von uns bekommt ihre zusätzliche tägliche Reinigungsarbeit zugeteilt.
Es ist vieles nicht mehr so angenehm wie im Hotel Jenssen. So freue ich mich auf den Nachtdienst. Ich bin froh, wenn mich Ralf des Nachts einige Stunden vertritt, damit ich mich wenigstens dort ein paar Stunden ausruhen kann.
Am Abend verlasse ich schon vorzeitig das Heim, um meinen Dienst anzutreten. Wenige Meter vor dem Gerätelager höre ich wieder wilde Klaviermusik, es ist Ralf. Sofort stürze ich in seine Stube.
Er lacht mir entgegen und murmelt: »Liebes Mädchen, komm zu mir, ich habe eine Überraschung für dich!« Darauf brauche ich nicht zu warten, ich sehe die Überraschung schon. Alles Flaschen, leere und volle Weinflaschen, und Ralf ist wieder betrunken.

»Du bist ein schrecklicher Mensch, warum säufst du soviel? Du liebst mich nicht, sonst würdest du das nicht tun!«
Ralf will von seinem Stuhl am Klavier aufstehen, aber er fällt wieder zurück, und mit einer wilden Handbewegung versucht er, mich zu fassen. Er hält mich an der Uniformjacke fest, dann reißt er mich stürmisch an sich. Ich will mich von ihm befreien, aber er reißt mir die Bluse auf, so daß sämtliche Knöpfe abfallen. Dann legt er seinen Kopf an meine entblößte Brust. Voller Leidenschaft küßt er mich.
Das ist ja entsetzlich! Ich schäme mich, hoffentlich sieht uns hier niemand.
»Du bist betrunken, laß mich los!« Endlich kann ich mich von Ralf befreien und meine Uniform wieder in Ordnung bringen.
Für mich wird es höchste Zeit, meinen Dienst anzutreten. Als ich das Dienstzimmer betrete, kommt mir meine Kameradin schon fertig angezogen entgegen.
»Du verspätest dich jeden Tag mehr«, sagt sie ärgerlich und geht an mir vorbei, ohne sich zu verabschieden. Fünf Minuten über die Zeit, so schrecklich ist es nun auch wieder nicht, außerdem rührt sich kein Fernschreiber.

So vergeht Stunde um Stunde, abends um 22.00 Uhr beendet auch der Gefreite Vogel seinen Dienst. Ich bin nun allein im Geschäftszimmer und bin darüber sehr froh. Nur ab und zu kommen kleine Fernschreiben, so schalte ich das Radio ein und stelle es auf Zimmerlautstärke.
Leichte Musik beschwingt mein Gemüt, ich will nur lauschen und einmal nicht denken. Das große Licht habe ich gelöscht, da höre ich auf einmal Schritte. Wer soll da noch kommen?
Ralf schläft seinen Rausch aus – oder ist er schon wieder wach? Ich horche noch einmal, nichts rührt sich mehr, auch die Musik ist zu Ende. Eine laute Stimme meldet sich und ich höre zu meinem Schrecken, daß ich den Feindsender eingestellt habe. Sofort stelle ich das Radio ab und verzichte auf die Musik.
Um Mitternacht kommen die SSD- und KR-Geheimschreiben laufend hintereinander an. Als erstes ist es ein Geheimschreiben vom Führerhauptquartier für Kopenhagen. Ich bin gerade dabei, die Streifen aufzukleben, da küßt mich Ralf auf die Wange. »Mein liebes Mädchen, du kannst jetzt schlafen gehen, entschuldige bitte, wenn ich mich so verspätet habe. Ich will mich bessern!«
Ralf küßt mich noch einmal, und ich lasse es gern geschehen. Immer leidenschaftlicher umarmen wir uns, ich habe alles um mich herum vergessen.

Unser Herz schlägt im gemeinsamen Rhythmus, heftig und leidenschaftlich. Wir sind eins geworden, und unsere Liebe ist vollkommen.
»Du mußt mich immer so lieben wie jetzt, ein Leben lang. Ralf, mein liebster Ralf«, flüstere ich zärtlich mein Liebesbekenntnis. Meine nackten Arme liegen noch um seinen Hals, ich will ihn nicht mehr loslassen, denn jetzt gehört er mir.
Ralf ist plötzlich nüchtern geworden, als er ein Geräusch hört. Was war das? Ein kleiner Lichtschein flackert vor dem winzigen Fensterchen an der Tür hin und her. Wer spioniert uns nach? Rasch bringt er seine Uniform wieder in Ordnung, und auch ich nehme schnell meinen Platz am Fernschreiber ein. Der unsichtbare Störenfried ist verschwunden, und Ralf verabschiedet sich von mir.

Ich bin wieder allein im Fernschreibzimmer, im Augenblick habe ich viel zu tun. Ich kann nicht nachdenken, dazu habe ich in den Morgenstunden keine Zeit, denn gleich beide Fernschreiber rattern. Die Tränen rinnen mir über die Wangen. Bin ich glücklich oder schäme ich mich vor mir selbst, weil ich meinen Grundsätzen nicht treu geblieben bin? Was habe ich Frank beim Abschied versprochen? Ich bleibe dir treu, bis du wiederkommst.
So vieles hat sich inzwischen ereignet, ist es allein meine Schuld? Frank schweigt jetzt schon länger als zwei Jahre, er hat mich längst vergessen. Ich will nicht zweifeln, man muß an die Liebe glauben, so wie man im Leben an vieles glauben muß, um stark und mutig zu bleiben.

Es ist ziemlich kalt im Fernschreibzimmer. Ich ziehe deshalb meinen Mantel über, um nicht zu frieren.
Als mich um 08.00 Uhr meine Kameradin ablöst, grinst sie über mein Aussehen und sagt: »Du Eskimo, du frierst, nicht wahr? Na ja, der Nachtdienst ist auch schrecklich langweilig, wenn man in der kalten Bude sitzt. Die Zeit bis zum Morgen will dann gar nicht vergehen, bis die Ablösung vom Dienst endlich eintrifft.« Ich muß ein Lächeln verbergen. Wenn die wüßte, wie schön mein Nachtdienst immer ist!

Der Tag rückt näher, für den an der Schwarzen Tafel unter anderem angekündigt ist: »Wichtiger Appell!« Alle Helferinnen müssen anwesend sein. Wir sind gespannt auf diesen Tag und vor allem auf die Neuigkeit, über die die Führerin zu berichten hat.

Pünktlich um 16.00 Uhr haben wir Aufstellung genommen. Wie jedesmal meldet die Oberhelferin die Zahl der angetretenen Helferinnen, der fehlenden, der dienstuenden und der kranken. Endlich kommt nun die Führerin zu Wort, um uns ihre Ausführungen mitzuteilen.
»Befehl von oberster Stelle – aus dem Führerhauptquartier! Vor drei Tagen ist ein Fernschreiben aus Berlin eingetroffen mit dem Befehl des Führers, daß alle Frauen in Uniform das Schießen lernen müssen; es ist wichtig für die Verteidigung unseres Vaterlandes!«
Die Führerin sieht auf die Uhr und spricht weiter: »In wenigen Minuten trifft ein Offizier hier ein, er wird Ihnen den genauen Termin unterbreiten, wann die Schießübungen stattfinden sollen. Ihr seid doch alle damit einverstanden?« Die Führerin wartet auf eine Antwort, doch keine Helferin meldet sich zu Wort. Mit süß-sauren Minen sehen wir uns gegenseitig an, und dann plötzlich, als der Blick der Führerin auf mich gerichtet ist, sage ich: »Ich dachte, der Krieg ist schon bald zu Ende?« Plötzlich wenden sich mir alle Augen zu. »Wir müssen den Krieg gewinnen, sonst gehen wir alle vor die Hunde«, fällt mir eine Helferin ins Wort.
»Wir Frauen sollen schießen lernen, ich habe Angst vor einem Gewehr, ich will nicht schießen!« »Ich auch nicht«, ruft eine andere Helferin dazwischen. »Es genügt wenn mein Bruder gefallen ist, meine Mutter will mich zurückhaben, ich will nach Hause!« Entsetzt sieht die Führerin von einer Helferin zur anderen, das Blut schießt ihr in das Gesicht.
»Ihr wollt Deutsche sein? Schämt euch, pfui, schämt euch, so sprecht ihr als deutsche Frauen!«
Da tritt eine Helferin hervor und sagt: »Ich bin bereit, Führerin.« Sie sieht sich um, ob ihr noch mehr Helferinnen folgen, dann entsteht eine kurze Pause. Eine Helferin sieht die andere an, es sind schon 20 Mädel. Nur noch zehn Helferinnen sind übriggeblieben, die nicht bereit sind, das Schießen zu lernen, dazu gehöre auch ich. Wir enthalten uns der Stimme und warten auf den bewußten Offizier, der jeden Augenblick hier eintreffen muß. Es ist eine verwirrende Situation, die auch der Offizier nicht klären kann. So endet dieser Appell erst am späten Abend ohne Ergebnis.
Es ist uns klar, daß diese Befehlsverweigerung noch Folgen haben wird. Mit schlechtem Gewissen gehen wir alle zu Bett.

Die Weihnachtsfeier verläuft in einem familiären Stil. Jede von uns Helferinnen erhält tatsächlich ein Geschenk von der Führerin. Der besondere Auftakt

der Weihnachtsfeier ist wie jedes Jahr eine Ansprache des Propagandaministers Josef Goebbels. Wir müssen diese Ansprache anhören, auch wenn sie uns nicht interessiert. Es ist immer das gleiche Gefasel von den Wunderwaffen, der V1 und der V2.
Unsere Gedanken aber weilen bei unseren Lieben in der Heimat.

Ralfs Geheimnisse

Eines Abends besuche ich vor dem Nachtdienst noch die Jenssens. Als ich in das Hinterhaus zur Familie Jenssen gehe, knöpfe ich mir zuvor alle Hoheitsadler ab, und mein Käppi stecke ich unter den Arm. Wir dürfen die Jenssens nicht mehr besuchen, es wurde uns offiziell verboten.
So schleiche ich mich wie ein Dieb die schmale Hintertreppe nach oben. Ich klopfe dreimal an, es ist mein Zeichen. Leise fragt eine Stimme: »Wer ist da?« »Ich bin es, die Elisabeth!« Gleich darauf wird die Tür geöffnet. Ich fühle zwei Arme, die meinen Hals umschlingen und höre ein Schluchzen.
»Treten Sie ein, meine Liebe, meine Gute!« Frau Jenssen kann kaum sprechen, sie weint fast immer, wenn sich eins von uns sechs Mädeln heimlich zu ihr schleicht. Nur wir sechs sind ihr treu geblieben.
Frau Jenssen sieht sehr krank aus, sie ist blaß im Gesicht. »Es ist die immerwährende Angst«, meint Herr Jenssen auf meine Frage, weshalb es seiner Frau so schlechtgeht. »Sie glauben es nicht, Fräulein Himmelstoß, wie man uns schikaniert, besonders meine Frau!« »Du sollst nicht davon sprechen, Hanno«, unterbricht Frau Jenssen, »einmal wird dieses Leid schon ein Ende nehmen.«
So gehen die zwei Stunden bis Dienstbeginn viel zu schnell dahin, und ich verspreche, recht bald wiederzukommen.

Beinahe wäre ich auch wieder zu spät zum Dienst gekommen, doch dieses Mal löse ich eine sehr nette Kameradin ab, die meine Verspätung nur mit einem Lächeln quittiert.
»Nächstes Mal, wenn ich zu spät komme, dann wirst du auch kein Donnerwetter loslassen«, sagt sie und übergibt mir ihre angefangene Schreibarbeit. »Mußt noch alles eintragen, es sind heute schon frühzeitig SSD und KR eingelaufen. Es sieht schlimm aus an den Fronten im Osten und Westen, lies mal! Die Russen marschieren immer weiter auf Berlin zu, was wird das noch für ein Ende nehmen?«

»Du hast Bedenken, nicht wahr?« Ich sehe meine Kameradin fragend an. »Ich will nach Hause«, sagt sie, setzt ihr Käppi auf und verschwindet durch die Tür. Draußen auf dem Lagerhof höre ich Stimmen, schwere Schritte kommen näher. Es ist Unteroffizier Kindchen, der hineinkommt; er sieht mich durchdringend an. Was hat er nur? So ein seltsames Gebahren bin ich nicht gewohnt. Ein paar Minuten bleibt er vor mir stehen und sieht mich an, bis er endlich seinen schmalen Mund öffnet und fragt: »Wo ist Ihr Geliebter, Fräulein Himmelstoß?«
Ich bin wütend, dieser Mensch interessiert sich für meine Privatangelegenheiten! »Weiß ich nicht«, gebe ich barsch zurück. »Fragen Sie doch seine Kameraden!« Sein Mund verzieht sich zu einem häßlichen Lachen. »Ich glaube, Sie wissen mehr über Ralf Cordes als seine Kameraden!« brüllt Kindchen. »Was soll ich wissen?« Argwöhnisch zucke ich mit den Schultern. »Ich weiß nicht mehr als ihr alle. Überhaupt, was soll das, Sie wollen wohl Leute ausfragen, Herr Unteroffizier?« Ich lasse Kindchen stehen und kümmere mich nicht mehr um ihn.

Es vergeht Stunde um Stunde, ich werde langsam unruhig. Warum kommt Ralf heute nicht? Es geht schon auf Mitternacht zu, als jemand leise die Tür öffnet. Es ist Ralf! Ich freue mich, daß er doch noch gekommen ist und werfe mich stürmisch in seine Arme.
»Sei nicht so wild«, wehrt er mich ab, »wie wird das erst werden, wenn wir verheiratet sind?«
In dieser Nacht geschieht viel Seltsames. Ralf und Obergefreiter Brehm hören wieder die ›Stimme Amerikas‹. Brehm muß morgen einen Lagebericht erteilen und will deshalb wissen, wie weit die Alliierten in den westlichen und östlichen Raum schon vorgedrungen sind.
Ich habe leider immer zu tun und kann die Fernschreiber nicht verlassen. Erst nach einer Weile wird es ruhiger, und gleich beide Fernschreiber bleiben stumm. Diese Gelegenheit benutze ich für einen kleinen Ausflug zum Chefbüro, um ebenfalls den Feindsender zu hören.
Da höre ich, wie Brehm zu Ralf sagt: »Mein Junge, das hast du gut gemacht. Durch deine täglichen Informationen vom Fernschreiber hast du dem dänischen Widerstand sehr geholfen und den Alliierten einen Vorsprung verschafft. Du wirst sehen, dieser Krieg ist schon bald zu Ende. Nun mußt du vorsichtiger sein und nicht immer mit den Dänen darüber sprechen, so wie gestern mit Sörensen!«

»Sie hoffen alle so sehr auf das Ende des Krieges«, entschuldigt sich Ralf. Da geht plötzlich die Tür auf und gleich darauf, als ich den Kopf von Unteroffizier Kindchen erblicke, rufe ich laut in die Dunkelheit: »Guten Abend, Herr Unteroffizier! Wollen Sie auch noch Marschmusik hören zu so später Stunde?« Überraschenderweise finde ich die richtigen Worte und stoße mit dem Fuß die Tür zum Chefzimmer weit auf.

Nur einen Augenblick sehe ich zu Ralf und bemerke seine Hand am Radio, tatsächlich erklingt Marschmusik. Die gezielte Überraschung ist Kindchen nicht gelungen, er ist zornig, und als er das Licht anknipst und sich umsieht, sehe ich, wie seine Adern an den Schläfen anschwellen vor Wut. »Kümmern Sie sich um Ihre Arbeit!« schreit er mich an, »oder glauben Sie, ich weiß nicht, was hier unten des Nachts immer vor sich geht?« Spöttisch zeigt er auf das Glasfenster an der Tür.

In diesem Nachtdienst kann ich kein Auge zumachen, noch dazu, wo Ralf nicht mehr kommt. Erst in den Morgenstunden kommt er unausgeschlafen zu mir geeilt und sagt erregt: »Laß dich von Unteroffizier Kindchen nicht ausfragen, der ist zu allem fähig!« Er wendet sich schnell von mir ab und fügt hinzu: »Wir werden uns nicht mehr so oft sehen können. Es geht nicht mehr, es ist zu gefährlich für dich, begreife es endlich!«

»Das brauchst du mir nicht mehr zu sagen, Ralf. Heute nacht habe ich gehört, was Obergefreiter Brehm und du gesprochen habt. Warum tust du das? Ich weiß, der Widerstand beginnt schon hier, aber du hast nicht nur Freunde, du hast auch Feinde, die dich verraten werden. Du hast schon einmal in deinem Leben mit Feuer gespielt, das zweite Mal kann es dein Tod sein!«

Eines ist mir klar, ich heiße nicht gut, was er tut. Ich fange an, mich zu ängstigen und meide Ralfs Nähe. So sehr ich mich aber gegen meine Gefühle wehre, ich liebe ihn doch zu sehr.

Die Flucht

Das neue Jahr 1945 hat begonnen, und der Vormarsch der Alliierten geht unaufhaltsam weiter. Wir Mädel warten jeden Tag auf einen Befehl betreffs der Schießübungen, doch keine von uns glaubt noch so recht an die Ausführung dieses Befehls.

So gehen die Tage und Wochen dahin. Es ist ein Tag im Februar 1945, ich habe Frühdienst und bin in der ersten Stunde allein. Es ist 10.00 Uhr mor-

gens, als Unteroffizier Kindchen etwas verspätet das Geschäftszimmer betritt. Ich bin nicht überrascht über seine Launen, doch an diesem Tag ist er besonders aggressiv. Er grüßt nicht einmal, als er durch die Tür hereinkommt, sondern stürzt sich auf mich und schreit mich an.
Ich benehme mich dickfällig und gebe keine Antwort. »Geliebte eines Verräters, Sie werden Ihr Maul schon noch aufmachen!« Ich stelle mich ihm mit verbissenem. Trotz entgegen.
»Sie wissen ja gar nicht, was Sie reden, Herr Unteroffizier, einen Kameraden zu denunzieren ist ein Spiel mit dem Teufel!«
Mit geballten Fäusten stehe ich vor ihm und habe mich so in Wut geredet, daß ich nichts mehr wahrnehme, auch nicht Ralf, der alles mitangehört hat und zum Abmarsch bereit hinter mir steht.
Erst als ich eine Hand auf meinen Schultern fühle, wende ich mich zur Seite und starre in zwei dunkle Augen. Da erfaßt Ralf meine Hand und legt etwas hinein.
»Die Adresse von meinen Eltern«, flüstert er mir zu, »ich werde versetzt und muß sofort abmarschieren. Hebe die Adresse gut auf! Sobald du nach Deutschland kommst, gehe zu ihnen und erzähle alles, falls ich das Ende des Krieges nicht mehr erleben kann.«
Ralf schluchzt, die letzten Worte bleiben ihm in der Kehle stecken. Er schließt die Augen und hält sich die Hände vor das Gesicht. »Ich werde die Heimat wohl nicht mehr wiedersehen«, seufzt er. Die Türen werden überall aufgerissen, und Ralf wird hinausgejagt.

Teilnahmslos verrichte ich meinen Dienst weiter wie bisher, sonst bleibe ich stumm für alles und für jeden und spreche nur, wenn ich dienstlich sprechen muß. Drei Tage später soll ich eine kranke Kameradin im Dienst vertreten. Als ich den Nachtdienst antrete, sind beide Fernschreiber ruhig. Um die Mitternachtsstunde warte ich auf den Obergefreiten Brehm, er kommt nicht mehr, auch er hat Angst. So schließe ich meine Augen für kurze Zeit, um zu schlafen.

Da höre ich im Traum ein Läuten von Glocken, es ist wunderbar. Immer lauter werden die Glocken, und da wache ich endlich auf. Es sind beide Fernschreiber, die ununterbrochen klingeln. Ich melde mich sofort und entschuldige mich vielmals. »Bitte nicht verpetzen, ich habe geschlafen«, schreibe ich meiner Kameradin nach Berlin.

»Mache ich nicht«, schreibt sie zurück. Dann bittet sie mich, das eilige SSD sofort weiterzuleiten. »Fang an, KK«, bitte ich sie, und sie schreibt los. Aufmerksam lese ich Wort für Wort. Mein Herz klopft laut, ich bebe am ganzen Körper. Das ist doch nicht möglich!
»Sofort alle Dienststellen benachrichtigen« – und dann folgen sämtliche Städtenamen in Dänemark, hoch bis nach Norwegen.

> *»Heute Nacht sind der San.-Uffz. Gerhard Bäuerling, Gefr. Ralf Cordes, Gefr. Hubert Borke und Soldat Karl Sanders mit einem Sankawagen in Richtung Norden entflohen. Es handelt sich um Angehörige eines Strafgefangenenlagers. Wahrscheinlich versuchen die Deserteure, nach Norwegen zu entkommen. Sofortige Rückantwort an Berlin.«*

Fast mechanisch gebe ich die Quittung mit meinem ausgeschriebenen Namen. Ich kann nicht mehr klar denken. Nein, niemals darf ich dieses Fernschreiben weiterleiten. Ich muß es vernichten, einfach vernichten, gleichgültig, was dann geschieht.
Jetzt muß ich schnell handeln: Ich renne zur Toilette und zerreiße dieses Schreiben, dieses wichtige Dokument, das zwischen Leben und Tod entscheidet, in winzig kleine Stücke. Erleichtert atme ich auf, das Wasser spült die Fetzen fort, es kommt nicht mehr zurück, es darf nicht mehr zurückkommen!
In diesen Minuten wird mir bewußt, was ich getan habe. Ich habe meinen ausgeschriebenen Namen an die Wehrmachtskommandantur nach Berlin weitergegeben, mein eigenes Urteil damit gesprochen.
Wenige Minuten später, als ich wieder am Fernschreiber sitze, ist nichts mehr zurückgeblieben von der Angst. Niemand wird Ralf an seiner Flucht hindern, er wird leben, er muß leben, ich will ihn nach diesem Krieg wiedersehen.
Im Eintragungsbuch habe ich keinen Vermerk gemacht. Ich habe es so weitergeführt, als hätte dieses SSD-Fernschreiben nie existiert.

Ich bin froh, als ich schon früher abgelöst werde, und auf die Frage meiner Kameradin, ob sich etwas Besonderes ereignet hat, schüttele ich nur den Kopf.
Langsam gehe ich zurück ins Heim. An diesem Morgen kann ich nach dem Nachtdienst nicht schlafen, mit meinen Gedanken bin ich bei Ralf auf der Flucht, hoffentlich ist ihm das Schicksal gnädig. Die Jagd der Mörder habe ich unterbrochen, dieser Vorsprung muß genügen.

So vergehen die Tage, es ereignet sich nichts besonderes, und es kommt auch keine Nachfrage betreffs des Fernschreibens. Erst einige Tage später meldet sich Berlin. Die Kameradin klingelt wie verrückt. »Was willst du?« frage ich sie, ohne die Q-Gruppen zu benutzen. »Bitte, deinen Namen, wer sitzt am Fernschreiber?« So schreibe ich meinen vollen Namen aus, und gleich darauf kommt die Antwort.

»Stimmt, du warst es also und hast heute zufällig wieder Dienst? Wir warten in Berlin noch immer auf die Antwort des SSD-Fernschreibens 2346, warum ist dieser Fall noch nicht erledigt? Es handelt sich um Strafgefangene, um Deserteure, Kameradin Himmelstoß, du bist verantwortlich! Ich bitte dich, deinen Dienststellenleiter an den Fernschreiber zu holen, die Sache muß geklärt werden. Ich habe deshalb Schwierigkeiten in Berlin.«

»Unser Dienststellenleiter ist nicht anwesend«, schreibe ich, obwohl er soeben durch die Tür gekommen ist. »Es tut mir leid, aber warum sollen wir die Schuldigen sein, ich habe das Fernschreiben weitergeleitet«, lüge ich, »ich kann es nicht ändern, wenn noch keine Nachricht bei euch eingetroffen ist.«

»Bitte gib mir den Namen derjenigen an, an die du das Schreiben weitergeleitet hast«, fordert mich die Kameradin nun auf. Jetzt weiß ich nicht mehr, was ich tun soll, ich bin ganz durcheinander. So schreibe ich: »Bitte warte!« Ich bleibe vor dem Fernschreiber sitzen und hoffe, daß uns ein Teilnehmer trennt. Die Kameradin klingelt wieder, was soll ich nur tun? Zum Glück kommt als nächster Teilnehmer Kopenhagen, und ich habe somit eine Entschuldigung, denn eine Fernschreibleitung von Berlin nach Dänemark zu bekommen, ist schwierig.

Ich bin froh, als ich den Nachmittagsdienst hinter mir habe, doch ein unsicheres Gefühl werde ich nicht los.

Schon am nächsten Tag werde ich von der diensttuenden Kameradin aufgefordert, mit ihr zur Führerin zu kommen. Ohne Widerrede folge ich ihr. Ich brauche sie erst gar nicht zu fragen, worum es geht, auch wenn ich in Gegenwart dieser Kameradin die Unwissende spiele.

Ruhig und gelassen höre ich mir die Vorwürfe der Führerin an, daß ich im Dienst nachlässig und schlampig sei, am Anfang sei ich viel besser gewesen und so weiter. Außerdem würde Hauptmann Körner sich mich noch vornehmen, wegen meiner Unzuverlässigkeit. Als ich darauf auch nichts zu sagen habe, schüttelt sie den Kopf.

Der Anfang vom Ende

Die Nachrichten aus dem Radio versetzen uns jeden Tag mehr in Angst und Schrecken. Russische Panzer vor den Mauern Berlins, und dann, an dem bewußten Tag, empfängt uns Trauermusik. »Der Führer ist tot«, ruft eine Stimme aus dem Radio, niemand kann es fassen.
Ich komme gerade aus dem Dienst zurück und gehe in den Aufenthaltsraum. Alle Kameradinnen sitzen beisammen und weinen vor dem Radio. »Der Führer ist tot«, sagt eine Kameradin und nimmt ihr Taschentuch vom Gesicht, ihre Augen sind verweint. Ich reiße Mund und Augen auf, nein, ich kann nicht weinen. Sofort entferne ich meine sämtlichen Hoheitsadler von der Uniform und stecke sie in den Ofen.
»Warum weint ihr?« frage ich sie. »Das Morden in der Welt hört jetzt endlich auf, und die Fliegerangriffe auf Deutschland sind nun auch vorbei. Seid ihr nicht alle froh, daß der Krieg zu Ende ist? Wir können endlich nach Hause, ihr sprecht doch sooft davon!«
Plötzlich starre ich in steinerne Gesichter. Die Oberhelferin erhebt sich vom Stuhl und schaut mir in das Gesicht.
»Helferin Himmelstoß, der Krieg ist noch nicht zu Ende. Großadmiral Dönitz hat das Amt des Führers übernommen. Sie haben sich zu früh gefreut und zu früh gesprochen, sich damit selbst verurteilt. Sie wissen, was darauf steht, Feigheit vor dem Feind bedeutet Todesstrafe. Es tut mir leid, aber ich muß meine Pflicht tun.« Ein Blick voller Verachtung streift mich, als sie den Aufenthaltsraum verläßt.
Die anderen Helferinnen sind stumm geworden und eine nach der anderen verläßt ebenfalls den Raum, nur noch eine Helferin bleibt zurück.
Flehend sehe ich sie an. »Hilf mir doch«, flüstere ich leise, »die haben mich hereingelegt, es kann doch nicht wahr sein, daß der Krieg weitergeht? So sag doch etwas!«
»Du kannst nur eines tun, noch in dieser Minute aus diesem Hause verschwinden, sonst erlebst du das wahre Ende nicht mehr!« Betont sagt sie die Worte »nicht mehr!«.

Von panischer Angst gejagt, schleiche ich durch den Keller und laufe über den Garten auf die Straße zu Mutti Jenssen, die ist meine einzige Rettung. Völlig verstört stehe ich vor der Tür und stammele: »Bitte, Mutti Jenssen, helfen Sie mir, sonst komme ich vor ein Kriegsgericht, ich habe etwas Dummes getan.« Dann erzähle ich meine Geschichte. Herr Jenssen bringt mir sofort Kleider seiner Frau, damit ich mich umziehen kann; die Uniform versteckt er für mich. Eine halbe Stunde später bin ich fort. Ihr Hausmeister, ein Däne, bringt mich zu einem einsamen Bauernhof außerhalb der Stadt.

Nach einigen Tagen zeigen mir das lachende Gesicht von Herrn Jenssen und ein wahrer Freudentaumel, daß der Krieg nun wirklich zu Ende ist.
So verabschiede ich mich von dem dänischen Bauern und bedanke mich für die Güte, die er mir in dieser schweren Zeit zuteil werden ließ.
Ich kehre wieder zurück in das Heim und bin nicht verwundert, daß mich meine Kameradinnen keines Blickes mehr würdigen. In meiner Abwesenheit wurde ich aus ihrer Gemeinschaft ausgestoßen und mir meine Ehre aberkannt. Da aber der Krieg nun tatsächlich zu Ende ist, werde ich in Ruhe gelassen. Sehr verwundert bin ich, daß ich sogar beim Austeilen der Lebensmittel bedacht werde.
Einen regulären Dienst gibt es nicht mehr. Wir müssen noch einmal zur Wehrmachtskommandantur gehen und sämtliche Unterlagen verbrennen. Tag für Tag flackern die kleinen Feuer auf dem Hinterhof.

Englische und amerikanische Soldaten ziehen mit ihren Jeeps durch die Straßen der Stadt. Sie werden empfangen wie Helden, sie sind die Befreier.
Ich gehe nur ungern auf die Straße, wir werden angespuckt und verhöhnt. Deutscher zu sein ist nun eine große Schmach, denn wir haben eine große Schuld auf uns geladen.
Die Führerin spricht davon, daß wir in Kürze von den Engländern hier abgeholt werden und in Gefangenschaft kommen. Wir sind froh darüber, daß nun endlich etwas geschieht. Ich will unbedingt noch Mutti Jenssen besuchen. Wenn uns die Dänen auch nichts mehr verkaufen, Mutti Jenssen hat bestimmt etwas für mich.

Viele Menschen sind an diesem Tag bei den Jenssens. Sie feiern das Ende der Naziherrschaft.
Lange will ich nicht bleiben, ich fühle mich nicht wohl unter diesen vielen Menschen, deren Sprache ich nicht verstehe. Als ich mich nach zwei Stunden verabschieden will, bittet mich Frau Jenssen, noch zu bleiben: der Herr Konsul möchte mit mir reden. So warte ich, bis ich diesem Herrn vorgestellt

werde und ein Schriftstück von ihm erhalte. Es ist in dänischer und englischer Sprache geschrieben.

»Bewahren Sie es gut auf«, sagt Frau Jenssen, »wir alle hier und der Herr Konsul wollen Ihnen helfen, Sie waren eine gute Deutsche. Wo immer Sie bei den Alliierten dieses Schriftstück vorzeigen, wird man Sie freundlich behandeln. Es hat einen großen Wert für Sie, verlieren Sie es nicht!«

Ich bedanke mich herzlich bei Mutti Jenssen, doch das vertraute »Du« vermisse ich. Trotzdem gebe ich ihr einen Kuß auf die Wange, auch in Gegenwart dieser vielen Dänen.

Froh kehre ich ins Heim zurück. Einige Kameradinnen fragen mich aus, aber ich sage nichts und schweige, so wie sie die ganzen Tage geschwiegen haben. Manche sagen es mir frei und offen in das Gesicht, daß sie mich verabscheuen, weil ich mich als deutsche Frau so feige benommen habe. Ich höre mir alles ruhig an. Der Krieg ist zu Ende, mein Urteil wird nicht mehr gefällt.

Wir stehen fertig zum Abmarsch bereit, als wir an einem Morgen im Juli den großen englischen Lastwagen besteigen, der uns in die Gefangenschaft bringt.

Unser Ziel ist Flensburg. In einem großen Schuppen werden wir untergebracht. Im Stroh liegen wir nebeneinander, und die Tage verlaufen eintönig und ungemütlich.

Die Tage gehen für uns alle dahin in Erwartung auf unsere endgültige Entlassung. Immer, wenn fremde uniformierte Soldaten durch die Tür in unsere Halle treten, sehen wir hoch und hoffen, daß irgend etwas geschieht.

Drei Wochen bleiben wir in diesem Lager und werden dann von den Engländern nach Rendsburg gebracht, in eine ehemalige Gastwirtschaft. Das Gebäude ist schon teilweise verfallen und baufällig. Hier hätten wir Grund zum Murren, aber es hilft nichts, wir müssen die Dinge hinnehmen.

Die Gehässigkeiten meiner ehemaligen Kameradinnen aber nehmen zu, und so beschließe ich, bald zu verschwinden.

Eines Morgens stehe ich mit meinem Koffer an einer einsamen Straße. Das erste Auto ist ein Milchauto, der Fahrer nimmt mich für ein paar Zigaretten mit. Erst am späten Nachmittag erreiche ich Flensburg, und dort gehe ich sofort zur Kommandantur. Ein sehr freundlicher Amerikaner spricht mich an, und ich staune, daß er sehr gut Deutsch versteht und spricht. Da fällt mir

das Schriftstück von Mutti Jenssen ein, und ich überreiche es dem Amerikaner.
Es dauert einige Minuten, der Amerikaner hält noch immer mein Schriftstück in der Hand und liest, dann sieht er mich freundlich an und verschwindet. Zehn Minuten später kommt er zurück. »Hier«, sagt er, »es ist alles vollständig. Papiere für das Fräulein, Sie können sofort nach Hause fahren, alles ok!«
Ich bin sprachlos, daß ich meine Entlassungspapiere ohne irgendwelche Schwierigkeiten erhalten habe. Ich bedanke mich herzlich, und als ich dem Amerikaner die Hand reichen will, schenkt er mir eine Tafel Schokolade und verabschiedet sich mit vielen guten Wünschen für die lange Reise.

Ich stehe wieder auf der Straße, und ein unfreundliches Wetter empfängt mich. Als erstes hält ein englischer Sankawagen. »Hamburg ist mein Ziel«, sage ich, und dann bleiben wir stumm nebeneinander sitzen.
In Hamburg frage ich mich durch. Eine alte Frau sagt mir: »Die Fabrik Cordes wurde bombardiert, sie ist ausgebrannt. Sie suchen umsonst, in dieser Straße finden Sie niemanden mehr, die meisten sind aus der Stadt geflohen wegen der vielen Bombenangriffe.«

Ich bin mutlos geworden, und meine letzte Hoffnung ist das Rote Kreuz. Müde und erschöpft komme ich dort an. Eine Schwester erteilt mir genaue Auskunft auf meine Fragen, und ich bin enttäuscht, daß die Frau recht gehabt hat. Die ganze Straße, in der Ralfs Eltern wohnten, ist ausgebrannt. Erst nach langem Zureden der Rot-Kreuz-Schwester fasse ich wieder Mut, ich bleibe beim Roten Kreuz und erhalte eine Schlafstelle zugeteilt.
Trotz des großen Lärms auf dem Bahnhof schlafe ich gut. Am anderen Morgen werde ich schon früh von den pfeifenden Lokomotiven geweckt. Ich wasche mich und frühstücke, dann laufe ich über die Schienenwege und frage mal hier und dort nach den Zügen, überall bekomme ich eine ungenügende Auskunft. Immer wieder laufen Züge ein, und dann habe ich endlich einmal Glück.

Ein neuer Anfang

Vater Gross und sein Kotten

Der Zug bringt mich durch ein zerstörtes Deutschland nach Bielefeld. Die ersten Schneeflocken fallen, die Tage und Nächte sind sehr kalt. Nach langem Suchen und Warten ist es auch mir gelungen, in der Liste der Wohnungssuchenden durch einen Dringlichkeitsvermerk bevorzugt zu werden.
Es ist bereits Ende November 1945, als ich in einem alten Haus ein kleines Zimmer zugewiesen bekomme. Die Westfalen sagen Kotten dazu; und das sagt auch der Besitzer, ein alter Mann. Er zeigt mir mein Zimmer auf dem Dachboden und die dazugehörigen Dinge wie Toilette und Wasser. Alles ist sehr altmodisch und brüchig; auch das Zimmer müßte einer gründlichen Renovierung unterzogen werden. Durch die Decke lugt das Heu vom Dachboden, eine Bombe hat dieses Loch durchgeschlagen. Die Fenster scheppern bei jedem kleinen Windstoß, und wenn ich Wasser hole, knarrt der alte Ziehbrunnen, er ist verrostet und defekt. Ich sage zu allem nichts, ich bin froh, überhaupt ein Dach über dem Kopf zu haben.

Durch Zufall erhalte ich Arbeit in einer Fabrik und fasse wieder neuen Mut. Mein alter Hauswirt ist sehr fürsorglich und hilft, so gut er kann. Es ist ein Verhältnis wie Vater und Tochter. Ein kleiner Sonnenstrahl für mich, ich bin nun nicht mehr ganz allein.

Das Weihnachtsfest rückt näher, und am Heiligen Abend sitze ich mit dem alten Hauswirt zusammen in seiner Stube. Ein kleines Bäumchen schmückt das altmodische Zimmer und der Duft der brennenden Kerze erfüllt unser Stübchen mit weihnachtlicher Stimmung.
Abend für Abend gehe ich mit meinem alten Hauswirt zum Kohlensammeln, denn Brennholz und Kohlen werden nur in geringen Mengen zugeteilt. Wenn die Kohlenzüge auf dem Bahnhof abfahren, stürzen sich die Kinder, Mütter, Greise und alle, die Kraft genug haben, auf die Geleise: sie laufen die Schienen entlang und suchen nach Kohlen.
Meine größte Sorge aber ist es, daß ich seit meiner Rückkehr noch immer keine Nachricht von Mutter und Linda erhalten habe.

Jedesmal, wenn der Briefträger die Straße entlangkommt, winkt er mir schon ab und bedauert, daß nie etwas für mich dabei ist.
Es ist der vorletzte Tag des Jahres, als es an die Tür klopft, und der Briefträger zum ersten Mal ein lachendes Gesicht zeigt.
»Heute haben Sie aber Glück«, sagt er und hält mir einen Brief entgegen. Nicht schnell genug kann ich den Brief an mich reißen, mein erster Blick gilt dem Absender. Aus München ist der Brief nicht, Großonkel hat mir geschrieben! Ich freue mich so sehr, daß ich den Brief sofort lesen muß. In den ersten Zeilen muß ich gleich eine Rüge hinnehmen.

»Liebes Lisl! Du bist sehr schreibfaul. Es ist eine schlechte Eigenschaft, wenn man selber auf Post wartet und nicht schreiben will. Dein alter Onkel denkt mehr an dich, als du noch an uns denkst. So vieles hat sich in Rahstorf ereignet seit du fort bist. Maul- und Klauenseuche wütet schon wochenlang im Dorf und der ganzen Umgebung. Das ganze Vieh auf eurem alten Hof ging ein, das war der letzte Schlag für die Kriegerbäuerin. Man sagt, daß sie den Hof einem Wucherer verkaufen will, weil dieser Hof nur Unglück bringt. Dieser Kerl nutzt die Not der Bauern aus, das ist eine himmelschreiende Sünd, wo die Kriegerbäuerin mit dem Geld jetzt noch gar nichts damit anfangen kann, weil es keinen Wert hat. Keiner kann sie mehr davon abhalten, sie haßt deinen Hof über alles, sie will mit ihren Kindern nicht mehr darauf leben.
Liebes Lisl, überlege dir, ob du doch noch um dein Erbe kämpfen willst, man verschenkt doch nicht so einen großen Hof! Der Wucherer soll kein Glück mit deinem Hof haben, wir müssen ihm da einen Riegel vorschieben. Der Blasius Murringer will dich im nächsten Jahr aus deiner Westfalenstadt holen, du paßt nich zu den Preußen, sagt er, du wirst nie ein richtiger Preuß werden. Ja, da staunst du, Lisl, daß noch alle an dich denken.«

Großonkels Worte rühren mich zutiefst, ich muß mir eine Träne fortwischen. Mein Hauswirt rückt näher zu mir, er kann es vor Neugierde nicht abwarten, bis ich ihm alle Neuigkeiten erzähle. Er interessiert sich sehr für meine Angelegenheiten und ganz besonders, was den Bauernhof betrifft. Ich gebe ihm Großonkels Brief zu lesen, langsam liest er Zeile für Zeile, dann sieht er über den Brief hinweg und sagt: »Sie sollen meinen Rat befolgen, Sie sehen ja, Ihr Großonkel schreibt das gleiche. Man kann nicht ein so großes Vermögen

einfach verschenken, nur weil man als Christ eine christliche Tat vollbringen will. Ich bin nicht gottlos, doch um mein Recht kämpfe ich als alter Mann heute noch.«
Lange sitzen wir diesen Abend zusammen, mein Hauswirt hört mir aufmerksam zu. Ich kann zu keiner Entscheidung gelangen und so gehen wir dann auch zu Bett. Was vorbei ist, ist vorbei.

Ein Gast zu Weihnachten

Das neue Jahr bringt uns viel Elend, aber dank meiner Arbeit in der Fabrik und unseres kleinen Gartens haben wir wenigstens etwas zu essen.
Das ganze Jahr über habe ich nichts von Mutter gehört. Nachts liege ich oft wach und weine, wenn ich an sie und Linda, und auch an Frank und Ralf, denke.
Diese Nacht geht vorüber und noch viele andere Nächte, das zweite Weihnachtsfest steht vor der Tür.
Die Hungersnot in Deutschland hat ihren Höhepunkt erreicht. Wer weiterleben will, muß handeln. Mein alter Hauswirt hat sich Kaninchen, eine Ziege und drei Hühner angeschafft, das ist ein großes Glück für uns beide. Alle Tiere haben wir im Haus untergebracht, wir müssen sie sorgsam hüten, damit sie uns nicht gestohlen werden.
Tagsüber arbeite ich in der Fabrik, und am Abend verrichte ich gemeinsam mit dem Hauswirt die täglichen Arbeiten.

Jeden Morgen muß ich ein Glas Ziegenmilch trinken, damit ich wieder zu Kräften komme, und oft liegt auf dem Frühstückstisch ein gekochtes Ei für mich. Es ist wirklich ein sehr herzliches Zusammenleben mit dem alten Mann, und ich habe ihn recht liebgewonnen, weil er so gut zu mir ist. In der Fabrik habe ich Stoffreste organisiert und will meinen Hauswirt ein paar warme Hausschuhe nähen; es soll eine Weihnachtsüberraschung werden.
»Vater Gross«, spreche ich ihn eines Abends an, versehentlich ist mir das Wort »Vater« so über die Lippen gekommen – und dabei bleibt es. »Sagen Sie nur Vater Gross zu mir, das höre ich lieber als Hauswirt«, sagt er lachend.
Ich zähle schon die Stunden bis zum Fest, es sind nur noch drei Tage. In der Fabrik habe ich Glück, ich kann ein kleines Weihnachtsbäumchen erwerben. Trotz der vielen Überstunden, die ich Abend für Abend machen muß, weil ich

den Christbaumschmuck selbst aus Papierkugeln und vielen anderem herstelle, freue ich mich auf die Überraschung, die ich Vater Gross bereiten kann. Statt Kuchen backt Vater Gross einen echten westfälischen Pickert; zum Einfetten der Platte hat er eine Speckschwarte besorgt.

Am vorletzten Tag vor dem Fest ist es dann soweit. Noch einmal sehe ich überall nach dem Rechten und trage das kleine Bäumchen fertig geschmückt die Treppe hinab in ein anderes Zimmer, wo Vater Gross es noch nicht sehen kann. Da geht plötzlich die Haustür auf, ganz langsam setzt das Knarren ein. Ich sehe zur Tür und in den dunklen Umrissen erkenne ich eine Gestalt. Erschrocken bleibe ich auf der Treppe stehen und rufe ganz laut:
»Wer ist da?« »Schulz ist mein Name«, sagt die Stimme, »wohnt hier ein Herr Gross?« »Ja«, sage ich, »was wünschen Sie von ihm?«
Er kommt ein paar Schritte in der Dunkelheit auf mich zu, und ich steige mit meinem Bäumchen die letzten Stufen hinunter und gehe ihm entgegen.
»Kommen Sie herein«, sage ich zu ihm und der Fremde folgt mir, er tritt fast lautlos in den Raum. Das Licht wirft einen hellen Schatten auf seine Gestalt. Entsetzt starre ich ihn an – ist das noch ein Mensch? Seine Kleidung war vielleicht einmal eine Uniform, jetzt ist sie aus Lumpen zusammengebunden. Blaß und schmal ist sein Gesicht, mit einem dichten, langen Vollbart, er sieht einem Gespenst ähnlich. Mit schmutzigen Lumpen sind auch seine Füße umwickelt.
Meine Hände zittern so sehr bei diesem Anblick, daß ich mein Bäumchen ganz schnell auf den Tisch stellen muß, sonst fällt es mir aus den Händen.
»Herr Gross muß gleich kommen«, sage ich, »er ist nur ein paar Häuser weitergegangen, um etwas für den Heiligen Abend zu besorgen!«
Ich biete dem Fremden einen Stuhl an, noch einmal werfe ich einen Blick auf seine erbärmliche Gestalt. »Sind Sie Heimkehrer?« Er nickt.
»Ich bin schwarz über die Grenze geflüchtet, ich war beim Franzosen in Gefangenschaft. Der Franzose hat uns alle den Russen übergeben. Viele meiner Kameraden haben sich selbst erschossen oder verstümmelt, sie wollten den Russen nicht in die Hände fallen. Viele sind geflohen, nur ein paar sind durchgekommen, die anderen liegen tot oder verwundet irgendwo. Sollten mit dem Transport nach Kiew gebracht werden und von dort aus nach Sibirien.
Ich wollte erst in Frankreich untertauchen, weil ich so schwach und elend war, bekam schon wochenlang nichts mehr zu essen als nur den Abfall, den

ich mir selbst suchte. Mit diesen Klamotten konnte ich nur nachts weiterkommen, tagsüber habe ich mich verkrochen und von Gras und Abfall gelebt.«
Ich sitze unbeweglich auf meinem Stuhl und kann kaum mehr atmen. Für Minuten habe ich mit diesem Fremden das entsetzliche Grauen miterlebt. Ich höre nicht das Knarren der Haustür, nur der Fremde ist von seinem Stuhl hochgeschnellt und geht auf die Tür zu. Jetzt erst begreife ich, daß Vater Gross wieder zurückgekommen ist und trage das Bäumchen schnell in das Nebenzimmer.

Ich habe gerade die Tür geschlossen, da steht auch schon Vater Gross im Türrahmen. Er nimmt seinen Hut vom Kopf und sieht staunend von einem zum anderen. Auch er ist schockiert über das erbärmliche Aussehen des Fremden.
»Wer ist der Mann?« fragt er erschauernd.
»Schulz ist mein Name«, sagt der Fremde, und umständlich kramt er in seinen schmutzigen Kleidern und zieht einen Fetzen Papier hervor. Er streicht es glatt, es ist aber so verschmutzt und zusammengeknüllt, daß man kaum noch etwas erkennen kann.
»Hier«, sagt er, »es ist ein Bild von Ihrem Sohn, Herr Gross! Karl und ich, wir waren Freunde, wir haben beide den Rußland-Feldzug mitgemacht, und kurz vor Stalingrad, da mußte einer von uns gehen. Karl war ein guter Kamerad!« Zitternd streicht sich der Mann über die Stirn. »Ein Kopfschuß war es, der seinem Leben ein Ende machte, ich war dabei!«
Die Lippen des alten Mannes beben, noch immer hält er das Bild in seinen Händen. Jawohl, das ist sein Karl, er erkennt ihn wieder, genauso sah er einmal aus, sein Junge.
Vater Gross wischt sich mit dem Ärmel über die Augen, es war zuviel für ihn, einfach zuviel.
»Setzen Sie sich wieder«, sagt er, »Sie sind sicher müde?« Der Fremde nickt und stöhnt leise auf. Vater Gross geht in seine Kammer, und als er wieder zurückkommt, hat keiner seine Tränen gesehen, das ist gut so. Er bringt dem Fremden eine Hose, ein Hemd und Strümpfe.
»Ziehen Sie sich erst einmal um, da gleich in dieses Zimmer können Sie hineingehen«, sagt Vater Gross und deutet auf eine Tür. Der Fremde steht auf, und einen kurzen Augenblick bleibt er vor Vater Gross stehen und sieht ihn mit großen Augen fragend an.
»Darf ich bei Ihnen bleiben diese Nacht?«

»Wohin sollen Sie auch gehen«, murmelt Vater Gross, »Sie sind in Deutschland, Sie sind zu Hause. Ein Freund meines Sohnes ist auch mein Freund. Tun Sie, was ich Ihnen gesagt habe, es ist schon alles in Ordnung.«

Die Augen des Fremden leuchten. Mit schwankenden Schritten geht er durch den Raum in das andere Zimmer. Als er zurückkommt, sieht er menschlicher aus. Vater Gross hat inzwischen den Tisch gedeckt, und der Fremde bleibt davor stehen wie ein kleiner Junge, der zum ersten Mal in seinem Leben eine Überraschung erlebt. So setzen wir uns drei an den gedeckten Tisch und sind zufrieden mit dieser einfachen Mahlzeit, die aus Tee, Ziegenkäse und Brot besteht. Der Fremde kann mit Messer und Gabel nicht mehr umgehen, er ißt alles mit den Händen. Wir lassen ihn gewähren und sagen nichts. Bei jedem Bissen, den er schluckt, wirft er Vater Gross einen dankbaren Blick zu.
»Es ist schon lange her, daß ich so gut gegessen habe, Herr Gross, wie soll ich Ihnen nur danken? Natürlich«, fügt er gleich hinzu und seine Augenlider zucken, »wenn diese Nacht vorüber ist, werde ich wieder gehen. Ich will Ihnen keine Schwierigkeiten bereiten, weil ich ein Schwarzgänger bin.«
»Sie bleiben diese Nacht und auch die anderen Nächte hier«, fährt Vater Gross mit bewegten Worten dazwischen, »wohin sollen Sie auch gehen, ich habe Ihnen das schon ein paarmal gesagt!«
Unschlüssig sieht der Fremde auf und stützt seinen Kopf in beide Hände und mit einem starren Gesicht schaut er auf das Fenster in die Dunkelheit.
»Für mich gibt es kein Wohin, nur ein Zurück in die Gefangenschaft! Die Franzosen haben mir alle Papiere abgenommen. Wenn ich von hier aus fortmuß, dann bin ich verloren, denn der Engländer schickt mich zu den Russen zurück.«
Vater Gross ist aufgestanden, er muß Luft holen, um nicht zu ersticken, wenn er an das Grauen dieses Krieges denkt, eines sinnlosen Krieges, der nur Leid und Verwüstung gebracht hat. So endet diese erste Nacht im Morgengrauen, denn der Fremde hat lange erzählt. Er ist darüber auf seinem Stuhl eingeschlafen und schlummert so fest, daß wir ihm die Decke über die Knie legen und ihn schlafen lassen.

Als ich in den Morgenstunden in die Küche gehe, schläft der Fremde immer noch. Ich verrichte meine Arbeit wie gewohnt, und trotz der vielen lauten Handhabungen, die ich in diesem Raum zu erledigen habe, wacht er nicht auf. Er hätte in einem Bett besser ruhen können, doch ihn mit Gewalt aus

seinem Schlaf reißen, das wollen wir nicht, wir warten, bis er von selbst aufwacht.
So vergeht Stunde um Stunde, und erst am Nachmittag räkelt er sich hoch. Er gähnt laut und öffnet langsam die Augen. Wie ein Wunder betrachtet er seine fremde Umgebung.
»Ich habe gut geschlafen«, sagt er mit einem zufriedenen Lächeln, und mit einer sorgenvollen Miene fügt er hinzu: »Hoffentlich mache ich Ihnen keine Umstände?« Ich lache ihn aus, und er lacht schließlich mit.
Für den Rest des Tages hilft er mir mit kleinen Handreichungen für die Vorbereitungen zum Festabend. Am späten Nachmittag ist es der Wunsch von Vater Gross, daß sich unser Heimkehrer noch im Bett ausruhen soll.
Der Fremde nimmt das Angebot nur zaghaft an, er glaubt, soviel Liebe und Güte wären einfach zuviel für ihn.

Auch Vater Gross legt sich noch ein wenig vor dem Fest zu Bett. Ich lasse beide Männer schlafen, für mich gibt es Arbeit genug, und die Überraschungen will ich ganz allein in der Küche vorbereiten. Die Stunden rücken näher und der Heilige Abend hält Einzug in die Herzen der Menschen. Überall in den Fenstern flammen kleine Lichterbäume, und auch wir haben einen festlich geschmückten Baum auf dem Tisch. Unter den Weihnachtsbaum lege ich das Geschenk für Vater Gross, die Hausschuhe, die mir gut gelungen sind. Als ich mit allem fertig bin und auch den Tisch gedeckt habe, wecke ich die beiden Männer. Stumm folgen sie mir beide durch die Tür. Vater Gross steht noch immer an der Schwelle. Als er den Lichterbaum erblickt, hat er Tränen in den Augen, sichtlich gerührt kommt er auf mich zu und dankt mir. Nur der Fremde steht allein in der Mitte des Raumes und sieht in das flackernde Licht der Kerzen, seine Augen bohren sich hindurch, wie ein Traum erscheint ihm die wiedergewonnene neue Welt.
Um die melancholische Stimmung zu zerstreuen, sagt Vater Gross: »Jetzt gibt es Pickert, ich habe ihn mit viel Liebe zubereitet!« Er stellt ihn auf den Tisch und bittet uns, Platz zu nehmen.
»Na, schmeckt mein Pickert?« fragt Vater Gross zum wiederholten Mal. »Natürlich«, sage ich und unser Gast schließt sich mir mit seinem Lob an. Es ist wirklich ein Festessen für uns drei, wo jeder zweite Deutsche hungert.
»Die Bauern und Schwarzhändler können allerdings ein noch besseres Weihnachten feiern als wir.« »Da haben Sie recht, aber wir sind auch zufrieden mit dem wenigen, was wir haben.« Vater Gross erinnert uns immer wieder

an das Essen, reden und erzählen können wir doch noch den ganzen Abend, ermahnt er uns.

Die Stunden gehen dahin, und Vater Gross stellt plötzlich zwei Flaschen Wein auf den Tisch. Mit einem spitzbübischen Lächeln tippt er mir auf die Schulter und sagt: »Na, Mädchen, ist Vater Gross nicht ein schlauer Fuchs? Das habe ich von nebenan eingetauscht, für einen alten verrosteten Spaten. Die werden nicht viel Freude haben an dem Spaten, wenn sie im Frühjahr ihr Land umgraben.« »Aber Vater Gross, das ist doch Betrug!« »Ach was«, winkt er ab, »der hat soviel Land und Vieh, und noch dazu ist er ein Schwarzhändler, solche Leute darf man ruhig anschmieren!« So trinken wir auf das Wohl von unserem Vater Gross.
Es geht auf Mitternacht zu, durch die Fenster dringt der feierliche Klang der Kirchenglocken. Ich stehe auf und zünde noch die letzten Kerzen am Weihnachtsbaum an. Als die Zeiger der Uhr auf Mitternacht rücken, treten die beiden Männer dicht hinter mich.
In diesem Augenblick stimme ich das Lied »Stille Nacht, heilige Nacht« an, Vater Gross und der Fremde singen mit, alle drei stehen wir vor dem Lichterbaum. Es ist ein ergreifender Augenblick.

»Heute wollen wir die Vergangenheit vergessen, denn heute ist das Weihnachtsfest, das Fest der Liebe. Wir hoffen nur, daß wir das Weihnachtsfest Jahr für Jahr als ein Fest des Friedens feiern dürfen, wir brauchen den Frieden in der Welt.« Vater Gross hält die Hände vor die Augen, er atmet schwer, und als er die Hände vom Gesicht fortnimmt, sehe ich, daß er geweint hat. Plötzlich ballt er seine Hände zu Fäuste und sagt: »Ein Leben lang habe ich geschuftet und gearbeitet für meinen Sohn, und alles war umsonst. In Rußland mußte er bleiben, in einem Land, wo ich ihm nicht einmal ein Holzkreuz auf sein Grab stellen kann, wo ihm keiner Blumen schenkt. Welch schönes Leben hätte mein Sohn haben können in seiner Heimat, ich war stolz auf ihn, mein Karl war ein guter Sohn.« Unendlich viel Bitterkeit liegt in der Stimme des alten Mannes.
»Herr Gross«, unterbricht ihn unser Gast. »Ihr Sohn und ich, beide haben wir den Vornamen Karl, und beide sind wir Maurer von Beruf. Wir haben oft von der Zeit nach dem Krieg gesprochen, und Ihr Sohn bat mich, mit ihm zu kommen. Er wollte das Haus seines Vaters umbauen, mit vielen schönen Zimmern, alles sollte größer werden. Ich habe den Plan eines Neubaues noch im

Gedächtnis, so, wie es Karl vorhatte – aber, entschuldigen Sie, Herr Gross, vielleicht hätte ich das alles nicht sagen dürfen?«
Karl beißt sich verlegen auf die Unterlippe. Das Geständnis seines Sohnes von einem Fremden zu hören, überwältigt Vater Gross. So hat also sein Sohn die Liebe zu seinem alten Vater immer bewahrt.
»Es ist traurig, daß Ihr Sohn tot ist«, fährt unser Gast fort, »wo ihn seine Heimat und ein Elternhaus erwartete. Ich stehe nun auf seinem Platz, ohne Heimat und Elternhaus. Ihr Sohn Karl hat mir erzählt, daß er seine Mutter schon früh verloren hat.«
Der Mann läßt den Kopf sinken, er schweigt eine Weile, dann sieht er auf Vater Gross. Mit geschlossenen Augen sitzt der alte Mann aufrecht in seinem Stuhl, er hat zugehört und ist dann eingeschlafen, die Uhr an der Wand zeigt schon 02.00 Uhr morgens. Längst haben die Glocken aufgehört zu läuten, und die Lieder sind verstummt.

Als Vater Gross am nächsten Morgen in die Küche tritt, liegt ein warmer, herzlicher Ton in seiner Stimme. »Guten Morgen, Karl«, spricht er unseren Gast an, »hast du gut geschlafen?« »Ja, Vater Gross«, erwiedert der, »in einem Haus, wo ein Fremder mit soviel Liebe aufgenommen wird, wo er sich wohl fühlen darf und sagen kann, hier bin ich zu Hause, ja, hier schläft man gut!«

Endlich ein Lebenszeichen

An den Abenden nach getaner Arbeit machen wir es uns immer gemütlich, entweder erzählen wir uns aus der Jugendzeit, oder wir spielen Mühle und Schach zusammen, so werden die langen Winterabende nie langweilig.
So vergehen Wochen und Monate, und das Frühjahr fegt noch die letzten Spuren des Winters fort. Langsam drängt sich die Sonne durch die Wolken, und in der Mittagszeit wird es schon wärmer, wir alle hoffen auf ein besseres Jahr.
Ich warte noch immer auf Nachricht von Mutter und Linda. In meiner Angst wende ich mich an das Rote Kreuz, und schon bald darauf erhalte ich die Nachricht, daß Mutter noch immer im Krankenhaus ist, sie ist in einer Nervenheilanstalt. Ihr Gesundheitszustand sei sehr bedenklich, schreibt mir die Oberschwester.

Über Linda kann ich keine Auskunft erhalten. Sie gilt als vermißt, oder auch sie ist bei Verwandten oder Bekannten, von wo sie eines Tages zurückkehren wird.

Es ist ein herrlicher Tag im Juni, ich helfe Vater Gross im Garten. Ich muß Unkraut jäten, und die Kartoffeln müssen angehackt werden. Jeder Quadratmeter, und ist er noch so klein, trägt zu unserer Ernährung bei.

Die Sonne steht schon hoch am Himmel. Als ich für einen Augenblick hochsehe und mir den Schweiß von der Stirn wische, ruft mir der Briefträger über den Zaun hinweg zu: »Ich glaube, Fräulein Himmelstoß, heute habe ich einen ganz besonderen Brief für Sie dabei!«
Ich stecke den Spaten in die Erde und laufe dem Briefträger entgegen. Er wirft mir den Brief schon über den Zaun hinweg zu, rasch hebe ich ihn von der Erde auf und öffne ihn.
Da plötzlich ist es mir, als müßte mein Herz stillstehen, ich kann kaum mehr atmen, so erregt bin ich.

»Dein Frank!« Das ist die Unterschrift!
Das ist doch nicht möglich, endlich ein Brief von Frank!

> *Vielen Dank dem Roten Kreuz, es hat mir Deine Anschrift übermittelt und so habe ich Dich gefunden.*
> *Die Engländer haben mich aus einem Strafgefangenenlager befreit und mich in ein Lazarett gebracht. Ich bin ein Krüppel, willst Du mich dennoch haben? Meine Sehnsucht nach Dir ist sehr groß, ich denke jeden Tag an Dich, meine geliebte Elisabeth.«*

Ich möchte weinen vor Freude und auch vor Trauer, aber ich habe keine Tränen mehr. Zu einem Krüppel hat man ihn gemacht, das alles habe ich nicht gewußt. Die ganze Wahrheit mußt du mir erzählen, ich muß sie wissen, mein lieber Frank. Wir werden keine Angst vor der Zukunft haben, auch wenn sie hart sein wird. Unsere Wege haben sich für eine lange Zeit getrennt, aber trotzdem wird es ein glückliches Wiedersehen geben.
Auch ein Krüppel hat ein Recht zu leben und dieses Recht werden wir vom Leben fordern. Ich werde dir helfen, wo immer ich kann und nie müde werden, alles für dich zu tun, weil ich dich so sehr liebe.

Als ich Vater Gross meinen Brief überreiche, sieht er mich mit großen Augen fragend an. »Fräulein Himmelstoß, sind Sie auch wirklich glücklich und freuen sich auf die Heimkehr Ihres Bräutigams, oder ist es nur Mitleid?«
»Ich bin glücklich, Vater Gross, und freue mich wirklich auf ein Wiedersehen mit meinem geliebten Frank. Wir werden ein neues Leben beginnen und die Vergangenheit vergessen, wir haben doch alle eine Vergangenheit und sind mitschuldig geworden an einem großen Unrecht!« antworte ich ihm.

*

So wie die Ruinen in unseren Städten
eines Tages verschwinden werden,
so liegt auch diese unglückliche Zeit hinter uns.
Die Völker dieser Welt mögen uns verzeihen,
es ist die einzige Bitte, die wir hinausrufen in die Welt.
Lasset uns Freunde sein für ein ganzes Leben.
Wir sind doch alle Schwestern und Brüder,
gleichgültig, welche Sprache wir sprechen
und welche Gesinnung wir haben.

Wir wollen glücklich leben
– in Frieden und in Freiheit –
und die Chancen für
unser neues Leben nutzen!

Erklärungen

Blitzmädel
Bezeichnung für die Nachrichtenhelferinnen der Wehrmacht

Bund Deutscher Mädel (BDM)
Jugendorganisation der NSDAP für 14–18jährige Mädchen (Jungen waren in der Hitlerjugend organisiert). Ab 1939 mußten alle Jugendlichen zwischen 10 und 18 Jahren Mitglied einer nationalsozialistischen Jugendorganisation sein.

Frauenschaft
Die »Nationalsozialistische Frauenschaft« war die Frauenorganisation der NSDAP.

FS
Fernschreiben

FS-SSD
Wichtiges Fernschreiben, das umgehend weitergeleitet werden mußte (geheime Kommandosache).

HvD
Helferin vom Dienst (diensthabende Nachrichtenhelferin).

Jungmädelbund
Jugendorganisation der NSDAP für 10–14jährige Mädchen (Jungen waren im »Deutschen Jungvolk« untergebracht).

KK
Leitung frei, Fernschreiben kann kommen

KR-GKDOS
Verschlüsseltes Fernschreiben, für das das Führerhauptquartier bzw. der ranghöchste Offizier zuständig war.

Q-Gruppen
Abkürzungen, die am Fernschreiber benutzt wurden, um eine schnelle Abwicklung der Fernschreiben zu ermöglichen.

QEC
Fernschreiben wird gesendet

QTA
Fernschreiben kann empfangen werden

SD
Wichtiges Fernschreiben, das umgehend weitergeleitet werden mußte.

Der Himmelstoß-Hof in Rahstorf, Kreis Eggenfelden, im Jahr 1930.

Wir »Blitzmädel« in Dienstkleidung.

Unser Ausbildungsort: Die Verdun-Kaserne in Gießen an der Lahn.